The
Fourfold Gospel

사중복음(四重福音)

The Fourfold Gospel

사중복음(四重福音)

노윤식 지음
노수현 · 최서 · 노혜리 옮김

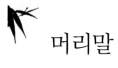

머리말

우리 한국성결교회의 사중복음은 어디에서 비롯되었을까?

필자는 이 질문에 대하여 지난 30여 년간 탐구하여 왔다. 지난 일제시대 때부터 현재까지 4대를 이어가며 한국 성결교회에 몸담고 있으면서, 한국 성결교회의 신앙 유산인 사중복음은 필자의 신앙 요체요 신학적 담론의 주제였다. 그래서 필자는 한성성결교회를 개척하신 증조부 고 노승우 장로님과 성결교회 순회전도자로서 교회와 신앙을 지키기 위해 28세 꽃다운 나이에 순교하신 조부 고 노형래 집사님, 그리고 수재민 정착지 서울의 변두리에서 교회 개척과 부흥을 위해 한평생을 바치신 아버지 노태철 목사님의 신앙 유산을 늘 기억하며 대학을 졸업하고 신학을 하기로 결심하였다.

학창시절, 성결신학교에서 손택구 박사님으로부터 "성결"의 교리를 사사받고, 성결교신학교에서 김응조, 이성주, 성기호 박사님으로부터 "사중복음"의 진리를 가르침 받았다. 서울신학대학원에 입학하여 조종남 박사님으로부터 웨슬리 신학 논문지도를 받았으며, 이후 사중복음의 주창자인 A. B. Simpson 박사가 세운 미국 나약의 Alliance 신학대학원과 성결파의 요람인 Asbury 신학대학원에서 석, 박사학위를 취득하였다. 공부하면서 필자가 내린 결론은 사중복음은 우리 한국성결교회가 지난 110년 동안 지켜온 자랑스러운 신앙 전통으로서 누가 책상에서 만들어낸 교리가 아니라, 19세기 후반 20세기 초 미국 복음주의 운동의 경험과 사례들을 종합 정리한 것이라는 점이다.

이것은 어떠한 의미가 있는가? 이것은 "사중복음"이 하나님의 구원 사역의 현장에서 전파되어야 하고, 사중복음의 역사가 계속적인 체험과 사례로 이어져야 한다는 것이다. 그래서 필자는 지난 2015년 주님 앞에 제일교회 춘계 부흥성회에서 "사중복음"을 가지고 집회를 인도하였다. 본 저서는 바로 그 당시 부흥성회에서 전해진 설교 말씀이다.

그런데, 예성이 세계성결연맹에 가입하고, 2015년 대만에서 열린 선교대회에서 필자가 주제 강의를 하게 되었는데, 대만과 일본 성결교회 지도자들이 "사중복음"에 대한 번역본을 만들고 중국을 비롯한 동북아에 선교 교재로 사용하면 좋겠다는 요청을 하였다. 그 이후 필자를 중심으로 미국의 성결 오순절 운동의 대가 Dr. David Bundy 와 사중복음의 국제화에 앞장서고 계시는 Dr. Donald Dayton 그리고 사중복음이 북미 복음주의 운동의 결실임을 밝혀낸 카나다 C&MA Ambrose 신학대학장인 Dr. Van de Walle 교수의 협력으로 "세계성결교회 선교와 신학연구소"를 창설하게 되었다. 특히 한국성결교회의 뿌리와 연결되는 미국 Wesleyan Church의 Dr. Jo Ann Lyon 총감독회장과 세계성결연맹 의장인 대만 성결교회 황칭롱 총회장 그리고 예성과 기성의 노태철, 이신웅, 조일래, 원팔연, 노희석 증경 총회장들께서 협력하여 첫 결실로 본 저서를 영어, 중국어, 대만어, 일어 등 4개국 번역으로 세계 성결 교회 앞에 내 놓게 되었다.

지난 2014-2015년 한국교회연합 선교위원장으로 사역하면서 몽골과 인도네시아 교역자세미나를 사중복음을 중심으로 인도하였다. 그리고 2016년 1월 필자가 지도하여 학위를 수여한 Shohag목사가 방글라데시 성결교회 창립을 하면서 성결교회의 위상을 알리는 의미로 필자를 초청하여 "방글라데시 초교파 교역자 세미나"를 인도하게 하였다. 이러한 일들은 하나님께서 우리 성결 교회에게 맡겨주신 복음의 진수인 "사중복음"을 통하여 세계 선교 사역을 추진하라는 명령으로 필자는 받아들여진다. 향후 사중복음에 대한 몽골, 인도네시아, 방글라데시, 네팔 등 세계 언어로 번역이 필요하리라 예상한다.

마지막으로 본 저서의 발간을 위해 번역에 참여해 주신 노수현(영어), 노혜리(일어), 최서(중국어 간체와 번체) 전도사께 고마움을 표하며, 출판에 협력해 주신 주님앞에 제일교회 창립 50주년 기념 준비위원회 위원장 김재홍 장로님과 위원들 그리고 성도님들께 감사를 드린다.

2016년 9월 14일 주님앞에 제일교회 창립 50주년 기념일에

노윤식
주님앞에 제일교회 당회장
세계성결교회 선교와 신학연구소 소장

Preface

Where did the Fourfold Gospel of the Korean Holiness
Church start?

The writer has been researching about this question for the past 30
plus years. As someone who's family was part of the Korean Holiness
Church for four generations, the Fourfold Gospel that is a spiritual
inheritance of the Korean Holiness Church has been the writer's
foundational factor in faith and also an ongoing theological discussion
topic. The writer decided to dedicate his life into theological research
for the Korean Holiness Church with a mission to always remember
the generations of sacrifice that his forefathers made. This includes
his great grandfather, Seung Woo Noh, who planted Han Sung
Sungkyul (Holiness) Church, his grandfather, Hyung Rae Noh, who
was martyred for his faith at a young age of 28 during the Korean
War, and his father, Reverend Tae Chul Noh, who sacrificed his
whole life to serve those in the lowest place in a shanti town of
Seoul for the revival of the Korean church.

Throughout the writer's school years, he studied under Dr. Taik
Gu Son at Sungkyul Theological School leaning about the "holiness"

doctrine. He was also taught the truth of the "Fourfold Gospel" by Dr. Eung Jo Kim, Dr. Sung Joo Lee, and Dr. Gi Ho Sung at Sungkyul Theological Seminary. Afterwards, the writer was under the tutelage of Dr. Chong Nam Cho for his graduate degree dissertation on Wesleyan theology at Seoul Theological University. He continued to further his graduate studies in the United States, earning his masters degree at Alliance Theological Seminary in Nyack, New York, an institution founded by Dr. A. B. Simpson, who was a true advocate of the Fourfold Gospel. He then attended Asbury Theological Seminary, a birthplace of the holiness movement, to earn his mater and doctorate degrees. A conclusion that the writer made as he was studying this field is that the Fourfold Gospel, which was proudly kept as a tradition of faith by the Korean Holiness Church the past 110 years, is not a doctrine created by someone who was sitting on a desk but a conclusive compilation of the experiences and precedents of America's evangelical movement in the late 19th century to early 20th century.

What does this mean?

This means that the "Fourfold Gospel" has to be spread at places where God's ministry of salvation is happening and that the work of the Fourfold Gospel has to continue to spread through experiences and examples. That is why the writer led a revival in spring 2015 with the topic of the "Fourfold Gospel" at Coram Deo Jeil Sungkyul Church. This book is based on the delivered sermon messages at that revival.

After the Jesus Korea Holiness Church was registered to the Worldwide Holiness Alliance, the writer was invited to speak at a missions conference in Taiwan 2015. The Taiwanese and Japanese Holiness Church leaders requested that the writer publishes a translated version of the Fourfold Gospel sermon series and use it as a missiology textbook for Northeast Asian countries, including China. Afterwards, many leaders from all around the world gathered to establish The

Missional and Theological Research Center for the Worldwide Holiness Churches. These leaders include Dr. David Bundy, who is an expert in the American Holiness Pentecostal Movement, Dr. Donald Dayton, who is a leader in globalizing the Fourfold Gospel, and Dr. Van de Walle, who is a professor of Historical and Systematic Theology at Ambrose University in Canada.

This book, translated in four different languages, including English, Chinese, Taiwanese, and Japanese, was possible to be presented in front of all the Holiness Churches with the collaborative support of many leaders both in and outside of Korea. Notably Dr. Jo Anne Lyon, who is the General Superintendent of the Wesleyan Church in the United States. The Wesleyan Church specifically has a close tie to the roots of the Korean Holiness Church. Other leaders include, Hwang Ching Long, who is the Chairman of the Worldwide Holiness Alliance and Head Chief of the Holiness Church of Taiwan. Also, emeritus Presidents of both the Jesus Korea Holiness Church and the

Korea Evangelical Holiness Church, including Reverend Tae Chul Noh, Shin Woong Lee, Il Rae Cho, Pal Yeon Won, and Hee Seok Noh, have been an integral part in this process.

Serving as the Missions Chairperson of the Communion of Churches in Korea from 2014-2015, the writer has been leading Fourfold Gospel seminars for ministry leaders in Mongolia and Indonesia. Also, as one of his former graduate students, Pastor Shohag, planted Bangladesh Holiness Church, the writer was invited to lead the "Bangladesh Interdenominational Ministry Leader Seminar" to spread the status of the Holiness Church. The writer takes these events that took place as a command from God to propel world missions ministry through spreading the "Fourfold Gospel," which is the foundational gospel of the Holiness Church. It is evident that a translating work in various languages around the world, including Mongolian, Indonesian, Bangladeshi, and Nepali languages, will be needed in the future.

Lastly, the writer would like to extend his gratitude to those who participated in helping with the translation work, including Soo Hyun Noh (English), Hye Ri Noh (Japanese), and Pastor Seo Choi (Chinese, Taiwanese). The writer would also like to thank those at Coram Deo Jeil Sung Kyul Church who supported this publishing process, including elder Jae Hong Kim, who is the chairperson of the 50th Anniversary Planning Team and all congregation members.

September 14th,

2016 Coram Deo Jeil Church 50th Anniversary Day

Youn Sik Noh

Senior Pastor of Coram Deo Jeil Sungkyul Church

Chief Director of The Missional and Theological Research Center

for the Worldwide Holiness Churches

前言

韩国圣洁教会的四重福音是从何而来的呢?

笔者为此问题探究了三十年。自从日本帝国主义时代直到现在，我们家族延续四代始终在韩国圣洁教会服侍。韩国圣洁教会的信仰遗产——四重福音是笔者的信仰要害，是神学论坛的主题。因此，笔者为传承开辟汉城圣洁教会的曾祖父卢承优长老；作为圣洁教会巡回传道士为保守教会和信仰而28岁青春年华殉道的卢亨来执事；在首尔边缘的受灾民区开辟并复兴教会而献上半辈子的父亲卢泰哲牧师的信仰遗产，大学毕业之后决志读神学。

在校期间，在圣洁神学校从孙泽久博士受教"圣洁"的教义，在圣洁教神学校从金应祚、李成周、成嗜虎博士受教"四重福音"的真理。入首尔神学大学院，受赵钟男博士的卫斯理神学论文指导。后来赴美国，在四重福音创始人 A. B. Simpson博士建立的 Alliance 神学大学院和圣洁派摇篮地阿斯伯里(Asbury)神学大学院获得硕士和博士学位。我在学习期间下的定论是，四重福音是我们韩国圣洁教会在过去110年期间传承下来的值得自豪的信仰传统，并不是某人在桌子上编写出来的教义，而是自从19世纪后半叶至20世纪初叶，美国福音主义运动的经验和实例的总结。

这有什么意义呢? 这表示要把 "四重福音"在神的救恩事工现场中传出去, 四重福音的历史要继续体验, 并以实例来传承下去。因此, 笔者于 2015 年在主面前的第一教会春季复兴圣会中, 以 "四重福音"作为主题引导聚会。本书就是当时在复兴圣会中讲道的话语。

但是, 耶稣圣洁会加入了世界圣洁联盟, 2015 年并在台湾召开的宣教大会中, 笔者讲了主题讲义。当时, 来自台湾和日本的圣洁教会领袖们要求编制 "四重福音"的翻译本, 在中国和东北亚地区作宣教教材。后来, 以笔者为首美国圣洁五旬节运动家 Dr. David Bundy、四重福音的国际化先锋 Dr. Donald Dayton、和发现四重福音是北美福音主义运动结果的加拿大 C&MA Ambrose 神学大学校长 Dr. Van de Walle 教授的协作, 创建了 "世界圣洁教会宣教和神学研究所"。尤其是与韩国圣洁教会之根相连接的美国 Wesleyan Church의 Dr. Jo Ann Lyon 总监会长和世界圣洁联盟议长台湾圣洁教会 Huang Qinglong 总会长, 还有耶稣教圣洁和基督教圣洁的卢泰哲、李信雄、赵日来、元八渊、卢熙锡曾任总会长等的协作, 作为第一个结果, 将本书翻译成英文、中文、台湾文、日本文等 4 个国家的语言, 摆在世界圣洁教会面前。

笔者曾任2014-2015年韩国教会联合宣教委员长期间，在蒙古和印度尼西亚的教牧人研讨会都是以四重福音为中心引导。还有，笔者在2016年1月授予学位的孟加拉国 Shohag 牧师，在孟加拉国创建圣洁教会，并为广传圣洁教会的威望，邀请笔者在孟加拉国引导跨越教派的教牧人研讨会。笔者认为，这些事情都是神藉着交托给我们圣洁教会的福音精髓——"四重福音"来推广世界宣教事工的命令。预计以后将四重福音需要翻译成蒙古、印度尼西亚、孟加拉国、尼布尔等的世界各国的语言。

最后，为翻译本书的卢秀贤(英文)、卢惠理(日文)、崔瑞(中简体&繁体)传道士表示谢意，还有协助出版本书的在主面前第一教会创立50周年纪念准备委员会委员长金宰弘长老和各委员，以及各位圣徒表示谢意。

2016年 9月 14日 在主面前第一教会创立五十周年之际

卢允植

在主面前第一教会主任牧师

世界圣洁教会宣教和神学研究所所长

前言

韓國聖潔教會的四重福音是從何而來的呢?

筆者為此問題探究了三十年。自從日本帝國主義時代直到現在,我們家族延續四代始終在韓國聖潔教會服侍。韓國聖潔教會的信仰遺產——四重福音是筆者的信仰關鍵,是神學論壇的主題。曰此,筆者為傳承開闢漢城聖潔教會的曾祖父盧承祐長老;作為聖潔教會巡迴傳道士為保守教會和信仰而28歲青春年華殉道的盧亨來執事;在首爾邊緣的受災民區開闢並復興教會而獻上半輩子的父親盧泰哲牧師的信仰遺產,大學畢業之後決志讀神學。

在校期間,在聖潔神學校從孫澤久博士受教 "聖潔"的教義,在聖潔教神學校從金應祚、李成周、成嗜虎博士受教 "四重福音"的真理。入首爾神學大學院,受趙鐘男博士的衛斯理神學論文指導。後來赴美國,在四重福音創始人A. B. Simpson博士建立的Alliance神學大學院和聖潔派搖籃地阿斯伯裡(Asbury)神學大學院獲得碩士和博士學位。我在學習期間下的定論是,四重福音是我們韓國聖潔教會在過去110年期間傳承下來的值得自豪的信仰傳統,並不是某人在桌子上編寫出來的教義,而是自從19世紀後半葉至20世紀初葉,美國福音主義運動的經驗和實例的總結。

這有什麼意義呢？ 這表示要把 "四重福音"在神的救恩事工現場中傳出去，四重福音的歷史要繼續體驗，並以實例來傳承下去。曰此，筆者於2015年在主面前的第一教會春季復興聖會中，以 "四重福音"作為主題引導聚會。本書就是當時在復興聖會中講道的話語。

但是，耶穌聖潔會加入了世界聖潔聯盟，2015年並在臺灣召開的宣教大會中，筆者講了主題講義。當時，來自臺灣和日本的聖潔教會領袖們要求編制 "四重福音"的翻譯本，在中國和東北亞地區作宣教教材。後來，以筆者為首美國聖潔五旬節運動家Dr. David Bundy、四重福音的國際化先鋒Dr. Donald Dayton、和發現四重福音是北美福音主義運動結果的加拿大C&MA Ambrose神學大學校長Dr. Van de Walle教授的合作，創建了 "世界聖潔教會宣教和神學研究所"。尤其是與韓國聖潔教會之根相連接的美國Wesleyan Church Dr. Jo Ann Lyon總監會長和世界聖潔聯盟議長臺灣聖潔教會 Huang Qinglong總會長，還有耶穌教聖潔和基督教聖潔的盧泰哲、李信雄、趙日來、元八淵、盧熙錫曾任總會長等的合作，作為第一個結果，將本書翻譯成英文、中文、臺灣文、日本文等4個國家的語言，擺在世界聖潔教會面前。

筆者曾任2014-2015年韓國教會聯合宣教委員長期間，在蒙古和印尼的教牧人研討會都是以四重福音為中心引導。還有，筆者在2016年1月授予學位的孟加拉Shohag牧師，在孟加拉創建聖潔教會，並為廣傳聖潔教會的威望，邀請筆者在孟加拉引導跨越教派的教牧人研討會。筆者認為，這些事情都是神藉著交托給我們聖潔教會的福音精髓——"四重福音"來推廣世界宣教事工的命令。預計以後將四重福音需要翻譯成蒙古、印尼、孟加拉、尼布林等的世界各國的語言。

　　最後，為翻譯本書的盧秀賢(英文)、盧惠理(日文)、崔瑞(中簡體&繁體)傳道士表示謝意，還有協助出版本書的在主面前第一教會創立50周年紀念準備委員會委員長金宰弘長老和各委員，以及各位聖徒表示謝意。

2016年9月14日在主面前第一教會創立五十周年之際

盧允植

在主面前第一教會主任牧師

世界聖潔教會宣教和神學研究所所長

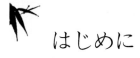

はじめに

韓国聖潔教会の四重の福音はどこから始まっただろうか?

　筆者は、この質問に対して、過去30年以上にわたり探求してきた。過去、日帝時代の時から現在までの4代を継いで韓国聖潔教会に身を置いていながら、韓国聖潔教会の信仰の遺産である四重の福音は、筆者の信仰要諦であり神学的談論の主体です。だから、私は韓聖聖潔教会を開拓した曽祖父と故盧承祐長老と聖潔教会の巡回伝道者として、教会と信仰を守るために、28歳の花ダウン年齢に殉教した祖父と故盧亨來執事、そして水災者の居住地、ソウルの郊外で教会開拓と復興のために半生をささげ、父盧泰哲牧師の信仰の遺産を増やし記憶し、大学を卒業して、神学を学ぶ決意した。

　学生時代、聖神学校で孫澤久博士から 「聖潔」の教義を教えられ、聖潔神学校で金應祚、李成周、成嗜虎博士から 「四重の福音」の真理を教えられた。ソウル神学大学院に入学して趙鍾男博士からウェスレーの神学論文指導を受け、後に四重の福音の主唱者であるAB Simpson博士が建てた米国のAlliance神学大学院と聖潔派の要覧であるAsbury神学大学院で修士、博士号を取得した。勉強しながら筆者が

下した結論は、四重の福音は私たちの韓国聖潔教会が過去110年の間に守ってきた誇らしい信仰の伝統として、誰が机から作られた教義ではなく、19世紀後半20世紀初、米国福音主義運動の経験と事例を取りまとめという点である。

　これは、どのような意味か? 「四重の福音」が神様の救いの働きの現場で伝えなければならない、四重の福音の歴史継続的な体験と事例でつながらなければならないというものである。だから、筆者は、過去2015年、主の前に第一教会春季リバイバル聖会で「四重の福音」を持って集会を導いた。本著書は、その時、リバイバル聖会で伝えられた説教である。

　ところが、イエス派聖潔教会が世界聖連盟に加入して、2015年台湾で開かれた宣教大会で筆者が主題講義をするようになったが、台湾と日本ホーリネス教会の指導者が「四重の福音」の翻訳版を作成し、中国をはじめとする北東アジアのミッション教材で使用されればという要求があり、その後、筆者を中心に、米国の聖潔ペンテコステ派の巨匠Dr. David Bundyと四重の福音の国際化に先立っておられるDr. Donald

Daytonそして四重の福音が北米福音運動の結実であることを明らか
にしたカナダのC&MA Ambrose神学大学長であるDr. Van de Walle教
授の協力で「世界聖教会宣教と神学研究所」を創設するようになった。特
に韓国聖潔教会のルーツと連結されている米国Wesleyan ChurchのDr. Jo
Ann Lyon総監督会長と世界聖連盟の議長である台湾聖教会黄チンロ
ン総会長とイェス派聖潔、キリスト派聖潔の盧泰哲、李信雄、趙日
來、元八淵、盧熙錫元総会長方協力して、最初の結実で、本著書を
英語、中国語、台湾語、日本語など4ヵ国の翻訳に世界聖教会の前に
出されるようになりました。

　過去2014-2015年韓国教会連合宣教委員長に働きながらモンゴルと
インドネシア教職者セミナーを四重の福音を講義した。そして2016
年1月、筆者が指導して学位を授与されたShohag牧師がバングラデ
シュホーリネス教会創立をして聖潔教会の位相を示すために筆者を
招待して 「バングラデシュ超教派教職セミナー」を導きました。これ
らのことは、神様が聖潔教会に任せてくださった福音の真髄である
「四重の福音」を通じ、世界宣教の働きを促進するように命じられて

筆者は受け入れられる。今後四重の福音のモンゴル、インドネシア、バングラデシュ、ネパールなど世界の言語に翻訳する必要があると期待する。

　最後に見た著書の発刊のための翻訳に参加してくださった盧秀賢(英語)、盧恵理(日本語)、崔瑞(中国語、台湾語)伝道師に感謝を表し、出版に協力してくださった主の前に第一教会創立50周年記念準備委員会委員長金宰弘長老と委員たち、そして聖徒たちに感謝を申し上げる。

2016年9月14日、主の前に第一教会創立50周年記念日に

盧 允植・(ノ ユンシク)
在主面前第一教会の堂会長
世界聖潔教会宣教と神学研究所所長

Endorsement

The Fourfold Gospel began as an evangelistic slogan, but quickly came to define a theological approach that became important around the world. Focusing on the most basic issues of the Christian faith, centering on the role of Jesus Christ in our salvation, it gave attention to Jesus as Savior, Jesus as Sanctifier, Jesus as Healer and Jesus as Coming King. This summarized Christian experience, spirituality recovery, and hope. The Fourfold Gospel tradition is one that is active. It is not a quiet weak expression of the faith, but calls its adherents to actively seek and participate in the Kingdom of God, relying on Jesus for more than good feelings! There are good feelings, but there is a relationship with the Savior, the transformed life and relationships through the experience and living of sanctification. There is the expectation of healing, both of memories, illnesses, diseases and relationships. Finally there is the hopeful expectation of the return of Jesus Christ to claim his own and to finalize His Kingdom.

The Fourfold Gospel theology has been foundational to the development of Christianity in Korea. Some of the earliest books penned by Korean Christians dealt with the Fourfold Gospel and its implications for how we live as Christians. It was a theological vision that transcended, and continues to transcend denominational and organizational lines. Its wide usefulness and adaptability is because it draws on the contributions of a large international theologians and ordinary believers from many denominations who struggled over the communication of the truths of the Christian faith in the late 19th and early twentieth centuries. It has energized and sustained Christian mission.

This struggle to communicate the Christian faith, both to unbelievers and among the Christians, must be taken up with each generation. The experiences of each generation are a bit different from those who have gone before, and Christian faith needs to be meaningful for life and faith for each generation.

The Rev. Dr. Youn Sik Noh is a skilled communicator, theologian and missiologist. He provides in this book the presentations given at a conference at the Coram Deo Jeil Sungkyul Church, February 25-27, 2015. It is good that they are being made available as a book. They are an important rethinking and presentation of the Four-fold Gospel. They will be an important part of the continuation of the discussion of the meaning of Christian faith as expressed in the Fourfold Gospel. The Coram Deo Jeil Sungkyul Church can be proud of their pastor-theologian-missiologist!

David Bundy
Visiting Professor, Seoul Theological University
Research Professor, New York Theological Seminary

추천사

사중복음은 전도표제로 시작되었으나, 전 세계적인 중요한 신학적 방법론으로 빠르게 정립되어 갔다. 그것은 기독교 신앙의 가장 기본적인 주제인 우리에게 구원을 주시는 예수 그리스도의 역할에 집중하면서, 구원자(Savior)되시는 예수님, 성화(Sanctifier)시키시는 예수님, 치료자(Healer)이신 예수님, 그리고 다시 오실 왕(Coming King)이신 예수님에 대하여 관심을 갖는다. 이것은 사실 크리스천들의 체험, 영성, 회복, 그리고 희망을 요약한 것이기도 하다. 그래서 사중복음 전통은 현재에도 살아 움직이는 유일한 것이기도 하다. 이것은 신앙의 유약한 표현이 아니고, 이것을 믿는 사람들에게 좋은 감정을 넘어서 적극적으로 예수님을 의지하고 하나님의 나라를 찾고 그 나라에 참여하도록 요청한다. 좋은 감정이 있으나, 그것은 주님과의 관계로 발전해야 하며, 성화의 삶과 체험적 신앙을 통하여 삶의 변화가 일어나야 하는 것이다. 그리고 우리는 과거의 기억들, 질병, 그리고 관계에 있어서 치유가 필요함을 기대하고 있다. 마지막으로 우리는 그 분의 나라가 완성되고 그 분의 뜻이 이루어지는 예수 그리스도의 재림을 희망차게 기대하고 있다.

사중복음 신학은 한국에서 기독교의 발전에 기초가 되어 왔다. 한국 크리스천들이 저술한 몇 몇 초기 저작들은 사중복음을 다루고 있고, 그 함의는 크리스천들이 어떻게 살아가야 하는 내용들이었다. 이 것이 신학적 전망으로 이어져 교단과 교파를 넘어 전파되고 있다. 이 것의 폭넓은 적용과 사용은 19세기 말 20세기 초의 기독교 신앙 진리를 되찾아 이 시대에 전달하려고 노력하는 일련의 세계 신학자들의 공헌과 평신도들의 신앙 실천 의지에서 비롯되었다. 그리고 이러한 노력들은 세계 선교를 활발하게 하고 지속적으로 가능하게 만들었다.

기독교 신앙을 믿지 않는 자들과 크리스천들에게 모두 전달하려고 하는 노력은 모든 세대마다 실행되어야만 한다. 각 세대마다 신앙 체험은 간혹 이전 세대와 약간 다를 수 있다 하더라도 기독교 신앙은 각 세대마다 삶에 의미를 주고 있음을 알아야 한다.

노윤식 박사는 이런 점에서 완숙한 복음 전달자요 신학자이며 선교학자이다. 그는 지난 2015년 2월 25-27일까지 주님앞에 제일교회에서 개최된 부흥 성회에서 본 저서의 내용을 전하였다. 그것이 한권의 책으로 만들어져서 사람들에게 읽혀지게 됨을 좋게 생각한다. 이것은 사중복음에 대하여 다시 생각하게 하는 중요한 전달 방법이라고 생각한다. 이것은 사중복음에 표현된 기독교 신앙의 의미를 지속적으로

논의하는 데 중요한 부분이 될 것이다. 주님앞에 제일교회는 담임 목사께서 신학자이자 선교학자인 것에 대하여 자긍심을 느낄 수 있을 것이다.

데이비드 번디 David Bundy
서울신학대학교 객원 교수
뉴욕 신학대학원 연구 교수

推荐词

四重福音是从传道标题开始的，但是很快被定义为全世界性质的神学方法论。这是因为既将焦点集中在基督教信仰的最基本主题，就是拯救我们的耶稣基督的事工，又关注作为救主的耶稣、使人成圣(Sanctifier)的耶稣、医治(Healer)的耶稣、还有再来的王(Coming King)耶稣。这实际上是概略了基督徒的体验、灵性、恢复和希望。因此，四重福音的传统直到现在也是唯一活跃的。这并不是表示信仰微弱，而是叫相信的人超越好的情感，积极依靠耶稣，寻找天国，并邀请在天国有份。虽然有好的情感，但是要发展成与主的关系，藉着成圣的生命和信仰体验来改变生命。然后，我们的过去记忆、疾病、还有人际关系上要期待得医治。最后，我们对完成他国度和成就他旨意的耶稣基督再来要有满心盼望。

四重福音神学一直是韩国基督教发展的根基。韩国初期基督徒的几本著作都讲论到四重福音，其含义是基督徒应该怎样生活的内容。这延伸为神学前景，超越教团和教派而被传出去。四重福音的如此大幅度推行和实用是，来自于19世纪末和20世纪初，为努力寻找并传达基督教信仰真理给这个时代的一些世界神学家的贡献和平信徒信仰实践的意志。并且，这些努力都为搞活和持续世界宣教提供可行性。

每个世代都要为传达基督教信仰给不信的人和基督徒而努力。虽然每个时代的信仰体验与以前世代有可能稍微不同，但是要知道基督教信仰每个世代都有其生活的意义。

卢允植博士在这一点上是成熟的福音传达者，是神学者，又是宣教学者。他在2015年2月25-27日期间在主面前的第一教会召开的复兴圣会中，传讲了本书的内容。这讲义编制成一本书，被人们读，这为好事。认为这是再度思想四重福音的重要传达方式。这会成为持续谈论四重福音所描写的基督教信仰意义的重要机会。在主面前的第一教会感到自豪的是主任牧师既是神学者，又是宣教学者。

戴伟 本迪 David Bundy

首尔神学大学校 特聘教授

纽约神学大学院 研究教授

推薦詞

四重福音是從傳道標題開始的，但是很快被定義為全世界性質的神學方法論。這是因為既將焦點集中在基督教信仰的最基本主題，就是拯救我們的耶穌基督的事工，又關注作為救主的耶穌、使人成聖(準予)的耶穌、醫治(治療師)的耶穌、還有再來的王(未來的國王)耶穌。這實際上是概略了基督徒的體驗、靈性、恢復和希望。旦此，四重福音的傳統直到現在也是唯一活躍的。這並不是表示信仰微弱，而是叫相信的人超越好的情感，積極依靠耶穌，尋找天國，並邀請在天國有份。雖然有好的情感，但是要發展成與主的關係，藉著成聖的生命和信仰體驗來改變生命。然後，我們的過去記憶、疾病、還有人際關係上要期待得醫治最後，我們對完成他國度和成就他旨意的耶穌基督再來要有滿心盼望。

四重福音神學一直是韓國基督教發展的根基。韓國初期基督徒的幾本著作都講論到四重福音，其含義是基督徒應該怎樣生活的內容。這延伸為神學前景，超越教團和教派而被傳出去。四重福音的如此大幅度推行和實用是，來自於19世紀末和20世紀初，為努力尋找並傳達基督教信仰真理給這個時代的一些世界神學家的貢獻和平信徒信仰實踐的意志並且，這些努力都為搞活和持續世界宣教提供可行性。

每個世代都要為傳達基督教信仰給不信的人和基督徒而努力雖然每個時代的信仰體驗與以前世代有可能稍微不同，但是要知道基督教信仰每個世代都有其生活的意義。

　　盧允植博士在這一點上是成熟的福音傳達者，是神學者，又是宣教學者。他在2015年2月25-27日期間在主面前的第一教會召開的復興聖會中，傳講了本書的內容。這講義編制成一本書，被人們讀，這為好事。認為這是再度思想四重福音的重要傳達管道。這會成為持續談論四重福音所描寫的基督教信仰意義的重要機會在主面前的第一教會感到自豪的是主任牧師既是神學者，又是宣教學者。

戴偉本迪 David Bundy
首爾神學大學校特聘教授
紐約神學大學院研究教授

推薦のことば

　四重の福音は、伝道表題として始まったが、世界的な重要な神学的方法論に迅速に確立されていった。これは、キリスト教の信仰の最も基本的なテーマである私たちに救いをくださるイエス・キリストの役割に焦点を当てながら、救い主(Savior)であられるイエス、聖化(Sanctifier)させるイエス、癒し主(Healer)であるイエス、そして再び来られる王(Coming King)であるイエス様に対して関心を示す。これは、実際にクリスチャンの体験、霊性、回復、そして希望を要約したものでもある。だから四重の福音伝統は現在でも生きて動く唯一のものでもある。これは、信仰の幼弱表現ではなく、これを信じている人には良い感情を越えて積極的にイエスを頼りにして、神の国を探して、その国に参加するよう要請する。

　良い感情があるが、それは主との関係に発展する必要があり、聖化の生活と体験的信仰を通して生活の変化が起こらなければならない。そして、私たちは、過去の記憶、病気、そして関係において癒しが必要であることを期待している。最後に、私たちは、そのお方の国が完成され、そのお方御心が行われるイエス・キリストの再臨

を待望している。

　四重の福音神学は韓国では、キリスト教の発展に基礎になってきた。韓国クリスチャンが執筆した初期の著作は、四重の福音を扱っており、その含意はクリスチャンがどのように生きて行かなければなら内容だった。これ神学的展望につながって教団と教派を超えて伝えられた。これの幅広い適用と使用は、19世紀末、20世紀初頭のキリスト教の信仰の真理を取り戻し、この時代に伝えしようとする一連の世界神学者の貢献と信徒の信仰の実践の意志で始まった。そして、このような努力は、世界宣教を活発にし、継続的に可能にした。

　キリスト教の信仰を信じていない人とクリスチャンにすべて伝えようとする努力は、すべての世代ごとに実行されるべきである。各世代に信仰体験はたまに前の世代と若干異なる場合があっても、キリスト教の信仰は、各世代に生きる意味を与えていることを知るべきである。

盧 允植 博士は、このような点から、完熟した福音伝達者で神学者であり、宣教学者である。彼は最後の2015年2月25-27日まで、主の前に第一教会で開催されたリバイバル聖会で見た著書の内容を伝えた。

　それ一冊の本に作られ、人々に読まれるようにされることを良く思っている。これは、四重の福音について再度考えている重要な伝達方法だと思う。これは、四重の福音に表現されたキリスト教の信仰の意味を継続的に議論するために重要な部分になるだろう。主の前に第一教会は、牧師が神学者であり、宣教学者ことについて誇りを感じることができるだろう。

デビッド・バンディ David Bundy
ソウル神学大学客員教授
ニューヨーク神学大学院研究教授

목차

THE FOURFOLD GOSPEL
사중복음_한국어 · 41

The Fourfold Gospel_English · 99

四重福音_中文 简体 · 165

四重福音_中文 繁體 · 209

THE FOURFOLD GOSPEL

사중복음_한국어

사중복음

　성결교회는 19세기 말 20세기 초 미주 복음주의 운동의 결과로 집대성된 중생, 성결, 신유, 재림의 복음을 그 전도표제와 신학체계로 주장하고 있다. 어떤 이들은 성결교회의 사중복음을 갈라디아서 1장 6-7절을 인용하며, "다른 복음"은 없다고 주장하는데, 사중복음은 그리스도의 복음을 변하게 하여 사람들을 교란하게 만드는 "다른 복음"이 아니라, 그리스도복음의 사중적 측면을 통합적으로 설명하는 하나의 복음이다. 즉, 사중복음은 네 가지 다른 복음이 아니라, 그리스도를 중심으로 하는 구원의 4가지 측면을 말한다. 이는 마치 A. B. Simpson이 주장한 것처럼, 합창의 4부 소프라노, 앨토, 테너, 베이스가 있어 합창의 화음을 통해 하나의 완성된 합창을 만들듯이, 중생, 성결, 신유, 재림의 사중복음은 그리스도의 복음을 그리스도 중심으로 조화롭게 만드는 것이다.

　사중복음에는 영혼이 물과 성령으로 거듭나 하나님의 자녀가 되는 중생(요 1:12, 3:3, 5), 하나님의 자녀가 장성하여 성령 세례로 죄를 이기며 하나님의 뜻대로 승리하며 살아가는 성결(롬 12:1-2, 약 4:8), 이 세상에서 살아갈 때에 하나님의 은혜로 신체적인 질병이나 정신적인 결함 혹은 영적인 정죄상태에서 치유 받아 강건한 삶을 살아가는 신유(막 16:18, 약 5:14-16), 그리고 이 세상의 삶에서 죽음을 통해 하나님의 나라로 입성하는 개인적인 종말 뿐 만 아니라, 이 세상의 끝 날에 예수 그리스도께서 큰 영광중에 다시 오시는 재림(살후 1:3-12)을 포함하고 있다. 그러면 사중복음을 순서대로 설명해 보도록 하자.

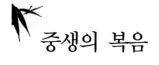

중생의 복음

디도서 3:5-7

> 5 우리를 구원하시되 우리가 행한 바 의로운 행위로 말미암지 아니하고, 오직 그의 긍휼하심을 따라 중생의 씻음과 성령의 새롭게 하심으로 하셨나니, 6 우리 구주 예수 그리스도로 말미암아 우리에게 그 성령을 풍성히 부어 주사, 7 우리로 그의 은혜를 입어 의롭다 하심을 얻어 영생의 소망을 따라 상속자가 되게 하려 하심이라.

중생의 복음을 설명하기 전에, 2012년 중국 산둥성 둥잉시에서 발생한 이 모 양의 죽음에 대하여 살펴보자. 14살의 중학생이었던 이 모 양은 죽던 그 날에도 평화롭게 자신의 집 거실에서 엄마와 이야기를 하며 앉아 있었다. 그런데, 엄마에게 학교에서 선생님으로부터 문자가 왔다. 그것은 이 모 양이 다니는 학교에서 학생 두발 규정이 있는데, 이 모 양은 그것을 지키지 않고 머리를 길게 기르고 다니니, 주말에 머리를 단정하게 자르고 학교에 보내라는 통지였다.

평소에 이 모양은 자신이 다니는 학교의 "머리 단발 규정"에 불만이 많았는데, 왜냐하면 이 여학생은 평소 다른 사람의 손이 머리카락에 닿는 것조차도 싫어할 정도로 머리카락을 소중하게 생각했기 때문이었다. 머리카락을 기르는 것이 보통 아이에게는 아무 일도 아닌 것이지만, 이 모양에게는 자신의 정체성을 살려주는 매우 소중한 것이었다.

이 모 양의 엄마가 학교에서 "이 학생의 머리를 잘라 달라"고 온 문자를 보여주며, 주말에 머리를 자르자고 말하자마자, 이 모 양은 "싫다"고 강하게 거부하였고, 거실 소파를 밟고 창문에 올라가 잠시 머뭇거리더니, 5층 창밖으로 뛰어내려 자살하고 말았다. 왜 이런 안타까운 일이 벌어진 것일까? 이 아이의 중심에는 자신의 정체성을 지켜줄 머리카락을 길러야 하는 심기가 있었고, 자신의 중심인 머리카락이 잘리는 것보다 5층에서 뛰어내려 죽는 것이 더 낫다고 생각한 것이었다.

만일 이 아이가 생명 되신 예수님을 믿고 그 영혼이 거듭나서, 자신이 살아가야 하는 이유를 확실히 깨달았다면, 과연 이 아이가 하나님이 주신 생명을 끊었을 것인가! 이 아이의 중심에 영이 살아 있어, 머리카락보다 더 소중하게 여기는 것이 있었다면 이 아이는 죽지 않았을 것이다. 이러한 일들이 다시는 재발되어서는 안 될 것이다. 너무나 많은 사람들이 그 영이 죽어 있어 살아갈 이유를 모르고 살다가, 세상에서 믿고 의지하던 것들이 사라지면 죽음으로 생을 마감하는 안타까운 일들이 벌어지고 있다. 우리는 생명의 복음을 전파하여 죽은 영혼을 그리스도께로 인도하여 다시 살게 하는 중생의 복음을 전파하여야 한다.

그러면 인간의 중심에는 무엇이 있는가?

사도 바울은 인간을 영과 혼과 육으로 되어 있다고 데살로니가전서 5장 23절에 말씀하고 있다. 영(퓨뉴마), 혼(프시케), 육(소마) 이 세

가지 형태의 인간의 구성 요소는 우리가 생각할 때에, 가장 겉에 육이요, 그 정신이 혼이며, 가장 깊은 중심이 영으로 이해하면 될 것이다. 인간의 질병 가운데 심인성 질환(psychic-somatic disorder)이 있는데, 이것은 혼(프시케) 즉 정신적 심리적 요인으로 인하여 신체(소마)에 질환이 발생하는 것을 말한다.

한국 사람들 가운데 40-50대 중년 이후 여성에게 발생하는 경우가 많은 화병은 대표적인 신체화 장애의 한 예라고 할 수 있다. 화병은 WHO에서 인정하고 세계의학사전에 등재된 질환으로서, 그 증상으로는 "우울하거나 사는 재미가 없고, 불안하고 짜증이 나며, 잠이 안 오고 화가 나며, 머리가 아프고, 온 몸이 여기 저기 쑤시며, 가슴이 답답하고, 얼굴에 열기가 있고, 목이나 가슴에 덩어리가 뭉쳐져 있는 것 같다"고 한다.

임상에서 나타난 한 53세 된 가정주부의 호소이다.

> 목에서 무엇이 넘어 오는 것 같고, 속에서 덩어리가 치밀어 오릅니다. 가슴이 답답하고, 심장이 벌렁벌렁하고, 손발이 저리고, 어지럽고, 잠이 안 오고, 밥맛이 없고, 세상사는 재미가 없습니다. 약 10년 전부터 이런 증세가 있어 한약, 굿, 점, 병원 치료 안 해 본 것이 없는데, 약을 먹을 때에는 좀 낫더니 안 먹으면 또 그렇습니다.

이것은 우리의 육신(소마)이 정신(프시케)의 영향을 받는다는 사실을 반증해 준다. 성경에서도 요한삼서 2절에 "네 영혼이 잘됨 같이 네가 범사에 잘되고, 강건하리라"고 말씀하고 있다. 영혼이 다시 살아나고 회복이 되어야 정신도 신체도 영향을 받아 강건해 진다는 것이다. 그런데, 영혼이 곧 사람의 중심이 무너지면 사람은 무기력해지고 죽게 되어 있다. 다시 말해서 사람의 영혼이 무엇에 붙잡혀 사는가가 사람의 생명에 가장 중요한 것이다.

한국의 장로교 김 모 목사님의 이야기이다. 김 목사님은 어려서 엄마에게 몹시 야단맞고 컸는데, 한 가지 이해하지 못하는 것은 같이 살고 있던 자신의 사촌 형제에게는 엄마가 한 번도 야단을 치지 않고 좋은 것만 입히고 먹이는 것이었다. 그 일을 나중에 알고 보니, 큰 아버지가 돌아가셔서 큰 어머니가 자신의 엄마에게 사촌을 맡기고 재혼한 것이었다. 그렇게 좋은 옷에 좋은 음식만 먹이고 키운 사촌 형제는 21살이 되던 해에 자살하고 말았다고 한다. 그런데, 자살한 이유를 나중에 알아보니, 사촌이 21살이 되어서 생모를 만났는데, 자신의 결혼생활에 해가 될 까봐 큰 어머니는 자신의 아들에게 자신이 생모인 것을 숨겨달라고 한 말에 충격을 받고 삶을 포기한 것이었다. 이 청년은 자신의 생모가 삶의 중심이요 정체성이었는데, 그 정체성이 사라지니 살아갈 이유가 없어 죽음을 선택한 것이었다. 만일 그가 하나님을 아버지로 모시고, 영혼이 거듭나 하나님의 자녀가 되었다면, 자신의 중심을 그리스도로 모셨을 것이고, 삶을 보람되게 살았을 것이다. 자신과 같은 어려운 삶을 살아가는 젊은이들을 그리스도께 이끌 수 있는 하나님의 도구가 될 수 있었을 것이다. 참으로 안타까운 일이 아닐 수 없다.

19세기 말 일본의 정치적 간섭을 받는 대한제국 김홍집 내각은 '위생에 이롭고 작업에 편리하기 때문'이라는 이유로 1895년 11월 15일 전국에 단발령을 내렸다. 다음날인 16일 아침에 걸쳐 정부 각부의 관료와 이속, 그리고 군인·순검 등의 관인들에게 우선적으로 단발을 단행하였다. 당시 유교가 영적인 세계를 지배하고 있었고, 일반 백성들은 조상 제사를 드리며, 조상으로부터 물려받은 "身體髮膚신체발부는 受之父母수지부모하니, 不敢毀傷불감훼상이 孝之始也효지시야"라, 즉, "신체·머리털·살갗은 부모로부터 물려받은 것으로서, 감히 훼상하지 않는 것이 효의 시작이다"라고 생각하며, 말 그대로 머리를 길러 상투를 트는 것이 인륜의 기본인 효의 상징이라고 여겼다. 그래서 백성들은 단발령을 살아 있는 신체에 가해지는 심각한 박해로 받아들였고, 정부에 대한 반감은 절정에 달하였다.

삭발령이 내려지자 백성들은 억울하고 분해서 목숨을 끊으려 했다. 매천야록에 보면, 당대 유림의 거두 최익현(崔益鉉)은 "내 머리는 자를 수 있을지언정 머리털은 자를 수 없다"고 질타하며 단발을 단호히 거부하였다. 보은현감 이규백(李圭白)의 아내 창령 성(昌寧 成)씨는 남편이 직책상 단발하지 않을 수 없음을 비관하고 그날 밤 목을 매어 자살하였다. 그녀가 남긴 유서는 이러했다. "삼강오륜은 머리카락과 같이 끊어지고 나의 혼백은 윤강(倫綱)을 따라 끊어지도다." 함양 선비 정순철에게 시집 간 조씨는 남편이 할아버지 밥상에서 단발을 허락해 달라는 말을 엿듣고 들어가 '머리 깎는 스님은 남편도 아들도 없다고 들었습니다' 하고 안고 들어간 아이를 내동댕이치고는 장도를 꺼내 자결했다고 한다.

이 얼마나 안타까운 일인가! 하나님이 주신 생명보다 더 귀한 것이 어디 있겠는가! 물론 일제의 경제적인 침략과 명성황후 시해 사건으로 일어난 주권찬탈에 억울한 백성들의 의분도 이해하지 못할 것은 없지만, 그래도 천하에 하나님이 주신 생명보다 귀한 것이 어디 있겠는가! 왜 이들은 목숨을 바쳐가면서 단발령에 항거했던 것일까? 그것은 우리가 진정 목숨처럼 귀중하게 여기는 것이 있기 때문이다. 사람은 자신이 믿고 있던 것이 무너지면 살 이유가 없어지는 것이다. 생명은 인간의 중심에 있기 때문에 살아갈 이유가 무너지면 중심이 무너지고 생명을 놓게 되는 것이다.

사람이 유교의 영적 세계에 붙잡혀 살아가면, 유교의 "신체발부 수지부모"를 어기고 강제로 단발을 당하면 자살하고 마는 것이다. 만일 이 사람들이 생명의 근원이신 하나님을 만나 영적으로 중생 거듭나는 새사람이 되었다면, 단발을 당해도 죽지 않았을 것이다. 또한 사람들은 중심에 돈을 맘몬으로 섬기고 죽은 영혼으로 살고 있는데, 그에게 돈이 사라지면 자살하는 것이다. 세상에 살아갈 이유를 분명하게 해야 한다. 그것이 중생의 출발점이다.

내가 살아가는 이유가 무엇인가? 나는 하나님의 형상을 지닌 하나님의 자녀로서 하나님을 찬양하며 살아가는 목적(사 43:21)을 분명히 하면 세상에 어떠한 풍파와 시련이 다가와도 죽지 않고 당당하게 살아갈 수 있는 것이다.

인간은 죽음에 이르는 존재(Sein Zum Tode)라고 실존주의 철학자 하이데거는 정의했다. 즉, 인간은 한 번 태어난 이상 죽을 수밖에 없고 죽음과 함께 삶을 끝낼 수밖에 없다는 것이다. 죽음은 우리가 이 세상을 살아가는 동안 끊임없이 괴롭히고 있는 것이다. 아리시마는 <사랑은 한없이 빼앗는다>는 책에서 이렇게 말한다.

> 나는 태초에 이 세상에 무엇이 있었는지 모른다. 오직 내가 알고 있는 의심할 수 없는 사실은 지금 내가 여기에 살고 있다는 것이다. 그것도 항상 밀려오는 죽음의 조건과 싸워가면서 하루하루의 생활을 불안과 공포 속에서 보내고 있다는 현실이다. 그것은 마치 태평양에 떠 있는 썩은 나뭇잎 같아서 쉴 새 없이 밀려드는 죽음

의 파도 앞에서 허덕인다. 얼마나 가엽고 외로운 존재인가? 이런 나에게 행복이 있다면 무엇이며 영광이 있다면 무엇인가! 허무하며 무의미할 뿐이다.

그러나 우리들은 현재 도시화와 산업화 과정에 살고 있으므로, 죽음을 실존적으로 체험하며 살아가고 있지는 않다. 죽음은 바로 이 시간에 직면해야 하는 현실적 문제가 아니고, 먼 미래의 일로 여겨지는 것 같이 살고 있다. 특히 인생의 초창기인 젊은 청년들에게는 죽음의 문제보다 삶의 문제가 더욱 절실한 것이다. 삶의 초반에는 인생의 보람, 행복, 배우자, 성공 등이 중요한 것이다. 또한 삶의 마지막에 다다른 노인의 경우에도 자신이 곧 죽는다는 사실을 쉽게 받아들이는 사람이 드물다. 사실, 인간에게 하나님이 주신 축복이 있는데, 그것은 죽는 순간까지 자신이 죽는 다는 사실을 알지 못한다는 사실이다. 그러므로 죽음이란 자신과 상관없는 먼 미래의 일이고, 정작 죽음이 임박할 때에 그것에 대하여 생각하면 된다고 보통 사람들은 죽음을 대수롭지 않은 일로 여긴다. 누구도 현재의 삶 속에서 미래의 죽음을 고민하고 생각해 보는 사람이 없는 것이다.

오늘 "중생의 복음"에 대하여 말하려고 하는데, 가장 먼저 우리가 이해해야 하는 것은 바로 죽음이 미래에 오는 미래의 일이 아니라 지금 우리가 살아가고 있는 현재의 일이라는 것이다. 죽음은 미래적이 아니고 현재적이다. 우리가 잠시 생각해보면, 삶과 죽음이 단절된 것이 아니고, 삶이 죽음을 포함하는 것임을 할 수 있다. 지금 이 순간 1분 1초가 지나가면 갈수록 우리들의 인생의 연수와 시간은 줄어들어 가고 있고, 그것은 곧 죽음을 향해 나아가고 있다는 뜻이다.

현재는 일회적인 것이다. 일회적이기 때문에 죽음은 현실적으로 우리에게 닥치고 있다. 그래서 사도 바울은 "나는 그리스도 안에서 날마다 죽노라"라고 말하였고, 예수님도 "자기 목숨을 미워하고 십자가를 지라"고 말씀하셨다. 이런 의미에서 삶과 죽음은 이원론적으로 분리된 현상이 아니다. 죽음은 우리의 삶 속에서 하나의 현실로 존재하는 것이다. 즉, 시간이 흐른다는 것은 우리의 인생이 흘러간다는 뜻이다. 우리말에 "죽었다"를 "갔다"라고 표현하는 것도 이런 맥락에서이다. 죽음의 그림자와 공포는 항상 우리를 뒤 쫓고 우리는 그것 때문에 허무와 고독 앞에서 불안해한다.

　죽음에로의 길에서 인간 누구도 우리를 구원해 주지 못한다. 가장 친한 친구나 애인 심지어 부모님조차 우리를 죽음의 도상에서 구원해 주지 못하는 것이다. 죽음의 길은 누구나 홀로 걸어가야 하는 고독의 길이다. 그러나 이러한 죽음에로의 도상에서 우리는 영원을 만나게 되고, 죽음의 체험이 얼마나 우리 삶에 고귀하고 중요한 것임을 깨닫게 된다.

　루터는 "우리는 매 순간마다 우리의 죽음을 준비해야 한다"라고 말했다. 죽음은 우리에게 현재의 삶 가운데 삶의 허무를 느끼게 하는 동시에 삶이 얼마나 유일회적인 고귀한 것임을 깨닫게 하는 것이다. 시편 144편 3-4절에 보면, "사람이 무엇이기에 주께서 그를 알아주시며, 인생이 무엇이기에 주께서 그를 생각 하시나이까! 사람은 헛것 같고 그의 날은 지나가는 그림자 같으니이다" 라고 다윗은 고백하고 있다.

중생의 필요성

　허망한 인생 가운데 죽음을 향해 달려가고 있는 우리에게 영원하신 하나님은 우리를 찾아오셔서 죄와 사망의 권세에서 우리를 구원해 주시고, 다시 살게 "중생"(born again)하게 해 주신다. 로마서 6장 23절에, "죄의 삯은 사망이요 하나님의 은사는 그리스도 예수 우리 주 안에 있는 영생이니라" 말씀했다.

인간은 절대 절망의 상황 속에서 자신이 철저하게 죄인임을 깨닫는다. 죄의 삯은 사망이라고, 죽을 수밖에 없는 원인을 죄로 돌리며, 자신을 죄인으로 고백하게 된다. 이 때 죄인은 영원하신 하나님을 만나게 되며, 예수 그리스도의 속죄함을 통해 죄 사함을 받고 영원한 생명 곧 구원을 받게 된다.

인간은 고독으로 쌓여 있는 존재이다. 고독에는 세상에서 살아가며 느끼는 고독, 즉 인간관계에서 비롯되는 외로움이 있고, 사랑하는 남녀가 서로를 만날 수 없을 때에 느끼는 정도의 고독도 있으며, 쓸쓸하고 적적한 초겨울이나 늦가을에 느끼는 고독이 있다. 이러한 고독은 인간관계를 잘하고, 사랑하는 연인을 만나고, 쓸쓸할 때에 벗을 찾아가면 해결되는 고독이다. 이러한 고독은 돈과 명예, 사랑과 지위, 그리고 예술과 학문이 해결해 줄 수 있는 정도의 것이다.

그러나 인간이 무한과 만날 때, 죽음과 만날 때, 영원하신 하나님과 만날 때 느끼는 고독은 이 세상 누구도 그 무엇도 해결해 줄 수 없다. 이러한 고독은 옛날 부처가 평생 지닌 고독이요, 공자가 "아침에 도를 알 수 있으면 저녁에 죽어도 좋다"라고 한 고독이며, 사도바울이 "오호라 나는 곤고한 자로다. 누가 이 사망의 몸에서 나를 건져내랴!"고 외친 실존의 고독이자, 이사야의 "화로다! 나여. 망하게 되었도다"라고 고백한 죽음에로의 존재로서 고독이다. 이것은 사도바울이나 이사야에게만 국한되는 고독이 아니라, 모든 인간 오늘 이 자리에

참석한 우리 모두에게 엄습하고 있는 고독인 것이다. 이것은 성령의 직접적인 감화로 이해될 수 있으며, 인간을 종교로 귀의하게 하는 강력한 동기라고 볼 수 있다.

이러한 상황에서 인간은 2가지로 반응할 수 있다. 그 하나는 영원의 도전을 회피하여 삶의 일상에 몰두한다거나 아니면 극단적으로 향락이나 마약에 중독되어 죽음을 회피하는 경우가 있다. 다른 하나는 영원의 도전을 피하지 않고 오히려 그 도전에 응전하는 경우가 있다. 그런데, 그 응전에 실패하여 쇼펜하우어처럼 자살하는 경우와 그렇지 않고 영원하신 하나님의 영생을 받아 누리며 의미 있는 천국의 삶을 살아가는 경우도 있다.

중생이란?

중생이란 인간이 죄와 허물로 영이 죽어 있는 상태에서 성령에 의해 믿음으로 다시 태어나는 것을 말한다. 이것을 다시 정리하여 살펴보자.

첫째, 중생은 하나님이 죄와 허물로 죽은 영혼을 그리스도의 십자가의 공로로 다시 살리시는 것이다. 골로새서 2장 12-15절에, 그리스도와 함께 우리를 죽음에서 살리시는 역사가 나온다. 하나님은 세례를 통하여 그리스도의 십자가로 우리 죄를 사하시고 다시 살리신다.

> 너희가 세례로 그리스도와 함께 장사되고 또 죽은 자 가운데서 그를 일으키신 하나님의 역사를 믿음으로 말미암아 그 안에서 함께 일으키심을 받았느니라. 또 범죄와 육체의 무할례로 죽었던 너희를 하나님이 그와 함께 살리시고 우리의 모든 죄를 사하시고, 우

리를 거스리고 불리하게 하는 법조문으로 쓴 증서를 지우시고 제
하여 버리사 십자가에 못 박으시고 통치자들과 권세들을 무력화
하여 드러내어 구경거리로 삼으시고 십자가로 그들을 이기셨느니
라(골 2:12-15).

요한복음 5장 21, 24-25절에, 예수님이 원하시는 자를 살리시고 심
판에 이르지 않고 생명을 주신다.

> 아버지께서 죽은 자들을 일으켜 살리심 같이 아들도 자기가 원하
> 는 자들을 살리느니라. 내가 진실로 진실로 너희에게 이르노니 내
> 말을 듣고 또 나 보내신 이를 믿는 자는 생명을 얻었고 심판에 이
> 르지 아니하나니 사망에서 생명으로 옮겼느니라. 죽은 자들이 하
> 나님의 아들의 음성을 들을 때가 오나니 곧 이 때라 듣는 자는 살
> 아나리라(요 5:21, 24-25).

죽었던 영혼이 다시 살아나는 것 곧 중생이 구원의 시작이다. 영혼
이 살아나는 것은 예수님이 죄인을 위해 지신 십자가의 공로 때문이
다. 십자가는 죽음의 상징이지만 그 죽음의 상징이 우리를 살려주시
는 하나님의 능력이 되는 것이다.

> 유대인은 표적을 구하고 헬라인은 지혜를 찾으나, 우리는 십자가
> 에 못 박힌 그리스도를 전하니. 유대인에게는 거리끼는 것이요 이
> 방인에게는 미련한 것이로되, 오직 부르심을 받은 자들에게는 유
> 대인이나 헬라인이나 그리스도는 하나님의 능력이요 하나님의 지
> 혜니라... 너희는 하나님으로부터 나서 그리스도 예수 안에 있고
> 예수는 하나님으로부터 나와서 우리에게 지혜와 의로움과 거룩함
> 과 구원함이 되셨으니(고전 1:22-24, 30).

이성봉 목사(1900-1965)는 한국 교계에서 유명한 성결교회의 부흥

사였다. 이 분의 영향을 받은 전도자는 성결교회 문준경 전도사로부터 이성봉 목사의 사위인 한국도자기 김동수 장로에 이르기까지 이 분의 영향을 받지 아니한 분이 없을 정도였다.

1900년 7월 4일 이성봉 목사는 평안남도에서 출생했다. 외조모의 강력한 권고로 사랑 없는 조혼을 한 그의 어머니는 힘든 생활고로 인하여 자살을 두 번이나 시도하지만 실패로 끝나고 만다. 살아갈 의욕을 상실한 그녀는 성봉이 여섯 살 되는 해 복음을 듣고 온 가족을 교회로 인도하게 되었다. 평양에서 40리 먼 곳으로 이사 가게 되자, 평양 선교리 감리교회까지 40리를 왕래하며 예배를 드렸다. 주일이면 그의 어머니는 새벽 닭 울기 전에 조반을 식구들과 마치고, 40리 길을 걸어 눈 비에 상관없이 교회에 출석하였다.

성봉은 어려서 천성이 어질지 못하여, 7살 때 태어난 동생이 부모님의 사랑을 독차지하자, 동생을 몹시 질투하고 미워했다. 그의 어머니는 엄한 훈계를 통하여 성봉의 잘못된 육에 속한 성질을 제어하였다.

성봉은 그의 어머니의 훈육으로 인하여 순종의 사람이 되었고, 이것은 후일 교회의 영적 지도자로서 자질을 갖추는 데 초석이 되었다. 그가 9-10세 되던 해 홀로 집에 있으면서 전대에 묶인 부모님의 돈에 손을 댔다가, 건넌방의 외할머니에게 들킬 뻔한 일이 있었다. 당시 성봉은 들키게 되면 후일 혼날 것이 두려워서 하나님께 기도하기 시작했다. "하나님 한번만 용서해 주십시오. 다시는 도둑질하지 않겠습니다!"

그 때 외조모는 성봉이 기도하는 것을 보시고, 외손주를 기특해 하시며 건넌방으로 돌아가셨다. 그러나 성봉은 그 위기만 넘기는 데 기도를 이용하였고, 잠시 후 전대에서 돈을 훔쳐 군것질을 하였다고 한다. 그 후 성봉은 하나님을 두려워하지 아니하고 자기 정욕에 이끌려 살아갔다. 하나님께 드리는 예배를 존귀히 여기지 아니하고 설교 시간에 눈을 감고 자다가 뒤로 넘어지기도 하고, 연애하기 위하여 교회에 출석하기도 하였다. 부흥성회에서는 가식적으로 은혜 받은 척 했으며, 연보하지도 않으면서 낸 것처럼 하는 외식적인 청소년이 되어갔다.

청년 시절에는 성질이 더욱 포악해 지고, 경제적인 핍절로 인하여 세상을 비난하고, 천당·지옥·내세도 없다고 하면서 하나님을 부인하였다. 그는 주초는 물론 도박에 빠져 극도로 방탕한 생활을 하다가, 어머니의 간곡한 신앙 권유도 비웃는 비참한 인간이 되었다.

그의 모친은 청년 성봉의 신앙 회복을 위하여 눈물로 하나님께 호소하였다. 탕자 어거스틴을 위해 기도한 모니카와 반항아 무디를 위해 기도한 벳시 홀튼 여사처럼 아들을 위해 간절한 마음으로 기도한 어머니의 기도는 청년 이성봉을 하나님께 인도하여 눈물로 회개하도록 만들었다.

청년 이성봉이 21세가 되던 해 6월 24일 장사한 돈으로 술을 퍼마시고 야밤에 귀가하는 중 오른쪽 넓적다리가 아프기 시작하였다. 그의 술친구들이 거반 죽게 된 성봉을 집에 데려왔고, 약으로 치료를 하였으나 실패하고, 결국 골막염 판정으로 다리를 절단해야 했다.

성봉은 6개월간 평양 기홀 병원에 입원하면서, 집안의 논과 밭은 병원비로 사용되었고, 그의 미래는 더욱 막막하였다. 질병으로 인하여 닥친 인생의 고난과 경제적 어려움은 성봉을 죽음의 공포 속으로 몰아갔다. "너는 이제 죽어서 어디로 가려느냐 천국이냐? 지옥이냐?" 그는 천국은 상관없지만 만약 지옥이 있다면 받아야 할 영원한 형벌이 두려웠다. 그에게 죽음의 공포가 밀려오자 지난날 자신이 저지른

죄악으로 인해 지옥 자식으로 살아갔던 그의 인생을 후회하기 시작했다. 성봉은 죽음의 공포로 극도의 불안감 속에서 모친의 무릎에 엎드려 하나님께 눈물로 회개 하였다.

"잠간 살다 죽는 것을, 이렇게 죄를 많이 지었는가, 아! 나는 이 죄로 인해서 영원한 멸망의 구렁텅이로 빠지는구나, 오 하나님!, 나를 이 죄악에서 건지소서!"

어머니는 과거의 죄를 뉘우치는 성봉에게 위로했다.

"회개하면 된다. 죄지은 자가 지옥에 가는 것이 아니고 회개하지 않는 사람이 지옥에 가는 것이란다 … 하나님은 지금 네 기도와 나의 간구를 다 들어주실 것이다. 이제는 네 생사를 다 주께 맡겨라."

어머니의 말씀은 곧 성령으로 그의 마음을 감화시켜 그를 새사람이 되게 하였다. 하나님은 성봉의 회개의 눈물을 받아주셨고, 그의 마음에서 모든 공포와 두려움을 물리쳐 주시고 참 평안을 허락해 주셨다. 성봉은 회개를 통하여 죄사함을 받았는데, 이 경험은 그가 세상에 태어나서 난생 처음 느껴보는 평안이었다.

성봉은 재미없게 여겨지던 성경을 하나님의 말씀으로 읽기 시작했다. 전에는 맹물에 자갈 삶은 것 같아 연애 소설보다 못하고, 도무지 믿을 수가 없었던 성경이 회심한 성봉에게 이제는 연애 잡지나 소설보다 더 재미있게 되었고, 말씀이 금보다 더 귀하고 꿀보다 더 달게 느껴졌다. 또한 성봉이 중생하여 새사람이 된 이후에 불의한 습관인 주초를 끊게 되었다. 성봉이 죄를 자복하고 회개하여 성령으로 거듭(중생)나니 그의 심령에는 과거에 지은 죄악의 공포는 사라지고, 평안과 기쁨 그리고 감사가 충만하여, 그의 눈앞에는 주 예수님과 천국의 영광만이 함께하고 있었다. 할렐루야! "그런즉 누구든지 그리스도 안에 있으면 새로운 피조물이라 이전 것은 지나갔으니 보라 새것이 되었도다"(고후5:17).

둘째, 중생은 진리의 말씀과 거룩한 영이신 성령으로 인간의 영혼을 다시 나게 하여 하나님의 나라를 보게 하고 들어가게 하는 것이다.

요한복음 3장에 보면, 유대인의 지도자 산헤드린 공회원인 니고데모가 밤중에 예수님을 찾아와 하나님이 함께하시지 않고서는 표적을 아무도 할 수 없다고 말하며, 예수님이 하나님이 보내신 랍비라고 여겼다.

예수님을 찾아간 니고데모는 누구인가? 그는 오늘날의 국회의원과 같은 지위를 가진 당시 산헤드린 공의회 공회원이었고, 유대인의 지도자 중에 한 사람으로 세상에서 교육받아 성공한 사람이었다. 그런데 그가 30살 정도의 당시 아무런 교육도 받지 않고 출신도 나사렛 출신인 예수님께 나아온 것이다.

실제로 니고데모는 자신과 같은 유력한 사람이 검증되지 않은 젊은 예수를 찾아가는 것에 주변의 눈을 의식하여 "밤중에" 찾아 갔을 것이다. 자신이 유대인의 "선생"이요 지도자였으나, 예수님의 표적을 보고 예수께서 하나님이 보내신 랍비 곧 "선생"이라고 생각했던 것이다. 그런데 예수님은 니고데모에게 하나님의 나라를 보려면 거듭나야 한다고 말씀하셨다.

> 예수께서 대답하여 이르시되 진실로 진실로 너희에게 이르노니 사람이 거듭나지 아니하면 하나님의 나라를 볼 수 없느니라... 사람이 물과 성령으로 나지 아니하면 하나님의 나라에 들어갈 수 없느니라(요 3:3, 5).

그 때 니고데모는 사람이 늙어 어떻게 모태에 두 번 들어갔다 나오는가 라며 묻자, 예수님은 중생이란 육의 일이 아니고 영의 중생이며, 성령으로 가능하다고 하며, 바람이 부는 것을 알 수 있듯이 중생도 그러하다고 말씀하셨다.

예수님은 당신에게 나아온 니고데모의 실존적인 고민을 알고 있었던 것 같다. 니고데모는 겉으로는 교육받고 성공한 정치 지도자였으나, 그는 영원한 생명에 대하여 무지하였고, 죽음의 문제를 해결하지 못하고 있었던 것이다. 자신이 지도자요 선생이었으나 사람들에게 죽음에서 생명으로 인도하여 주는 데 실패한 것이었다. 그래서 예수님은 인생의 문제인 죽음에서 생명으로 나아가는 방법을 니고데모에게 가르쳐 주신 것이다. 권력이나 세상의 성공이 인간을 죽음에서 구해 내지 못하는 것이다.

> 육으로 난 것은 육이요, 영으로 난 것이 영이니, (…) 이는 그(예수)를 믿는 자마다 영생을 얻게 하려 하심이라(요 3:6, 15).

> 만일 너희 속에 하나님의 영이 거하시면 너희가 육신에 있지 아니하고 영에 있나니, 누구든지 그리스도의 영이 없으면 그리스도의 사람이 아니라(롬 8:9).

예수님은 니고데모에게 물과 성령으로 거듭나야 한다고 말씀했는데, 물이란 무엇인가? 물은 물세례를 말하기도 하는데, 그 의미는 하나님의 말씀을 듣고 회개하여 죄 씻음의 의미로 물세례를 받는 것이다. 그래서 물이란 죄인에게 회개를 초래하는 하나님의 말씀이라고 해석할 수 있다.

에베소서 5장 26절과 베드로전서 1장 23-25절, 야고보서 1장 18절에 보면, 중생이 하나님의 말씀에서 비롯된 것임을 알 수 있다. 그리고 하나님의 말씀은 예수 그리스도의 죽으심과 부활을 믿는 자에게 영생을 주신다는 복음이다.

> 이는 곧 물로 씻어 말씀으로 깨끗하게 하사 거룩하게 하시고(엡 5:26).

> 너희가 거듭난 것이 썩어질 씨로 된 것이 아니요, 썩지 아니할 씨로 된 것이니 살아있고 항상 있는 말씀으로 되었느니라. 모든 육체는 풀과 같고 그 모든 영광은 풀의 꽃과 같으니 풀은 마르고 꽃은 떨어지되, 오직 주의 말씀은 세세토록 있도다 하였으니 너희에게 전한 복음이 곧 이 말씀이라(벧전 1:23-25).

> 그가 그 피조물 중에 우리로 한 첫 열매가 되게 하시려고 자기의 뜻을 따라 진리의 말씀으로 우리를 낳으셨느니라(약 1:18).

하나님의 말씀을 들을 때에 성령이 역사하여 이 세상의 욕심이 아니라 하나님 나라의 영광을 위하여 거듭나게 하신다.

유명한 러시아의 작가 톨스토이는 원래 귀족 출신으로 온갖 부귀와 영화를 누리면 살아왔으나 참 만족을 얻지 못했다. 그는 작품을 통해 많은 사람들에게 갈채를 받았으나 죄에 대한 공포와 불안한 마음으로 어찌할 수가 없었다.

그러던 어느 날 한적한 시골 길을 걸어가던 중 어느 시골 농부를 만났는데 그 얼굴에 유난히도 평화가 깃들어 있음을 발견하게 되었다. 그는 농부에게 가서 평화스런 삶의 비결이 무엇이냐고 물었다. 그러자 그 농부는 하나님을 의지하고 살기 때문에 언제나 내 마음은 기쁠 뿐이라고 했다. 그 말을 들은 톨스토이는 그 날부터 진지하게 하나님을 찾기 시작하였다. 그 후 결국 그는 하나님을 만나게 되었고 과거의 불안과 공포는 사라졌다. 그는 하나님을 아는 것이 바로 사는 길이라고 고백하게 되었던 것이다.

이 세상에서 아무리 성공적인 생활을 하는 것 같아도 근본적으로 하나님과 나와의 관계가 맺어지지 아니하면 그는 여전히 불안한 법이다. 그 이유는 창조주 하나님과의 관계가 끊어지면 이 현실에서는 어떠한 것에서도 참된 의미를 발견할 수 없기 때문이다. 그러므로 신앙의 문제가 해결되기 전에는 인생의 어떤 문제도 해결될 수 없는 것이다.

레오 톨스토이는 <나의 회심>이란 글에서 이렇게 말한다.

> 5년 전 나는 정말 예수 그리스도를 나의 주님으로 받아들였다. 그러자 나의 전 생애가 변했다. 이전에 욕망 하던 것을 욕망하지 않게 되고 오히려 이전에 구하지 않던 것들을 갈구하게 되었다. 이전에 좋게 보이던 것이 좋지 않게 보이고 대수롭지 않게 보이던 것들이 이제는 중요한 것으로 보이게 되었다. 나는 소위 행운의 무지개를 찾아다니며 살았는데 그 허무함을 알게 되었다. 거짓으로 나를 꾸미는 것이나, 육체의 정욕을 채우는 것이나, 술 취해 기분 좋아하는 것이 더 이상 행복으로 간주할 수 없게 되었다.

그는 예수를 만나고 인생의 새로운 목적을 갖게 되었고 그 목적에 맞는 새 인생을 출발하게 된 것이다.

셋째, 중생은 유혹의 욕심에 따라 살던 죽은 영혼이 신적 생명으로 다시 태어나 위로부터 온갖 좋은 은사와 온전한 선물을 받고, 새 사람이 되는 것이다.

야고보서 1장에 보면, 초대 교회 성도들은 욕심에 이끌려 미혹되어, 욕심이 잉태한 즉 죄를 낳고 죄가 장성한 즉 사망을 낳는 지경에 이르렀다. 그래서 야고보 사도는 땅에 있는 육신의 정욕에 미혹되지 말고, 위로부터 빛들의 아버지로부터 온갖 좋은 은사와 온전한 선물을 받으라고 권면한다. 왜냐하면 성도들은 하나님이 자기의 뜻을 따라 진리의 말씀으로 낳은 하나님의 자녀들이기 때문이다.

> 욕심이 잉태한즉 죄를 낳고 죄가 장성한즉 사망을 낳느니라. 내 사랑하는 형제들아 속지 말라. 온갖 좋은 은사와 온전한 선물이 다 위로부터 빛들의 아버지께로부터 내려오나니 그는 변함도 없으시고 회전하는 그림자도 없으시니라(약 1:15-17).

에베소서와 고린도전서에서 바울사도는 허물과 죄로 죽었던 영혼이 신적 생명을 받아 중생하면 의와 진리와 거룩함의 새로운 피조물 곧 새사람이 된다는 진리를 강론하고 있다.

> 허물과 죄로 죽었던 너희를 살리셨도다. 그 때에 너희는 이 세상 풍조를 따르고 공중의 권세 잡은 자를 따랐으니 곧 지금 불순종의 아들들 가운데서 역사하는 영이라. 전에는 우리도 그 가운데서 우리 육체의 욕심을 따라 지내며 육체와 마음이 원하는 것을 하여 다른 이들과 같이 본질상 진노의 자녀이었더니, 긍휼이 풍성하신 하나님이 우리를 사랑하신 그 큰 사랑으로 인하여 허물로 죽은 우리를 그리스도와 함께 살리셨고 (너희는 은혜로 구원을 받은 것이라)(엡 1:1-5).

> 진리가 예수 안에 있는 것 같이 너희가 참으로 그에게서 듣고 또한 그 안에서 가르침을 받았을 진대, 너희는 유혹의 욕심을 따라 썩어져가는 구습을 따르는 옛사람을 벗어버리고 오직 너희의 심령으로 새롭게 되어 하나님을 따라 의와 진리의 거룩함으로 지으심을 받은 새사람을 입으라(엡 4:21-24).

그런즉 누구든지 그리스도 안에 있으면 새로운 피조물이라. 이전
것은 지나갔으니 보라 새 것이 되었도다(고후 5:17).

이와 같이 중생은 하나님의 영혼 구원의 역사로서 그리스도와 함
께 우리 죄와 허물을 십자가에 못 박아 장사시키고, 그리스도와 함께
거룩한 영이신 성령에 의하여 새로운 생명으로 다시 태어나는 것으
로, 그 복음의 말씀을 믿음으로 말미암아 위로부터 온갖 좋은 은사와
온전한 선물을 받고, 하나님의 자녀, 곧 새로운 피조물인 새사람으로
서의 삶을 살아가는 것이다.

오늘 우리는 영적인 생명, 영혼의 구원의 시작인 중생을 성경에서
찾고 이해하고 있다. 성경에서는 육신의 욕망을 따라 살아가는 것이
아니라, 새로운 신적 생명인 영생을 소유하며 위로부터 오는 은사와
선물을 받아 새롭게 영적인 삶을 살아가라고 말씀하고 있다.

육신적으로 볼 때에는 십자가에서 예수님이 죽으셨고, 스데반 집
사 역시 돌에 맞아 죽임을 당하였다. 십자가에 달려 죽거나 돌에 맞
아 죽는 자는 사람들이 볼 때 저주 받은 자이다. 그러나 영적으로 볼
때에 스데반 집사에게는 예수 그리스도의 영이 있었다. 초대 교회 성
도들도 환난과 핍박 가운데에서도 믿음을 버리지 않고 예수 그리스
도의 영으로 순교할 수 있었다. 그러나 313년 콘스탄틴 대제가 기독
교를 국가 종교로 공인하면서 급속히 타락하여 중세의 어둠이 밀려
왔다.

한국 기독교가 박해받고 핍박받을 때에는 신적 생명으로 다시 살
아나 부흥하였다. 이제 한국 교회가 육신의 욕망에 따라 살아가려는
성도들이 증가하면서 영적인 생명의 힘을 잃고 타락해 가고 있다. 한

국교회와 성도는 육신의 욕망으로 인하여 죽어가는 영혼이 그리스도의 십자가의 공로로 인하여 다시 살아나야 한다. 영혼이야 죽든 말든 아무 상관없이 지금 당장 눈에 보이는 육적인 모습에만 다급해 하지 말고, 신적 생명의 귀중함을 깨달아야 한다. 내가 육신으로 무엇을 하고 안하는 것이 중요한 것이 아니고, 나의 영혼이 살아 있느냐 죽어 있느냐가 더욱 중요한 것임을 먼저 깨달아야 한다.

> 만일 너희 속에 하나님의 영이 거하시면 너희가 육신에 있지 아니하고 영에 있나니, 누구든지 그리스도의 영이 없으면 그리스도의 사람이 아니라(롬 8:9).

19세기 부흥운동가 찰스 피니(Charles Grandison Finney 1792. 8. 29-1875. 8. 16)는 뉴욕 주 애덤스에서 변호사 생활을 했던 방식으로 회중들에게 설교함으로써 뉴욕 주 북부에서 영적인 부흥을 일으켰다. 그의 부흥운동은 대도시에서 큰 성과를 거두었고, 1834년 '브로드웨이 장막교회'를 세우고, 오하이오 오벌린에 신학교를 세우고 목회와 교수 사역을 동시에 했으며, 1851~66년 오벌린 대학의 총장이 되었다.

찰스 피니는 "인간의 이성만으로는 결코 유용한 복음의 지식을 얻은 적이 없으며 앞으로도 없을 것"이라고 말한다. 인간은 성령을 통한 하나님의 조명이 필요하다.

> 성령에 의하지 아니하고는 누구라도 예수를 주라고 말할 수 없느니라(고전 12:3).

> 나를 보내신 아버지께서 이끌지 아니하시면 아무도 내게 올 수 없으니, 오는 그를 내가 마지막 날에 다시 살리리라. 선지자의 글에

그들이 다 하나님의 가르치심을 받으리라 기록되었은즉 아버지께
들고 배운 사람마다 내게로 오느니라(요 6:44-45).

피니는 변호사 시절 성경을 읽으면서 하나님의 사랑과 진리를 깨
달으면서, 자기 자신의 구원에 대하여 고민하고 있었다. 성경을 읽다
가 사람들이 법률사무소로 들어오면 성경을 법률서적 사이에 끼어
놓고 읽지 않은 것처럼 행동했다. 그는 틈이 나는 대로 성경을 읽고
기도하였으나 마음은 늘 답답하였다. 어느 날 이른 아침 법률 사무소
로 나가는데, 갑자기 그의 마음에 "너는 무엇을 기다리느냐? 하나님
께 마음을 드리기로 약속하지 않았는가? 너는 무엇을 하려고 하는가?
너는 네 자신의 의를 이루려고 노력하고 있는가?" 순간 피니는 구원
의 진리가 마음속에 환히 밝혀졌다. 예수 그리스도의 십자가의 구속
의 사역은 이미 온전하게 이루어진 완전한 사역으로서, 피니가 해야
할 일은 이제부터 죄를 끊기로 결심하고 그리스도를 받아들이는 것
뿐이었다. 구원의 복음은 바로 피니가 그리스도의 십자가의 공로를
복음으로 받아들이면 되는 것이다. 피니는 이 진리를 깨닫고 기도하
면서 자신이 하나님께 나아가지 못한 죄를 회개하고, 성령의 감화 감
동이 밀려오면서 중생을 경험하였다.

오늘 이 시간에 자신의 의를 내세우는 죄를 회개하고 성령의 은혜
에 자신을 내 맡기고 영혼이 다시 살아나 주님이 주시는 평강을 누리
도록 하자.

중생의 은혜를 어떻게 받는가?

예수 그리스도의 십자가의 구속의 사역은 이미 온전하게 이루어진 완전한 사역으로서, 우리가 해야 할 일은 이제부터 죄를 끊기로 결심하고 그리스도를 마음에 받아들이는 것뿐이다.

1) 구원자 되시는 예수님을 마음에 모시지 못한 죄를 깨닫고 회개해야 한다.

   예수께서 비로소 전파하여 이르시되 _____하라 천국이 가까이 왔느니라(마 4:17).

   너희가 회개하여 각각 예수 그리스도의 이름으로 세례를 받고 죄 사함을 받으라(행 2:38).

2) 말씀이신 예수님을 마음에 영접하여야 한다.

   _____하는 자 곧 그 이름을 믿는 자들에게는 하나님의 자녀가 되는 권세를 주셨으니, 이는 혈통으로나 육정으로나 사람의 뜻으로 나지 아니하고 오직 하나님께로부터 난 자들이니라(요 1:12-13).

3) 우리가 믿은 바를 입으로 시인하여야 한다.

   _____이 네게 가까워 네 __에 있으며 네 ____에 있다 하였으니, 곧 우리가 전파하는 믿음의 말씀이라. 네가 만일 네 __으로 예수를 주로 시인하며 또 하나님께서 그를 죽은 자 가운데서 살리신 것을 네 ____에 믿으면 구원을 받으리라. 사람이 ____으로 믿어 의에 이르고 __으로 시인하여 구원에 이르느니라(롬 10:8-10).

_____에 의하지 아니하고는 누구라도 예수를 주라고 말할 수 없느니라(고전 12:3).

나를 보내신 _____께서 이끌지 아니하시면 아무도 내게 올 수 없으니, 오는 그를 내가 마지막 날에 다시 살리리라(요 6:44-45).

성결의 복음

약 4:8

8 하나님을 가까이 하라. 그리하면 너희를 가까이 하시리라. 죄인들아 손을 깨끗이 하라. 두 마음을 품은 자들아 마음을 성결하게 하라

중생은 그리스도의 영(the Spirit of Christ)이 우리 안에 있어 우리 영혼을 거듭나게 하여 그리스도인의 삶을 살게 하는 것이다. 그러면 우리 안에서 역사하시는 그리스도의 영으로 인하여 우리 얼굴에는 예수님의 온유(tenderness)가 나타나는가? 그리스도의 영으로 인하여 우리 행동에 그리스도께서 죄인들에게 보이셨던 양선(kindness)이 나타나는가? 그리고 종으로서 제자들의 발을 씻기는 겸손함(humility)과 십자가의 희생(sacrifice)이 나타나고 있는가? 그리스도의 요청을 따라 자신이 사랑하던 육신의 욕망을 버리고 그리스도의 부름에 응답하고 (followed) 있는가? 이 질문에 진지하게 "예"라고 답할 수 있다면 그것은 성결한 그리스도인의 삶을 살아가고 있는 것이다.

성결이란 무엇인가?

성결은 구약의 "코데쉬"로 거룩함 혹은 신성함을 나타내는 데, 하나님을 위해 사람이나 물건을 구별시키는 의미가 있다. 제사장이나 성막 그리고 제물 등은 하나님께 드려지는 것으로 거룩하게 구별 곧 성별되었다. 이것을 위치적 성결(positional holiness)이라 한다.

신약에서 성결은 "하기오스"로 거룩함이나 신성함 그리고 순결함의 의미로 사용되었고, 하나님께 온전히 바쳐진 상태, 곧 관계적인 성결(relational holiness)을 의미한다.

그러면 성결교회의 성결은 무엇인지 성경을 통해서 알아보도록 하자.

첫째, 성결은 교양이나 인격 수양이 잘 된 도덕군자나 사회 지도층 인사들을 평가하는 기준인 인간 사회의 도덕이나 윤리 규범이 아니다.

유교권 사회인 한국, 중국, 일본 등 동북아시아에서는 인간의 최고 모범을 군자로 이해하였다. 군자는 인의예지를 갖춘 대인으로서 사회에서 존경받는 도덕과 윤리의 모범이 된다. 이 기준은 유교의 기준으로서 인간의 성품을 계발하고 사회와 국가의 지도자로서 도덕적인 삶을 사람들에게 요구한다.

기독교가 서구로부터 동아시아로 유입되면서, 성결의 복음은 유교식으로 해석되어 예수를 믿는 것이 사회의 도덕군자가 되는 것으로 이해되었다. 그러나 예수를 믿는 것이 사회의 도덕군자나 윤리실천가가 되는 것으로 동일시되어서는 안 된다. 예수를 믿는 것의 최종 목적은 성결한 사람이 되는 것인데, 그것은 유교의 도덕군자가 되는 것이 아니라, 하나님의 거룩한 성결을 받아 성결한 하나님의 사람이 되는 것이다.

성결을 오해하여 바리새인들의 율법주의나 도덕주의로 여기는 사람들이 많다. 성결은 용어자체가 거룩하고 깨끗한 의미가 있기 때문에, 죄인인 인간이 근접하기 어려운 것으로 오해할 수 있다. 그러나 성결은 죄인이 하나님의 은혜로 성결하게 되는 것이지 인간 스스로의 노력으로 성결하게 되는 도덕과 윤리와는 차원이 다른 것이다.

유대교의 지도자요 도덕군자인 바리새인들은 겉으로는 경건한 척하면서 내적으로는 탐심이 가득했다. 예수님은 바리새인들을 "회칠한 무덤"이라고 칭하셨는데, 이는 속으로는 썩어져 가는 뼈가 가득한 무덤인데, 겉으로는 횟가루로 하얀 칠을 하여 사람들 보기에 좋게 하는 것을 비유로 말씀하신 것이다. 우리 인간은 아무리 도덕이나 윤리로 가장해도 인간 내부의 변혁과 회개 없이는 참된 성결이 없는 것이다.

예수님이 "하인이 두 주인을 섬길 수 없나니, ... 너희는 하나님과 재물을 겸하여 섬길 수 없느니라" 말씀하실 때에, "스스로 옳다하는 바리새인들은 돈을 좋아하는 자"들이기에 "이 모든 것을 듣고 비웃"었다고 했다(눅 16:13-15). 바리새인들은 겉은 성결한 것 같지만 속은 탐욕으로 가득 찬 위선자들이었다. 바리새인들이 "당신의 제자들이 어찌하여 ... 떡 먹을 때에 손을 씻지 아니하나이까?" 힐난할 때에, 예수님은 "듣고 깨달으라. 입으로 들어가는 것이 사람을 더럽게 하는 것이 아니라, ... 마음에서 나오는 악한 생각과 살인과 간음과 음란과 도둑질과 거짓 증언과 비방이 사람을 더럽게 하는 것이요"라고 말씀하셨다(마 15:2, 11, 19, 20).

그러므로 성결은 인간적인 노력으로 얻어지는 바리새적이고 율법적인 것이 아니라, 하나님의 성결하심으로 죄인이 그 덕분에 성결하게 되는 은혜로운 것이다.

> (…) 너희는 거룩하라 이는 나 여호와 너희 하나님이 거룩함이니
> 라(레19:2).

> (…) 너희 사욕을 본받지 말고, 오직 너희를 부르신 거룩한 이처럼
> 너희도 모든 행실에 거룩한 자가 되라. 기록 되었으되 내가 거룩
> 하니 너희도 거룩할지어다 하셨느니라(벧전1:14-16).

필자가 미국 캔터키 시골 마을에서 20여 년 전 목회할 때에, 당시 교회에 출석하는 분들 중에는 한국에서 미군과 만나 결혼하여 이민을 갔으나, 이민 생활 중에 이혼당하고 어렵게 살아가는 여성들이 많았다. 이들은 마치 성경 요한복음에 나오는 사마리아 여인들과 같이 결혼하여 이혼당하고 또 결혼하여 이혼당하는 과정을 여러 번 반복하여 아버지가 다른 자녀들을 2-3명 홀로 키우는 여성들이었다. 전 남편에게서 생활비 보조를 받아야 하지만, 그렇지 못한 형편이 될 때에는 캔터키 산골 구석에 무허가 컨테이너 박스에서 비참하게 살아가야 하는 여성도도 있었다. 이렇게 어렵게 생활함에도 불구하고 이 성도는 아이들과 함께 주일날 예배드리기 위하여 자동차로 2시간 운전하여 예배에 참석하였다. 그리고 자녀들을 주님의 말씀으로 양육받게 하며, 하루하루 하나님의 은총에 기대어 마음을 성결하게 하면서 이민생활을 꾸려가고 있었다.

이러한 성도들에게 성결이 필요한 것일까?

성결이라고 하면, 경제적으로 여유가 있고, 윤리 도덕과 교양을 찾을 수 있는 상황에서 필요한 것이 아닐까라고 생각해서는 안 된다. 유교에서는 그렇다. 도덕군자나 사대부 양반은 비가 내려도 절대로

양반 체면에 뛰어가면 안 되고, 모든 일에 격식과 차서를 따지는 법이다. 그러나 예수님은 바리새인의 율법주의나 사대부 양반의 도덕주의를 질책하셨다.

하나님은 우리 마음을 보시고, 중심을 보시며, 하나님이 성결하신 것처럼 우리도 성결하라고 하신다. 이것은 우리의 어려운 상황 속에서도 하나님의 은총 가운데 마음을 성결하게 하라는 것이다.

둘째, 성결은 두 마음을 품지 않는 신앙의 최고 단계로 목적이 하나님께 영광 돌리는 거룩한 상태를 말한다.

> 하나님을 가까이 하라. 그리하면 너희를 가까이 하시리라. 죄인들아 손을 깨끗이 하라. 두 마음을 품은 자들아 마음을 성결하게 하라(약 4:8).

중생한 신자는 신앙의 최고 단계인 성결에 이르기 까지 두 마음을 품고 갈등하고 살게 된다. 로마서 7장에 보면, 중생 이후의 신자의 갈등을 나타내는데, 즉, 마음으로는 하나님의 법을 즐거워하고 선을 행하고자 하나, 또 다른 지체 속에서 한 다른 법이 마음의 법과 싸워 죄의 법으로 인도한다는 것이다.

> 내가 원하는 바 선을 행하지 아니하고 도리어 원하지 아니하는바 악을 행하는 도다. 오호라 나는 곤고한 사람이로다. 이 사망의 몸에서 누가 나를 건져내랴(롬7:19, 24).

이러한 상황은 구약 이스라엘이 출애굽 하여 홍해를 건너 광야 생활을 하지만, 광야에서 가나안 땅에 이르기 전 물과 음식의 부족으로 인하여 하나님을 원망하고 모세를 불신하는 것과 같다. 이스라엘은 광야에서 하나님을 자유로이 섬길 수 있으나, 부족한 광야생활로 인하여 불평과 불만 속에서 하나님을 거역하며 살아갔던 것이다. 이스라엘은 하나님을 온전히 섬기기 위하여 홍해를 건너 약속의 땅 가나안에 들어가야 한다. 약속의 땅 가나안은 신앙의 최종 목적인 성결을 비유한 것이다.

혹 자는 성결은 죽은 다음에 이루어질 수 있다고 하지만, 성결은 이 세상에서 이루어지는 하나님의 은총이다. 죽은 후에야 성결이 이루어진다고 생각하는 이면에는 육체를 죄라고 여기는 중세적 통념이 자리 잡고 있다. 우리가 죄를 생각할 때에 그것을 물질로 생각해서는 안 된다. 죄는 물건이나 물질이 아니다. 죄는 하나님과의 관계 단절이 바로 죄인 것이다. 최초 인간 아담이 하나님의 금령을 어기고 죄를 범한 것은 하나님과의 관계를 어긋나게 한 것을 의미한다. 그러므로 죄를 씻고 성결하게 되는 것은 하나님과의 관계를 회복하는 것이다.

우리는 몸에 대하여 성경적 이해를 할 필요가 있다. 성경에 우리 몸은 중립적인 것으로 "소마"라고 표현하고 있다. 로마서 12장 1절에 "너희 몸(소마)을 하나님이 기뻐하시는 거룩한 산 제물로 드리라 이는 너희가 드릴 영적 예배니라" 했다. 우리 몸은 하나님께서 기쁘게 받으시는 살아있는 제물인 것이다.

로마서 7장 24절에 바울이 고백한 "사망의 몸"의 표현을 보면, 몸(소마)이 사망인 것처럼 오해할 수 있으나, 고대 십자가형의 의미를 알면 곧 그 오해가 풀린다. 고대 사형 제도에서 사용된 이 방식은 산 사람의 몸에 죽은 사람의 몸, 곧 사망의 몸인 시신을 "코는 코대로 입은 입대로 팔과 다리를 정면으로 묶어" 시간이 지나면 같이 썩어져가게 만들고, 결국 죽게 만드는 지독히 혹독한 사형 집행 방식인 것이다. 바울은 우리 몸이 성결하게 되기를 바랐는데, 그것은 죄의 몸, 곧 죄의 영향력에서 벗어나 성결하게 살아가기를 바랐던 것이다. 이것은 마치 오늘날의 구제역이나 조류독감 바이러스가 창궐할 때에 그 바이러스를 완전히 퇴치하여 건강한 몸이 되는 것처럼, 우리 영적 신앙 생활에서도 하나님과의 관계를 훼손시키는 죄를 온전하게 회개하고 이 세상에서 성결함을 유지하는 것이 매우 중요한 것이다.

셋째, 성결은 위로부터 주어지는 하늘의 지혜로서 정욕으로 싸우지 아니하고 하나님의 교회로 하나가 되게 하신다.

성결은 인간적인 노력으로 얻어지는 도덕이나 윤리가 아니고, 하나님으로부터 곧 위로부터 거룩한 영이신 성령으로부터 오는 천상의 지혜이다.

> (…) 땅위의 것이요 정욕의 것이요 귀신의 것이니, 시기와 다툼이 있는 곳에는 혼란과 모든 악한 일이 있음이라. 오직 위로부터 난 지혜는 첫째 성결하고 다음에 화평하고 관용하고 양순하며 긍휼과 선한 열매가 가득하고, 편견과 거짓이 없나니, 화평하게 하는 자들은 화평으로 심어 의의 열매를 거두느니라(약 3:15-18).

성령이 오시면 사도행전 2장에 말씀처럼, 바벨탑에서 인간의 교만과 욕망으로 분열된 언어가 통일되는 역사가 일어난다.

> 그 때에 경건한 유대인들이 천하 각국으로부터 와서 (…) 각각 자기의 방언으로 제자들이 말하는 것을 듣고, 다 놀라 신기하게 여겨 이르되 보라 (…) 우리가 각 사람이 난 곳 방언으로 듣게 되는

것이 어찌 됨이냐!(행 2:5-8)

성령 충만의 결과 방언으로 하나님께 기도하지만 교회 안에서 분파를 만들고 하나 되게 하지 못하는 것은 진정한 신앙생활의 모습 곧 성결이 아니다. 성령 충만하면 교회에서 평안의 매는 줄로 서로 용납하고 오래 참음으로 하나 되어야 한다. 교회에서 성령으로 하나되지 못하면 그것은 진정한 성결의 모습이 아닌 마귀적인 것이다.

> 모든 겸손과 온유로 하고, 오래참음으로 사랑 가운데서 서로 용납하고, 평안의 매는 줄로 성령이 하나되게 하신 것을 힘써 지키라. 몸이 하나요 성령도 한 분이시니 이와 같이 부르심의 한 소망 안에서 부르심을 받았느니라(엡 4:2-4).

전주성결교회 장로로 봉직했던 고 윤성구 장로는 전통적 유교 가풍의 한의사 집안에서 태어나, 일본에 유학하여 한의사가 되었고, 조국이 해방되자 귀국하여 세창한의원을 설립하고 의료활동을 하였다. 그가 기독교 신앙을 갖게 된 배경은 1940년대 말 당시 이웃 교회 주일학교에 다니던 어린 딸이 두 손을 모으고 식사 기도할 때에서 비롯되었다. 어린 딸이 "오늘날 우리에게 일용할 양식을 주셔서 감사합니다"라고 식기도를 했는데, 그 기도를 들은 아버지는 "언제 하나님이 쌀을 사다가 밥을 해 주었나"라고 비난하듯 말하였는데, 결국 그것이 인연이 되어 전주 성결교회에 나가게 되고 예수님을 구주로 영접하고 중생의 체험을 하게 된다.

그 이후 하나님 중심의 신앙생활을 하던 윤성규 집사는 자신이 다니는 교회 건물이 예전의 일제시대 일본사람들이 우상을 섬기던 쌍

절사라는 절 건물인 것을 알고, "지금까지 새 성전을 지어드리지 못하고 절집에서 예배를 드리다가 어떻게 하나님 앞에 갈 수 있겠습니까?" 말하며 송구하여 견딜 수 없는 심령을 가지고, 교회를 건축하는 데 전적으로 자신이 비용을 부담하겠다고 하여 새성전을 건축하였다. 하나님은 윤성구 집사를 통하여 성결의 은혜를 베푸시고 확신과 담대한 믿음을 허락하신 것이다. 그리고 당시 담임 이대준 목사로부터 "장로님, 좋은 일, 큰 일 한 번 하시죠!"라고 권유받은 윤 장로는 전북 진안의 임야 및 전답 26만 여 평을 성결교신학교에 헌납하여 문교부로부터 재단설립허가를 받게 하였고, 그 후 학교의 요청으로 성결대학교 초대이사장이 되었다.

윤성구 집사는 장로가 되어 늘 성령 충만하여 성결한 생활을 유지하였고, 본의 아니게 허물로 인하여 실수하게 될 때에도 담임 목사에게 그 내용을 소상히 고백하고 회개의 기도로 정리하였다. 그렇게 하지 아니하면 자신이 괴로워 그냥 지낼 수 없었다고 한다. 그리고 군수와 시장 출신의 장로가 있는 교회에서 윤성구 장로는 늘 겸손함으로 모범을 보이고 교회의 화합을 위하여 신앙인격으로 모범을 보이셨다고 한다. 성결의 은혜는 위로부터 오는 하늘의 지혜로서 정욕으로 싸우지 아니하고 하나님의 교회를 화평하게 하는 것이다.

넷째, 성결은 성령 충만함의 결과로서, 성결한 신자는 그리스도의 사랑으로 충만하여 봉사와 전도할 수 있는 능력과 범사에 감사하고 시와 찬미와 신령한 노래로 주께 노래하며, 주의 뜻을 분별할 수 있는 능력을 받게 된다.

그의 영광의 풍성함을 따라 그의 성령으로 말미암아 너희 속사람을 능력으로 강건하게 하시오며 믿음으로 말미암아 그리스도께서 너희 마음에 계시게 하옵시고 너희가 사랑 가운데서 뿌리가 박히고 터가 굳어져서 능히 모든 성도와 함께 넘치는 그리스도의 사랑을 알고, 그 너비와 길이와 높이와 깊이가 어떠함을 깨달아 하나님의 모든 충만하신 것으로 너희에게 충만하게 하시기를 구하노라(엡 3:16-19).

오직 지혜 있는 자같이 하여 (...) 오직 주의 뜻이 무엇인가 이해하라. 술취하지 말라 이는 방탕한 것이니 오직 성령으로 충만함을 받으라. 시와 찬송과 신령한 노래들로 서로 화답하며 (...) 범사에 우리 주 예수 그리스도의 이름으로 항상 감사하며 그리스도를 경외함으로 피차 복종하라(엡 5:15-21).

모든 기도와 간구를 하되 항상 성령 안에서 기도하고 이를 위하여 깨어 구하기를 항상 힘쓰며 (...) 입을 열어 복음의 비밀을 담대히 알리게 하옵소서 할 것이니(엡 6:18-19).

부산 동광성결교회 고 김득현 장로는 1933년 10세 때에 전국에 퍼진 콜레라로 부모님을 동시에 잃고 천애고아가 되었다. 그 때 이 분의 누이가 "우리가 사는 것은 이제 부터야! 참 아버지 우리 하나님이 살아계시지 않니! 참 아버지 우리 하나님 집으로 가자"며 어린 득현을 교회로 인도하였다. 누이가 강대상 밑에서 "하나님! 우리들의 참 아버지 감사합니다. 우리 육신의 아버지 어머니를 하늘나라로 데려가 주셨으니 감사 또 감사드립니다. 집에서 앓으면 약값도 많이 들고, 돌볼 사람도 없는데, 우리를 너무 가엾게 여기셔서 영원무궁한 곳으로 인도하시니 감사합니다. 예수님의 이름으로 기도 드립니다" 기도하였다. 어린 득현이에게도 기도하라고 하니, 득현이가 다음과 같이 기도하였다. "하나님, 나 기도드릴 줄 몰라요. 우리 아버지 어머니 사랑해 주세요. 누나 말 잘 듣겠습니다. 예수님 이름으로 기도합니다. 아멘."
이 때 누나가 얼싸 안으면서 "그렇게 마음에 생각나는 대로 기도드리
면, 하나님께서 다 이루어 주신단다. 이제부터 매일 하나님께 기도 드
리자" 말했다. 이 후 신앙 생활을 하면서 이성봉 목사의 지도로 중생
을 체험하고, 1939년 중국 안현동 교회에서 김홍순 목사의 집례로 세
례를 받았다.

6.25 전쟁 중 북한군에 사로잡혀 총살의 위기에서 구사일생으로 살
아나 부산으로 피난가 성결교회에서 일생동안 하나님을 섬기었다. 특
별히 부흥회가 개최되면, 부흥강사를 대접하였는데, 그 계기는 1951
년 전쟁 중에 성결교단의 사부이신 이명직 목사를 대접하고 나서부
터이다. 당시 모두 피난민으로 아무도 강사 접대를 위해 나서는 사람
이 없었다. 그 때 이 분은 아무것도 없으면서 마음으로 대접하리라
굳게 다짐하고, 밥상도 없지만 나무 상자 위에 신문지를 깔고 밥과
젓갈 그리고 간장만으로 대접하였다.

이후 하나님은 김득현 청년에게 복을 주시기 시작하였다. 영풍광
업에 취업하여 광석 샘플을 채취하기 위해 여수 출장을 갔는데, 원리
원칙대로 일을 하다 보니, 돌아갈 배편을 놓치게 되었다. 그런데 안타
깝게도, 타야 할 그 배가 좌초 되어 289명의 대참사가 일어나게 되었
는데, 그 일로 인하여 회사에서는 득현 청년을 정직한 모범 사원으로
인정하여 격려금 500만원을 수여하였다. 그는 전액을 다니던 성결교
회 대지 마련하는데 헌금하였다.

하나님은 이 일을 통하여 득현 청년을 충성되이 여겨 앞 길을 열어
주시기 시작하였다. 학교도 제대로 나오지 못해 중학강의록으로 독학
한 그를 하나님은 성결하게 여겨 한국무역진흥 부산 사무실 수위로

채용되게 하시고, 그 후 성실하게 충성하는 김득현 집사를 무역진흥 부산 사무소장으로 진급하게 하셨다. 그 이후 한국 화학시험검사소 초대 소장을 역임하고 무역업을 통해 전국에 광산 12개를 운영하게 하셨다. 장로가 된 후 사업을 위해 서울로 이주하였으나, 본 교회를 지키기 위해 매주 고속버스를 타고 주일 예배를 부산의 동광성결교회에서 드리고 다음날 새벽기도 후 서울로 귀경하는 성실하고 책임 있는 장로가 되었다.

그러면 성결의 은혜는 어떻게 받는 것인가?

첫째, 예수 그리스도의 희생 제물로 인하여 우리 죄가 단번에 용서함을 받아 성결하게 된다.

예수 그리스도는 율법을 완성하기 위해 오셨는데, 당신이 직접 단번에 속죄 제물로 자신을 드리심으로 구약의 율법을 완성하셨다. 그리스도의 속죄의 보혈의 피는 우리 죄를 단번에 씻어주시고 우리를 성결하게 한다.

> 주께서는 제사와 예물과 번제와 속죄제는 원하지도 아니하고 기뻐하지도 아니하신다하였고(이는 다 율법을 따라 드리는 것이라), 그 후에 말씀하시기를 보시옵소서. 내가 하나님의 뜻을 행하러 왔나이다 하셨으니, 그 첫째 것을 폐하심은 둘째 것을 세우려 하심이라. 이 뜻을 따라 예수 그리스도의 몸을 단번에 드리심으로 말미암아 우리가 거룩함을 얻었노라(히 10:8-10).

둘째, 성령으로 인하여 우리는 하나님께 전적으로 성별(consecration)하며 헌신(dedication)하게 된다.

성령은 거룩한 영으로 예수를 믿는 자에게 역사하셔서 전심으로 믿는 자들을 성별하시고 전적으로 헌신하게 하신다. 아브라함이 100세에 얻은 사랑하는 독자 이삭을 하나님께 드림같이, 진실로 하나님을 믿는 성도는 성령의 역사하심에 따라 전심으로 자신을 거룩한 산 제사로 하나님께 드리는 성결의 은혜를 받게 된다. 이러한 성결한 성도를 성경은 신령한 자라고 말한다.

> 육에 속한 사람은 하나님의 성령의 일들을 받지 아니하나니, 이는 그것들이 그에게는 어리석게 보임이요, 또 그는 그것들을 알 수도 없나니, 그러한 일은 영적으로 분별되기 때문이라. 신령한 자는 모든 것을 판단하나... 너희는 아직도 육신에 속한 자로다. 너희 가운데 시기와 분쟁이 있으니, 어찌 육신에 속한 사람을 따라 행함이 아니리요. ... 너희가 하나님의 성전인 것과 하나님의 성령이 너희 안에 계시는 것을 알지 못하느냐(고전 2:14, 3:3, 16).

셋째, 일상적인 우리들의 생활에서 말씀과 기도로 성결하여진다.

성결하게 산다고 하면서 금식과 금욕으로 살아야 함을 주장하는 것은 잘못된 것이다. 성결은 일상생활 가운데 하나님 중심으로 살아가는 것이다. 그래서 성결의 은혜는 하나님의 말씀과 기도 가운데 하나님께로부터 오는 것이다.

> 그러나 성령이 밝히 말씀하시기를 후일에 어떤 사람들이 믿음에서 떠나 미혹케 하는 영과 귀신의 가르침을 따르리라 하셨으니, 자기 양심이 화인 맞아서 외식함으로 거짓말 하는 자들이라. 혼인을 금하고 음식물을 폐하라 할 터이나, 음식물은 하나님이 지으신 바니 믿는 자들과 진리를 아는 자들이 감사함으로 받을 것이니라. 하나님께서 지으신 모든 것이 선하매 감사함으로 받으면 버릴 것이 없나니, 하나님의 말씀과 기도로 거룩하여짐이라(딤전 4:1-5).

A. B. Simpson은 성결의 은혜를 받는 다음과 같은 기도문을 제시한다.

나는 죽었고, 내 자신의 생명은 복종되고 장사되어 보이지 않습니다. 예수님은 나를 성결하게 하시는 분이시오, 나의 모든 것 중에 모든 것이 되십니다. 나는 그 분이 가장 좋게 생각하시는 대로 모든 것을 하기 위하여 모든 것을 그 분을 위하여 그 분의 손에 복종시킵니다. 나는 현재의 삶과 다가 올 삶에서 그 분이 내게 가장 필요한 모든 것이 되실 것을 믿습니다.

우리가 성결하게 사는 것은 요한복음 10장 10절 말씀대로 생명을 얻되 풍성한 생명을 얻는 것이다. 우리는 하나님의 약속의 말씀을 믿고 의심하지 않는 순종의 삶을 살아야 한다. 하나님이 기뻐하시는 것을 행하고, 항상 성경 말씀에서 그 분의 음성 듣기를 강구하며, 유혹과 시험이 몰려 올 때마다 하나님께 가까이 나아가 기도함으로 성결함을 유지해야 한다.

신유의 복음

약 5:15-16

15 믿음의 기도는 병든 자를 구원하리니, 주께서 그를 일으키시리라. 혹시 죄를 범하였을지라도 사하심을 받으리라. 16 그러므로 너희 죄를 서로 고백하며 병이 낫기를 위하여 서로 기도하라. 의인의 간구는 역사하는 힘이 큼이니라.

신유의 복음은 성결교회에서 전통적으로 강조하는 복음으로서, 인간의 병든 몸을 하나님이 고쳐주시고 성도의 몸을 강건하게 하는 신비로운 은혜로서, 그리스도의 구속의 은총에 속한다. 그런데, 과학과 의학이 발달한 현대 사회에서 하나님의 치유하심의 복음이 흡사 미신적이거나 광신적인 것으로 현대인들에게 비추어질 위험성을 안고 있어, 현대 교회 목회자들이 성경대로 "병 낫기를 위해 서로 기도"(약 5:16)하지 아니하고 지나치게 약과 의학에 의존하는 경향성이 많아지고 있다.

이러한 현실의 근원을 찾아 연구해보면 서구 기독교의 19세기 선교의 문제점과 그 맥을 같이하는 것을 볼 수 있다. 19세기 서구 선교는 서구 문명을 심는 전파자로서, 기독교가 그 해당 지역의 문화와 종교 상황 속에 깊이 뿌리박지 못 하게 하였다는 점이었다. 물론, 서구 문명으로 대변되는 서구식 교육 시스템과 병원 등 의료사업 등은 문명의 이기를 체험하지 못한 제 3 세계 가난한 사람들에게 하나님의 사랑을 전할 수 있는 훌륭한 매개체가 되었다. 그러나 이러한 교육, 의료 사업 등은 기독교의 토착화와 함께 진행되지 못했던 결점을 안고 있었다. 즉, 이러한 외적인 사회사업은 언제나 기독교의 영성인 예수 그리스도의 복음과 연결되어 그 문화와 종교 상황에 뿌리내려야 했으나, 그렇지 못하였던 것이다.

예를 들어, 가족 중에서 병이 들면, 예전에는 조상신이 노했거나 귀신이나 악령의 역사로 보았는데, 선교사가 운영하는 병원에서 서구 의학의 방법으로 낫게 될 경우, 과거에 믿었던 영적인 세계는 모두 거부되어 버렸다. 이 경우, 병을 치유하는 예수 그리스도에 대한 믿음도 강조되었어야 했다. 그리고 학교에서 배우는 서양식 교육으로 인해 이성과 합리성 등 과학적인 가치관이 함양되었으나, 이에 반해 인간에게 있는 영성은 점차 약화되어 갔다. 즉, 기독교 선교의 결과 영성은 약화시키고 이성이나 합리적인 사고를 강화시키는 결과가 되었다는 점이다. 물론, 이성이나 합리성이 강화되는 것은 좋은 일이나, 이와 함께 하나님을 찾는 영성도 같이 강화되었어야 했다.

이렇게, 그리스도의 복음은 각 나라 문화와 종교 속에서 과학적이고 기술적인 문명을 소개하고 발전시키는 데 기여했지만, 사람들의 전통적으로 가지고 있던 영성, 즉, 영혼에 대한 믿음, 악령과 귀신에 대한 두려움, 절대적인 초월자에 대한 체험적 신앙 등을 약화시켰다. 그래서 기독교인 중에 지극히 합리적이고 이성적인 사람들이 생겨나게 되었고, 이들은 영적인 세계를 믿지 못하는 무종교인들과 별반 다를 것이 없는 자들이 되었다. 이들에게 기독교는 여전히 서양종교로 남아 있었고, 기독교는 교육, 의료 사업을 하는 사회기관이 되 버렸다. 우리는 성경대로 하나님의 역사로 병이 낫는 신유의 복음을 전하여야 한다.

첫째, 신유의 복음은 예수 그리스도의 구속 사역의 한 부분이다. 신유는 예수 그리스도의 십자가의 고난과 죽으심으로 일어나는 구속의 역사이다. 이사야 53장 4-5절에, "그[예수 그리스도]는 실로 우리의 질고를 지고, 우리의 슬픔을 당하였거늘, … 그[예수 그리스도]가 찔림은 우리의 허물 때문이요, 그가 상함은 우리의 죄악 때문이라. 그가 징계를 받으므로 우리는 평화를 누리고, 그가 채찍에 맞음으로 우리는 나음을 받았도다" 말씀했다. 그리스도께서 십자가에서 육체로서 모든 죄 값을 지불하셔서 우리의 육체의 신유를 완성하셨다.

둘째, 신유는 예수 그리스도의 십자가의 구속과 부활을 믿는 자에게 표적으로 나타나는 하나님의 은혜이다. 예수 그리스도는 우리의 육체를 갈보리 십자가 위에서 구속하셨고, 그 부활의 생명이 우리 안에 거하심으로 하나님의 은혜로 인하여 믿는 자에게 신유의 역사가 일어난다. 마가복음 16장 17-18절에, "믿는 자들에게 이런 표적이 따르리니, 곧 그들이 내[예수] 이름으로 귀신을 쫓아내며 새방언을 말하며, 뱀을 집어 올리며 무슨 독을 마실지라도 해를 받지 아니하고 병든 사람에게 손을 얹은 즉 나으리라 하시니라."

셋째, 신유는 성령의 역사하심으로 이루어지는 성령의 사역이다.

누가복음 4장 18절에, "주의 성령이 내게 임하셨으니, 이는 가난한 자에게 복음을 전하게 하시고, 마음이 상한 자를 고치게 하시려고 내게 기름을 부으셨도다" 말씀했다.

성결교회의 사부 영암 김응조 박사는 자신이 신유의 은혜를 직접 체험하여 6가지 질병에서 나음을 받았고, 신유의 복음을 또한 강조하고 있다. 그는 신유에 대하여 부정하는 자들에게 경험과 성서에 의존하여 다음과 같이 반박한다.

> 또 혹자는 기적[신유]은 불필요하다 하는 자가 있는 데, 그 이유는 다름 아니라 기적[신유]이 가장 필요한 근본 이유는 하나님의 계시를 증명하고자 함인데, 하나님의 계시는 예수 그리스도로 말미암아 이미 성취되었으니 기적[신유]은 그 때부터 불필요하게 되었다는 말이다. 그러나 오늘에도 많은 기적[신유]이 나타나고 있으며 하나님께서도 오늘에도 여러 가지 기적[신유]으로 사람을 경성 시키시며 그 존재를 능력 있게 증명하시느니라.

영암은 17-19세기 합리주의 이성주의의 위협에 대처하기 위해 하나님을 창조주로 고백하는 개혁 신학적인 배경과는 거리가 있다. 개혁주의 신학은 하나님의 직접적인 인간사의 개입을 주장하지 않는다. 더욱이 이들에게 하나님의 직접적인 신유의 역사는 바람직하지 않은 것이다. 왜냐하면, 신유의 역사는 예수 그리스도의 지상 사역 기간 동안에 이적으로 나타난 것일 뿐이기 때문이다. 이들은 인간은 창조주 하나님으로부터 받은 세계 통치 책임을 가지고 의학을 통해 질병을 치료해야 한다고 믿는다.

이러한 개혁주의 사상은 개인의 경건과 기도 위에 서지 못할 경우, 극단의 불신앙적인 인본주의로 나아갈 수도 있는 위험성이 있다. 하나님의 뜻을 이 사회에서 실현한다고 하면서 하나님이 없은 것처럼 행동하기 쉽다는 것이다. 이러한 극단을 영암은 우려하였고, 지금도 역사하시는 하나님의 신유의 은혜를 확신하였던 것이다. 그래서 영암은 성령의 내주를 통한 성결한 삶과 재림의 주를 고대하는 경건한 삶을 통해서 신유의 능력을 부정하지 않았고, 이를 통하여 선교의 주요한 방법으로 삼았던 것이다.

사중복음의 세 번째 은혜인 신유(神癒, Divine Healing)에 대하여 영암 김응조 목사는 자신이 하나님의 능력으로 질병에서 놓임 받음으로 직접 체험하게 되었다. 1920년 이후 철원교회 시무를 시작으로 1930년 목포로 내려가기까지 10년 동안 70여 교회의 개척, 만주 봉천을 중심으로 한 만주 선교 등으로 인하여 영암은 심신이 지쳐있었고, 요양 차 목포로 내려가 백일 작정 기도를 유달산 바위에서 매일 기도하였다. 그는 1930년 9월 10일 자신의 모든 질병에서부터 신유의 은혜를 체험했다.

> 이때에 목포는 일년 전에 신 개척한 교회인데 초가집 셋방에 신자는 불과 10명이다. 한 지방의 책임자로 활동하던 나에게는 눈에 걸리지 않는다. 그리고 주택은 단칸방에 5인 식구가 새우잠을 잔다. 그때도 한재가 심하여 기차로 물을 운반하는데 한 통에 그때 돈으로 15전이다. 수난, 주택난, 질병난 등 다섯 가지 재난 속에 매일 지내니 없는 병도 생길 판이다. 몸은 점점 쇠약하여 가진 병이 다 생긴다. 신경쇠약, 소화불량, 피몽, 신경통, 치질, 폐렴 여섯 가지 질병이 나를 집중 공격한다. 그때에 내가 생각하기를 하루 빨리 죽는 것이 축복이요, 하루 더 사는 것은 저주라고 생각하였다. 나는 절망 상태에 빠졌다. (...) 기도를 마치고 나니 몸이 노곤해지면서 잠이 든다. 비몽사몽 중에 내가 앉은 바위가 갈라진다. 내가 생각할 때에는 10길이나 깊은 것 같았다. 밑에서부터 육백수 같은 생수가 굽이굽이 돌아서 올라온다. 필경 내가 앉은자리까지

넘친다. 내가 물위에 둥둥 뜬 것 같았다. 그리고 나서 내 마음에 무엇이 꽉 찬다. 그리고 순간에 내 몸을 보여주는데 내 몸이 유리알 같이 맑아진다. 정신을 차려 깨고 보니 위대한 환상이다. 그때부터 내 마음과 몸에 큰 변화가 생긴다. 마음에는 기쁨, 사랑, 능력, 소망이 솟아오른다. 그리고 내 몸은 유리알처럼 맑으면서 날아갈 것같이 가벼웁다. 그때에 내가 말하기를 '주여, 감사합니다. 나는 살았습니다.' 일어서니 심신이 뜨거워진다. 뛰면서 부르는 찬송은 '목마른 자들아, 다 이리오라, 이곳에 좋은 샘 흐르도다'(합동 239장), 내가 이 찬송을 몇 십 번 불렀는지 알 수 없다. 그때에 하나님이 내 목을 완전케 하시므로 아무리 설교해도 목소리가 변하지 않은 것은 이때부터다. 산에서 내려오는데 몸이 날아갈 것 같고 발이 땅에 붙지 않는 감이 생긴다. 여섯 가지 질병은 한꺼번에 물러갔다. 그때부터 오늘까지 39년 동안 한번도 병으로 고생해 보지 않고 건강하게 지내왔다. 내가 분명히 알기는 하나님이 내 심령과 육체를 새롭게 해 주신 줄 믿는다. 돌이켜 생각하니 하나님이 내게 이 같은 은혜를 주시려고 6가지 병으로 몰아서 하나님을 찾게 하신 섭리로 생각하고 감사하는 바이다.

성결교회의 부흥사 이성봉 목사의 신유 사역에 대한 증언이다.

교회는 더욱 뜨겁게 부흥하고 매일 밤 돌아가면서 성도들 집에서 가정 집회를 열었다. 그때 어떤 신자의 집 건넌방에 관운장 사당을 차려 놓고 점치는 무당이 살고 있었다. 그런데 이 무당은 7개월 째 전신 불수가 되어 피골이 상접한 채로 고통가운데 신음하고 있었다. 그러던 중 마당 밖에서 들리는 이성봉 전도사의 설교를 듣고 누워있던 방에서 눈물을 흘리며 예수님을 영접하기로 결심했다. 그래서 섬기던 귀신 단지와 우상 사당의 모든 물건들을 불태우기로 결단했다. 동네 사람들이 다 모인 가운데 찬송을 부르며 그 모든 우상을 불사를 때 주님의 영광이 크게 나타났다. 그 무당 할머니를 위해 기도하니 그 이튿날 말끔히 나았고, 주일에는 교회까지 나와 예배를 드리고 완전히 새사람이 되었다. 이 일이 있고 난 후에 교회는 더욱 주의 은혜로 든든히 서가며 얼마동안 첫 사역지에 대한 성공적인 목회가 이루어가고 있었다.

무당할머니 집에서 신유의 기적이 일어나 주의 영광이 나타나자 교회는 더욱 크게 부흥했다. 이성봉 전도사는 수원교회 목회시절에 늘 몸이 쇠약하여 오후마다 열이 오르는 등 원인 모를 병에 시달렸는데, 어느 날은 너무 열이 올라 정신이 혼미하였다. 그 때 공중에서 갑자기 소리가 나기를, "이성봉 전도사는 이제 살기 어렵다. 아마 세상을 떠날 것이다." 하는 것이었다. 그 소리를 듣는 순간, "내가 죽으면 어디로 가지? 천국 갈 준비는 다 되었는가?"라는 생각이 들었다. 신학교를 마치고 주님을 위해 일한다고 하면서도 아직 철저한 회개를 하지 못한 것이 생각나 두려웠다. 그래서 속히 회개해야겠다는 생각으로 아내를 불러 증인으로 세워가면서 과거의 다 말 못한 죄를 종이에 써가며 자복했다. 말씀을 의지하고 주님의 십자가 보혈의 은총만을 믿고 실오라기 같은 죄 하나라도 생각나면 회개하기를 멈추지 않았다.

사단은 계속해서 주님 없는 빈 십자가를 보여주며 속이고 그의 회개를 방해했다. 그래도 회개를 중단하지 않았다. 이렇게 사단의 방해를 물리쳐가며 한참을 회개하는 동안 하늘로부터 십자가가 나타났다. 거기에는 분명 피 흘리시는 주님이 달려있었다. 그 광경을 보고 너무 감격한 이전도사는 주님 달리신 십자가 앞에 애통하며 더욱 통회 자복했다. 나 위해 피 흘리신 주님의 십자가를 붙드는 것 외에는 소망이 없었다. 주님은 회개하는 그를 하늘나라로 이끌어 수정같이 맑은 요단강물과 화려하고 찬란한 천성을 보여주시면서 그 영혼을 위로하셨다. 그리고 갑자기 어디선가 찬송소리가 들리는데 정신이 들어 깨어보니 아프던 몸이 거짓말같이 싹 나았다. 이전도사는 이때의 체험을 통해 더욱 주님을 의지하게 되었다. 환난과 고통 가운데서도 소망을 잃지 아니하며 잠시 사는 세상살이보다는 주님 계신 영원한 천국을 심히 사모하고 그리워하게 되었다.

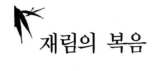

재림의 복음

벧후 3:8-14

8 사랑하는 자들아 주께는 하루가 천 년 같고, 천 년이 하루 같다는 이 한 가지를 잊지 말라. 9 주의 약속은 어 떤 이들이 더디다고 생각하는 것 같이 더딘 것이 아니라, 오직 주께서는 너희를 대하여 오래 참으사 아무도 멸망하지 아니하고, 다 회개하기에 이르기를 원하시느니라. 10 그러나 주의 날이 도둑같이 오리니, 그 날에는 하늘이 큰 소리로 떠나가고 물질이 뜨거운 불에 풀어지고, 땅과 그 중에 있는 모든 일이 드러나리로다. 11 이 모든 것이 이렇게 풀어지리니, 너희가 어떠한 사람이 되어야 마땅하냐 거룩한 행실과 경건함으로 12 하나님의 날이 임하기를 바라보고 간절히 사모하라. 그 날에 하늘이 불에 타서 풀어지고, 물질이 뜨거운 불에 녹아지려니와, 13 우리는 그의 약속대로 의가 있는 곳인 새 하늘과 새 땅을 바라보도다. 14 그러므로 사랑하는 자들아 너희가 이것을 바라보나니, 주 앞에서 점도 없고 흠도 없이 평강 가운데서 나타나기를 힘쓰라.

2012년도에 마야인의 달력에 근거한 '2012년 12월 21일 종말론'이 온 세계를 혼란하게 하였다. 천문학을 연구하던 마야인들이 2012년 12월 21일을 마지막으로 마야 달력을 끝냈기 때문이다. 이 사실을 근거로 사람들은 그 날이 지구 멸망의 날이라고 불안해하였다. 지구 종

말을 두려워하는 세계인들은 지하 벙커에 피난하거나 양초나 비상식
량을 비축해놓기도 하였고, 러시아와 우크라이나에서는 '종말 대비
비상용품' 보따리가 날개 돋친 듯 팔려나갔다. 중국에서는 종말을 이
용한 금품 사취의 사기행각이 극성을 부렸고, 피난처로 알려진 프랑
스 남서쪽 산간 소도시 뷔가라크에는 10만 명 이상의 인파가 몰려들
기도 했다. 그러나 마야인의 달력에 의한 종말 예측은 불발로 끝났다.

종말이 어떻게 올지에 대한 의견은 매우 다양하다. 종말에 대한 공
포심은 항상 존재해 왔고, 특히 천년 단위의 세기 말에는 그 공포가
더욱 심했다. 서기 999년에서 1000년으로 넘어갈 때에 그러했고, 특
히 1999년에서 2000년으로 넘어갈 때 Y2K라는 종말론에 휩싸여 세계
는 극도의 불안에 싸였었다. 지금 세계는 지구온난화로 인한 각종 기
상변화와 자연재해, 세계적 경제위기, 중동의 석유 패권 전쟁 등으로
혼란이 가중되고 있어 종말의 때를 맞고 있다. 지구는 언젠가 미지의
행성이나 혜성과의 충돌이 불가피할 것이며, 거대한 태양 폭풍설이나
태양계 별들의 일렬종대로 인한 지구의 자전축 변화설 혹은 지구의
은하계 블랙홀 소멸설 등 어느 것이 맞는다 할지라도, 한 가지 중요
한 점은 지구가 언젠가는 멸망한다는 것이다. 그러면 하나님의 말씀
성경은 종말에 대하여 어떻게 말하고 있는가?

첫째, 재림의 복음은 우리에게 창조된 이 세상의 모든 것에 종말
곧 마지막이 있다는 것을 알려준다.

> 셋도 아들을 낳고 그의 이름을 ＿＿＿＿라 하였으며, 그 때에 사람
> 들이 비로소 여호와의 이름을 불렀더라(창 4:26).

> 그 날 환난 후에 즉시 해가 어두워지며 달이 빛을 내지 아니하고
> 별들이 하늘에서 떨어지며 하늘의 권능들이 흔들리리라(마 24:29).

> 그러나 주의 날이 도둑같이 오리니, 그 날에는 ____이 큰 소리로
> _____, 물질이 뜨거운 ____에 풀어지고, 땅과 그 중에 있는 모
> 든 일이 드러나리로다(벧후 3:10).

둘째, 재림의 복음은 모든 민족에게 천국 복음이 전파되어 회개하
도록 하는 세계 선교의 필요성을 우리에게 알려준다.

베드로 사도는 모든 민족이 구원을 얻기까지 하나님이 하루를 천
년같이 기다리신다고 말씀하고 있다. 상한 갈대를 꺾지 아니하시고
꺼져가는 등불을 끄지 아니하시는 하나님은 죄인들 하나라도 멸망받
기를 원하지 아니하시고, 악에서 돌이켜 구원받기를 원하신다. 그러
므로 성도들은 죄사함과 구원의 복음을 온 세상에 전하여야 한다.

> 사랑하는 자들아 주께는 ____가 _____같고, 천 년이 하루 같다
> 는 이 한 가지를 잊지 말라. 주의 약속은 어 떤 이들이 더디다고
> 생각하는 것 같이 더딘 것이 아니라, 오직 주께서는 너희를 대하
> 여 오래 참으사 아무도 멸망하지 아니하고, 다 ____하기에 이르기
> 를 원하시느니라(벧후 3:8-9).

예수님은 제자들이 종말에 대하여 묻자, 종말의 때와 시기는 하나
님의 권한이기에 주님의 제자들은 그것에 대하여 관심을 가지거나
염려하지 말라고 했다. 시한부 종말론자들의 오류가 여기 있다. 그들
은 하루를 천년으로 계산하여 창세기와 계시록을 억지로 풀다가 스
스로 멸망에 이르게 되었다. 천지창조 6일을 6천년으로 계산하여, 7
천년 천년왕국에 들어가기 전 7년 대환난을 기간을 뺀 1992년, 나팔

절 기간이니 9월 18일로 주님의 재림 날자가 정해진 것이었다.

이것은 단순 계산법으로서 하나님의 시간을 억지로 푼 잘못된 성경해석인 것이다. 시편 90편 4절에 "주의 목전에는 천년이 지나간 어제 같으며 밤의 경점 같을 뿐"인 것이며, 천년이 하루 같다는 표현은 하나님이 우리를 그토록 사랑하신다는 표현인 것이다. 결국 이 날에 주의 재림이 이루어지지 않자 많은 이들이 자살하는 사회적 혼란을 초래하였다.

우리 성도들은 종말의 때와 시기를 억지로 풀지 말고, 오히려 예수님의 말씀대로 오직 기도에 힘써 성령 충만함으로 세계 선교의 증인이 되어야 한다.

> 그러나 그 __과 그 __는 아무도 모르나니 하늘의 천사들도 아들도 모르고 오직 아버지만 아시느니라(마 24:36).

> ___와 ___는 아버지께서 자기의 권한에 두셨으니 너희 알 바 아니요, 오직 성령이 너희에게 임하시면 너희가 권능을 받고 (…) 땅 끝까지 이르러 내 증인이 되리라(행 1:7-8).

> 이 천국 복음이 모든 민족에게 증언되기 위하여 _____에 _____ 되리니 그제야 끝이 오리라(마 24:14).

셋째, 재림의 복음은 종말에 예수 그리스도께서 오셔서 성도들을 능력으로 보호하시는 영광스러운 최종 구원이 예비되어 있음을 알려 준다.

우리 성도들은 종말을 맞이하면서 결코 두려워하거나 불안해 할 필요가 없다. 종말의 날은 하나님의 날이요 주의 날이기에, 믿지 아니하는 자에게는 화요 재앙이지만, 믿는 자에게는 영광스러운 복된 날이요 상급의 날이다.

우리의 소망이나 기쁨이나 자랑의 면류관이 무엇이냐 그가 _____ 하실 때 우리 주 예수 앞에 너희가 아니냐 너희는 우리의 _____ 이요 _____이니라(살전 2:19-20).

너희는 말세에 나타내기로 예비하신 구원을 얻기 위하여 믿음으로 말미암아 하나님의 능력으로 _____을 받았느니라(벧전 1:5).

그 때에 임금이 그 _____에 있는 자들에게 이르시되, 내 아버지께 복 받을 자들이여 나아와 창세로부터 너희를 위하여 _____ 나라를 상속받으라(마 25:34).

넷째, 재림의 복음은 성도들로 하여금 영광스러운 그 날을 위하여 깨어 준비하도록 한다.

베드로 사도는 종말의 날 곧 하나님의 날을 맞이하기 위하여 두려워함으로 근심할 것이 아니라, 회개하여 성결함을 받아 담대하게 그 날을 평강 가운데 간절히 사모하며 기다리라고 권면하고 있다.

보라 내가 도둑같이 오리니 누구든지 ____ 자기 ____을 지켜 벌거벗고 다니지 아니하며 자기의 부끄러움을 보이지 아니하는 자는 복이 있도다(계 16:15).

이 모든 것이 이렇게 풀어지리니, 너희가 어떠한 사람이 되어야 마땅하냐 _____과 _____으로, 하나님의 날이 임하기를 바라보고 간절히 사모하라(벧후 3:11-12).

우리는 그의 약속대로 의가 있는 곳인 새 하늘과 새 땅을 바라보도다. 그러므로 사랑하는 자들아 너희가 이것을 바라보나니, 주 앞에서 점도 없고 흠도 없이 ____가운데서 나타나기를 힘쓰라(벧후 3:13-14).

1949년 진주에서 출생한 이답게(본명 李長林, 1947-)는 1967년 감신에 입학했다가 중도에 학교를 중퇴했다. 그 후 생명의말씀사에서 근무하면서 1975년 3월 모 성결신학교 2학년에 편입해 졸업 후 성결교 계통의 군소교단에서 목사 안수를 받은 것으로 알려졌다. 어니스트 앵글리의 <휴거>를 번역하고 종말론과 관련된 책들을 출간하다 생명의말씀사를 나와 1989년 4월 19일 다미선교회를 조직하고 본격적인 포교활동에 나섰다.

점차 수많은 사람들이 92년 휴거설에 빠져 들어가면서 그 파장과 피해가 심각했다. 1992년 8월 10일 92년 10월 휴거설에 빠진 아내문제로 비관하던 31살의 남편이 부모의 묘 앞에서 극약을 마시고 자살했다. 남편이 죽자 아내는 아예 초등학교에 다니는 아들을 데리고 산속 기도원에 들어가 집단생활을 했다. 어린 학생들 중에는 반에서 1, 2등을 하던 학생이 92년 10월 휴거설에 빠져 성적이 뚝 떨어지고 가출하는 일도 있었다. 가출, 학업중단, 직장포기가 비일 비재하게 일어났다.

가장 심각한 문제는 92년 10월 휴거설이 근거로 삼고 있는 계시문제이다. 특별히 주목하는 것은 하늘의 비밀이라는 직통계시에 대한 언급이다. 종말론과 관련된 지금까지의 국내외 이단들의 공통적인 특징은 성경의 충족성(Sufficiency of Scripture)을 믿지 않고 계시의 연속을 주장했다는 사실이다.

2세기 몬타누스가 페푸자 마을에 주님이 재림하신다고 수많은 이들을 미혹한 후 수많은 이단들이 새계시(New Revelation) 곧 거짓계시를 빙자해 사람들을 현혹시켜 왔다. 거짓계시는 종말론에 집중되었고 그 중심에는 그날과 그 때였다. 지난 2천년 동안 그날과 그 때를 산정하려는 노력들이 끊임없이 있어왔다.

> (...) 지금도 기도하는 수많은 하나님의 종과 성도들에게 92년 10
> 월 28일 24시에 휴거가 있음을 계시로, 환상으로, 꿈으로, 음성으
> 로 여러 가지 방법으로 알려주시고 계십니다.

이처럼 이장림은 그날과 그 때를 알 수 있다고 반복적으로 주장했
다. 과연 인간이 그날과 그 때를 알 수 있는가? 기독교 2천년의 역사
속에 재림과 휴거를 주장했던 수많은 사례들이 있었지만 한 번도 맞
은 적이 없다. 한국에서도 처음은 아니었다. 1930년대부터 한국교회
안에 있었고 1950년대에도 계속되었다. 1960년대에만 4차례, 70년대
에 3차례, 80년대에 2차례, 90년에 접어들어 1차례, 그리고 92년에만
다섯 차례나 있었지만 모두 빗나갔다. 게다가 92년 10월 휴거설은 처
음부터 미심적인 것이 한두 가지가 아니었다. 휴거 날자가 서로 달랐
다. 92년 9월 28일, 10월 10일, 10월 28일 다양했다.

초대교회 교부들, 종교개혁자들, 19와 20세기 정통신학자들은 하나
같이 그날과 그 때를 인간이 알 수 없다고 단언한다. 마태복음 24장
36절을 인간이 알 수 있다고 해석하는 신학자는 단 한명도 없다. 이
상근은 그의 마태복음 주석에서 이 사실을 분명히 했다. "재림의 시
기의 작정은 성부의 직무에 속하고 성자는 그 날에 재림하셔서 심판
하시는 것이다. 신자의 직무는 성자를 믿고 그 날의 구원을 대망하는
일이다. 그러므로 본절의 요지는 신자들이 그 시기를 알려지지 말라
는 것이다." 개혁파 복음주의 신학자 헨리 디이슨은 "그리스도의 재
림의 시기"를 언급하면서 이렇게 말한다.

예수께서는 '그러나 그날과 그 때는 아무도 모르나니 하늘에 있는 천사들도 아들도 모르고 아버지만 아시느니라'고 말씀하셨다(막 13: 32). 그리고 그는 '때와 기한은 아버지께서 자기의 권한에 두셨으니 너희의 알바 아니요'라고도 말씀하셨다(행 1:7).

THE FOURFOLD GOSPEL

_English

The Fourfold Gospel

The Sungkyul (Holiness) Church's sign of evangelism and theological dogma are rooted upon the belief of the Fourfold Gospel - Christ the Savior, Sanctifier, Healer, and Coming King - that originated from the American Evangelical Movement in the late 19th and early 20th century. In regards to Sungkyul Church's belief in the Fourfold Gospel, some people assert that there is no other "gospel" quoting Galatians 1:6-7, however, the Fourfold Gospel is not a distortion of Christ's gospel, stirring up confusion amongst people to think that it is a "different gospel" but rather an approach to explaining the Gospel of Jesus Christ in a comprehensive manner by looking at the four different aspects and elements that comprises Christ's Gospel.

In other words, the Fourfold Gospel is not four different types of gospels but four different aspects of salvation with Christ being in the center of it all. As A.B. Simpson affirmed, like a choir being comprised of four parts - soprano, alto, tenor, bass - to make a one-sounded harmony, the Fourfold Gospel is conformed with Christ the Savior, Sanctifier, Healer, and Coming King to concord the gospel that is Christ centered.

When we look at the Fourfold Gospel, firstly, there is *regeneration,* where our soul is born again through water and the Holy Spirit to become children of God (as seen in John 1:12, 3:3, 5). Secondly, there is *sanctification,* where the children of God, who are baptized by the Holy Spirit, overcome their sins and live a victorious life according to God's plan (as seen in Romans 12:1-2, James 4:8). Thirdly, there is the *divine healing* that allows us to live a healthy life by God's grace healing our physical sickness, mental weakness, or even spiritual illness (as seen in Mark 16:18, James 5:14-16). Lastly, there is the *second coming,* that not only allows us to enter the Kingdom of God after death but also observe Jesus Christ's glorious return at the end of day (as seen in 2 Thessalonians 1:3-12). With this, let us now take a look at the four components that comprises the Fourfold Gospel one by one.

The Gospel of Regeneration

Titus 3:5-7

5 he saved us, not because of righteous things we had done, but because of his mercy. He saved us through the washing of rebirth and renewal by the Holy Spirit, 6 whom he poured out on us generously through Jesus Christ our Savior, 7 so that, having been justified by his grace, we might become heirs having the hope of eternal life.

Before explaining the gospel of regeneration, let's take a look at the story of a young girl who died in 2012 at Dounging city in Sandeung Province of China. The young girl, who was 14 at the time, had a normal day speaking to her mother throughout the day. As they were talking, her mother received a text message from her daughter's teacher at school. The text wrote that her daughter needs to cut her hair in order to comply to the school's hair policy.

This young girl had a lot of issues with the so called "hair policy" at her school. Different than other students, this young girl cherished her hair and didn't even let other people touch it. To an ordinary student, growing hair was not something to cherish but for this young girl, it was a special way of defining her identity.

So, when this young girl's mother showed her the text message from her teacher, she told her daughter to cut her hair. The young girl aggressively opposed to the idea and soon after she jumped out of the window of their fifth floor apartment. Why did this kind of unfortunate situation happen? At the core of this young girl's heart, there was a deeply rooted connection between her hair and her identity. For some reason, this girl, at the moment of death, thought that she was far better off jumping out of her apartment window than getting her hair cut off, which was her identity.

What if this young child met Jesus and realized the fundamental reason of why she has to live? Would she have died and rid of the precious life God had given? If there was a living spirit in the core of her heart and if she had something that she values more than her hair, she wouldn't have died. These types of tragedies should not happen again. In this day and age, there are so many people who don't know why they have to live. Once the worldly things that they believed in fade away, they take their own lives. We need to spread the gospel of life to others so that the dead souls can be led to Christ and be regenerated.

Then what is in the core of human hearts?

Apostle Paul says in 1 Thessalonians chapter 5 verse 23 that we are formed with a whole spirit, soul and body. When we try to understand the three elements that forms us as humans, we can see that there is body (soma), which is the external part of humans, then soul (psyche), which comprises our mind, and spirit (pneuma), which is our deepest core, spirit.

There is an illness called psychosomatic disorder, where the soul (psyche), meaning the mental and psychological factors, influences the body (soma) to get ill. One of the most common psychosomatic disorder amongst Korean women in their 40's and 50's is called, *Hwabyung*. *Hwabyung* has been registered as an actual disease in the world medical dictionary and has been recognized by the World Health Organization. The symptom of this disease includes "external anger, heat sensation, pushing-up in the chest, respiratory stuffiness, going-out, epigastric mass, palpitation, insomnia, and headache/pain."

The following is a story of a 53 year old housewife during an experimental study.

> *It felt like something was coming out from my throat and a sense of anger just strikes from within. My heart is stuffed, then racing, my hands and feet are numb and I can't sleep at night. I can't taste my food, there's no joy in living. I had these kinds of symptoms since 10 years ago, so I used all sorts of ways to combat these symptoms, such as acupuncture, exorcism, fortunetelling, hospital, etc., but it never went away.*

This example of *Hwabyung* shows proof that our body (soma) is affected by our mind (phyche). Even in the scripture it says in 3

John 1:2 that "you may enjoy good health and that all may go well with you, even as your soul (phyche) is getting along well."

Our spirit also needs to be revived and needs to live again in order for our body and soul to be strengthened. But once our spirit, which is the core of human, falls apart, we end up being lethargic and lifeless. In other words, the most important thing in a human's life is to recognize what our spirit is controlled by.

This is a story of a presbyterian pastor named Kim. Pastor Kim grew up being yelled at by his mother all the time. But there was one thing that he could not understand and that was that his mother would not yell at his cousin, who lived in the same home. She would rather clothe him and feed him only good food. Later on in life Pastor Kim found out that at the time, the cousin was left abandoned by his birth mother after his birth father died, which was the reason for Pastor Kim's mother to be so nice to him.

When his cousin turned 21, he was finally able to meet his birth mother. However, when they met, the birth mother did not want to accept him as her son, for she was remarried with another man. The second rejection from his mother deeply affected Pastor Kim's cousin and he eventually ended his own life. His birth mother was the center of his life goal and identity, but once that identity was shattered, there was no reason for him to live but to die.

If he served God as his father and if his spirit, which is the center of his substance, was regenerated to become God's child, he would have put Christ in the center of his heart and lived a purposeful life. He would have been able to be a vessel to do God's work and help those who were struggling with the same issues. It is such a tragic incident.

In the late 19th century, when the Korean empire was politically ruled by the Japanese occupation, the cabinet leader Kim Hong Jib enforced the whole nation to comply to the ordinance prohibiting hair topknots on November 15th, 1985. The reasons behind the ruling was to be "hygienically beneficial and convenient for work". The next day, on November 16th, Kim Hong Jib ordered the cabinet officials and workers, including soldiers, to first cut their hairs.

At that time, Confucianism was ruling the spiritual realm of Korea, so the people were practicing commemorative rites for their ancestors. One of the ways they respected their roots was from the spirit of Confucianism where "everything that is part of our body, including hair, is something that has been passed on to you by your parents." Keeping it and taking care of it to the best of your ability is the beginning of showing respect to your ancestors.

Looking at the context of the significance behind the meaning of hair during that time, the fact that a cabinet leader was enforcing people to cut their hair was portrayed as a cruel oppression. This led people's hostility toward the government to reach its peak.

During this time of oppression, the people couldn't stand the injustice and tried to end their own lives. When you see in the traditional book named Maechunyarok, the most important leader of Confucianism, Ik Hyun Choi, refused to follow the order saying: "Do not cut my hair without cutting my neck!" The wife of the chief officer of Boeun province Gyu Baek Lee ended her life because her husband had to follow the order. At the time of her death, she left a letter saying, "my soul and spirit must be cut off, if the hair was to be cut away!" The wife of a Confucian scholar, Seunchel Jung, abandoned her infant and was also ended her life with a knife saying, "Only Buddhist monks cut hair and they did not have a husband and a child."

How unfortunate are these incidents! Where can we find something more precious than the life that has been given to us by God! Of course we need to understand the political situation at the time with the Japanese invasion, however, there is nothing more important to keep than the life that God has given to us! Why did these people end their own lives because of an order from the government to cut hair? This is because there is something that is more valuable than life to people. As humans, when something that we believed in shatters, there is no reason to live. Life is the core of human, so when that core crumbles down, there is no reason to live and you let go of your life.

What if these people knew God, who is the origin of life, and what if they were born again through meeting Him? These people then would not have died even in the situation of getting their hair cut off. We need to distinctly decide on the reasons behind why we live. Finding that reason is the beginning point of regeneration.

What is the reason for me to live? When you believe that you are a child of God with His image and live with a purpose of worshipping Him (Isaiah 43:21), then regardless of any extreme situation in life, you will be able to persevere and live life in victory.

Martin Heidegger, an existentialist philosopher, defined humans as "being to death (Sein Zum Tode)." Meaning, as humans are born once, it is evident that we are approaching death and in turn we end life with death. The thought of death is something that continues to bother us throughout our whole life.

Arisima says in the book, *So Much Taking Love,*

> *I do not know what was in this world at the beginning of age. The only thing that I know for sure and cannot deny is the fact that I am living here. It is that I live in a reality where I am fearful and terrified of our day to day battle with factors of death. That is as if we are a rotten leaf on a turbulent ocean wave, trying to survive the constant waves of death. How sad and lonely that is to picture? What would it even mean to have happiness and glory if I am this weak! Life is then just meaningless and empty.*

However, because we live in an era where the process of urbanism and industrialism are apparent, we do not directly experience the meaning of death in a daily basis. The concept of death does not come to us as a realistic issue that we currently have to face but we live as if death is something to worry about later in the future. Especially for young adults who are experiencing the early stages of life, living life is a more important issue to think about than death. The important things in the early stages of life are worthiness, happiness, relationships, success, and etc.

Also, looking at people who are in the late stages of life, even for them too, it is hard to find people who can accept the fact that their life is coming to an end. In fact, there is a blessing that God has given to us, humans, and that is us not realizing that we are going to die even until the moment we face death. That is why people think that death is something irrelevant and an event that is far away. There is no one who actually thinks about their future death during their normal everyday life.

As we discuss about "the Gospel of Regeneration," we need to understand that death is actually a current issue that we need to think about in the present, not something to deal with in the future. Death is actually not a future matter but rather a present matter. When we think about it for a moment, we can see that life and death is not disconnected but life actually includes death. As this one minute, one second is passing right now, the time we are here on earth is shortening, which actually means that we are getting closer to death.

Right now, the current, is an one time thing. Because it is an one time moment, death is, in reality, coming closer to us. That is why

Apostle Paul said, "I die every day in Christ" and Jesus said, "take your cross denying yourself." As we can see, life and death are not a phenomenon divided in black and white. Death exists in our life as one of the realities. Thus, when we say time is passing, it means that our life is passing. Similar to this notion, there is a word, "gone! pass away!" in Korean where people use it to mean "he or she is dead." We are worried as we think about death because of the futile and loneliness we may experience from the shadow of death.

No one can save us when we have to face death. Your closest friend, your lover, not even your parents can save you in that moment of death. The path to death is a lonely one. However, in that crossroad of death, that is when we meet eternity and realize how this experience of death is precious and important in our lives.

Martin Luther quoted "we need to prepare our death every moment." Death ironically allows us to realize how empty this life is but at the same time enables us to realize how this life we live is precious. When you look at Psalms 144:3-4, David confesses "Lord, what are human beings that you care for them, mere mortals that you think of them? They are like a breath, their days are like a fleeting shadow."

The Need for Regeneration

The everlasting God comes to us and saves us, who are running towards death in our meaningless life from sin and death. We are born again through Jesus Christ. In Romans 6:23 it says, "For the wages of sin is death, but the gift of God is eternal life in Christ Jesus our Lord."

A man realizes that he is a sinner in the most extreme despair. For the wages of sin is death, we begin to testify that we are sinners as we turn our reason of death to sin. At this moment, the sinner meets the everlasting God and he is saved through Jesus Christ's forgiveness of sins.

Men are beings stacked with loneliness. In being lonely, there are different types of loneliness: the feeling we get as we live life, such as loneliness rooted from relationships, when a loving man and woman cannot see each other, or even loneliness you feel when the weather is gray. You can solve these types of loneliness by doing a better job in keeping a healthy relationship, meeting the person you love, or have someone with you in these lonely seasons. These are the types of loneliness that can be solved by academia and arts.

However, the loneliness a man feels when encountering the infinity, death, and our everlasting God, there is nothing in this world that can dissolve this feeling. This type of loneliness is the loneliness that the old Buddha carried for his whole life and Confucius's wish of "finding the truth in the morning, better to die in the evening." This type of loneliness is that of apostle Paul's crying "what a wretched man I am! Who will rescue me from this body of death?"

and that of Isaiah's confession, "woe to me! I am ruined."

This is not only something that only apostle Paul or Isaiah experienced but it is something that everyone in this era will have to experience some day. This can only be understood by the presence of the Holy Spirit and we can see that this is a strong reason and motivation for pursuing the religion.

Men can react to these types of situations in two ways. The first is denying the challenge of eternity and just focusing on the present life or going on the extreme route of addicting yourself with substance and secular enjoyment. Another case is responding to the challenge of eternity and receiving God's eternal life to live heavenly lives.

What is Regeneration?

Regeneration means that whoever is spiritually dead due to sin and fault can be reborn through faith from the Holy Spirit. Let us look at this once again.

Firstly, regeneration is God's way of turning human beings covered in sin and fault into revival through Christ's work on the cross. Colossians 2:12-15 shows how God revives us from dead with Christ. God forgives our sins and saves us through Christ's cross and baptism.

It says, "having been buried with him in baptism, in which you were also raised with him through your faith in the working of God, who raised him from the dead. When you were dead in your sins and in the uncircumcision of your flesh, God made you alive with Christ. He forgave us all our sins, having canceled the charge of our legal indebtedness, which stood against us and condemned us; he has taken it away, nailing it to the cross. And having disarmed the powers and authorities, he made a public spectacle of them, triumphing over them by the cross" (Colossians 2:12-15).

John chapter 5 verse 21 and 24-25 says that Jesus gives life to whom he is pleased to give it and he does not judge.

> For just as the Father raises the dead and gives them life, even so the Son gives life to whom he is pleased to give it. "Very truly I tell you, whoever hears my word and believes him who sent me has eternal life and will not be judged but has crossed over from death to life. Very truly I tell you, a time is coming and has now come when the dead will hear the voice of the Son of God and those who hear will live (John 5:21,24-25).

The start of salvation is when dead souls come alive, which is regeneration. The reason for regeneration of our souls is because of the work of Christ on the cross. The cross is a symbol of death but that symbol of death becomes God's powerful ability to save us. In 1 Corinthians 1:22-24, it says, "Jews demand signs and Greeks look for wisdom, but we preach Christ crucified: a stumbling block to Jews and foolishness to Gentiles, but to those whom God has called, both Jews and Greeks, Christ the power of God and the wisdom of God."

Reverend Sung Bong Lee (1900-1965) was a famous evangelist of the holiness denomination in Korea. He was the influencer of many pastors and leaders, including evangelist Jun Kyung Moon to elder Dong Soo Kim, the founder of Korean Ceramic Ware.

Reverend Lee was born in Pyeong Nam on July 4th, 1900. His mother was talked into a marriage that her grandmother insisted, so had no love in her married life. She also experienced extreme poverty that affected her family greatly. Reverend Lee's mother could not handle the hardship in her life and decided to take her own life but every time she tried, she failed and continued to live. After two suicide attempts came to failure, she just lived everyday purposeless and down. But one day, there was a streak of light that brightened her dark soul. When the young boy Sung Bong became six, that is when his family heard the gospel. Afterwards, his family moved to a place that was about 16 km away from Pyeong Yang and walked to the church every week to attend Sunday service. Every Sunday, Sung Bong's mother woke up before the rooster cried and prepared breakfast for the whole entire family and went to church even when there was a storm.

The young Sung Bong was not a nice and obedient child. When Sung Bong was seven years old, his brother came into life and his parents favored the younger brother over him. When his brother was not in the picture, Sung Bong was the focus of his family, but knowing that his parents love his brother more, he was filled with jealousy and hatred. God knew the hating inner personality that Sung Bong had, so He prepared Sung Bong's mother to strongly educate his character. For example, whenever Sung Bong disobeyed to his parents, they would hit his legs or lock him in a dark place where there were mice. Young Sung Bong was so scared of the punishment he would get, so he obeyed to everything his parents told him to do. Looking back, we can see that even all of this was God's way of preparing Sung Bong to trust and obey in any situation for him to become the greatest evangelist and leader in Korea.

When he was about nine years old, both of his parents went to church on Sunday and he was watching the home by himself. This day, he planned to secretly take some money out of his father's closet but his grandmother from the other room caught him in action. Sung Bong was startled and didn't know what to do. If he gets caught then he is going to go through some serious punishment. But at the moment, he remembered that in the Bible it says that if you pray for something then it will come true. So as a fast reaction, he started to pray under the blanket holding on to the money that he took.

He prayed, "God please forgive me this one time. I will never ever steal anything ···". His grandmother saw this young boy praying for his dear life confessing his sins. She saw Sung Bong's pure heart and his faith. She told him that she was surprised by his faith and left him in the room and went along. As soon as his grandmother left,

Sung Bong truly believed that God's word is true. But this was only for a moment, and he took some of the money and went out and bought snacks for himself.

Later in life, Sung Bong became a person who just follows what he wanted for his life and enjoyed the worldly lifestyle apart from God. He thought less of the service on Sundays and went to church only to look at girls. Sometimes during revival, he would pretend that he was touched by the Holy Spirit, so he would put spit on his eyes, pretending that he was crying so that the pastor would look differently of him.

When he became a young adult, he experienced so many things not going the ways he wanted to be and cursed the world saying that here is no heaven, hell, or after life. At a certain point when he was 18, he was totally submerged into drinking, smoking, and gambling. His life style even got to changing his character as a whole. Whenever his mother told him to believe in Christ, he would laugh at her. His mother would always cry out to God for her son but Sung Bong became weak every day and slowly drifted away from God.

Someone once said that children of prayer do not fail. God always answers the precious prayer of a mother for her child. On June 24th, the year Sung Bong turned 21, he was drunk from spending all of his money that he made from selling fruits on drinks. He was coming home at night and all of a sudden he felt a sharp pain on his right thigh. His body temperature was rising and came to a point where he couldn't walk one step. His friends who were with him thought he was going to die, so they put him on a wagon and came home. He tried everything to figure out what was wrong with his body and took every kind of medicine but nothing worked. When he got to the hospital, they told him that it is periostitis and he would have to amputate his leg. Sung Bong was so shocked by this news and couldn't believe that he would have to live with one leg for the rest of his life when he was only 21. He always said that he will make all the money he can when he is young and believe in Christ when he is older. But he used all of his savings and his land during the six months in the hospital. Life was truly meaningless at that point. As he was lying on his hospital bed, he looked at his leg that was going to be amputated and just cried regretting his past life he walked. When he actually faced death that he always just heard about, he became fearful and scared.

At that point he asked himself this question, "where are you going to go after death? heaven? or hell?" It didn't matter to him if there was no heaven, but if there is hell, he thought he was in big trouble. Just thinking about the fact of experiencing punishment for an infinity amount of time made him fear death more. When death approached, he was regretted so much about the life he lived always voluntarily asking for a life in hell. He trembled in fear and unrest and he finally decided to confess this conscious.

He cried out, "living this short of a life, I committed so many sins. Ah! I'm falling into a deep hole of destruction. Oh God, please save me from this sin!" Right then and there, Sung Bong's mother walked in and Sung Bong just confessed all of his sins before his mother's knees and asked her to pray for him.

His mother encouraged his son, "Confess, my son! for it is not the sinner who goes to hell but those who do not confess… God will hear your prayer and needs. Just trust Him with all your life, even death." This prayer became a voice from the Holy Spirit that totally grasped Sung Bong.

After that day, Sung Bong became a totally new person. God answered his prayer and took away all fears and worries from him and gave him true peace. He never experienced such peace in his life. He started reading the Bible right away. Before, he couldn't believe anything that was written in the Bible nor it was interesting to him. He thought it was less than a romance novel. But now after reading it, he realized that the word of God is more precious than gold and sweeter than honey. Also, he quit all smoking and drinking. Once the Holy Spirit was upon him through confession, his soul was filled with thankfulness and joy. There was no evidence of his fear of sins from the past but only present with Jesus Christ's glory in heaven. Hallelujah! "Therefore, if anyone is in Christ, the new creation has come: The old has gone, the new is here!" (2 Corinthians 5:17).

Secondly, regeneration is human souls being reborn to enter the kingdom of God through the truth of the Word and the Holy Spirit.

When you look at John chapter 3, a Pharisee named Nicodemus, who was a member of the Jewish ruling council, came to Jesus at night and said, "Rabbi, we know that you are a teacher who has come from God. For no one could perform the signs you are doing if God were not with him."

Who was Nicodemus? He was a very educated and successful politician, who was a Jewish leader of the high ruling council. Then why would this highly educated man go to Jesus from Nazareth, who was young and had no formal education?

Frankly, Nicodemus probably went to go see Jesus at nighttime when no one can notice his travels. Although he was a Jewish teacher and leader, he recognized Jesus' signs and knew that He is the Rabbi, the teacher, that God sent. However, Jesus tells Nicodemus that no one can see the kingdom of God unless they are born again.

Jesus replied, "Very truly I tell you, no one can see the kingdom of God unless they are born again" (John 3:3-5). Right then, Nicodemus asked how someone can be born again when they are old and Jesus replied that regeneration is not a physical occurrence but a spiritual one, and that it can only happen through the Holy Spirit. Just as the wind blows wherever it pleases, regeneration is like that.

Jesus knew that Nicodemus was struggling with the issue of existence. Although Nicodemus appeared to be a successful and educated political leader, he had no knowledge in the eternal life and also couldn't find an answer to the topic of death. He was a leader and teacher to others but when it came to leading people from death to life, he was failing. That is why Jesus taught Nicodemus on solving the life problem of how to go from death to life. No power nor worldly success can save people from death.

> Flesh gives birth to flesh, but the Spirit gives birth to spirit... that everyone who believes may have eternal life in him(Jesus Christ) (John 3:6,15).

> You, however, are not in the realm of the flesh but are in the realm of the Spirit, if indeed the Spirit of God lives in you. And if anyone does not have the Spirit of Christ, they do not belong to Christ (Romans 8:9).

Jesus tells Nicodemus that he needs to be reborn through water and the Holy Spirit, but what is water? Water also means baptism in water. The meaning of this is that after listening to God's word, you confess your sins and as a symbol of washing away your sin, you are baptized in water. Thus, we can translate that water is God's word that causes the sinner to confess.

When we look at Ephesians 5:26, 1 Peter 1:23-25, and James 1:18, we can see that regeneration is rooted from God's word. Also, God's word is the gospel of eternal life for those who believe in Jesus Christ's death and resurrection.

to make her holy, cleansing[a] her by the washing with water through the word (Ephesians 5:26).

For you have been born again, not of perishable seed, but of imperishable, through the living and enduring word of God. For, "All people are like grass, and all their glory is like the flowers of the field; the grass withers and the flowers fall, but the word of the Lord endures forever." And this is the word that was preached to you (1 Peter 1:23-25).

He chose to give us birth through the word of truth, that we might be a kind of firstfruits of all he created (James 1:18).

When we listen to the Word of God, that is when the Holy Spirit works in us and allows us to live for the kingdom of God's glory not for this world's desires.

A famous Russian writer Leo Tolstoy lived a wealthy life coming from a noble family but did not find true satisfaction in life. He was praised by so many people regarding his writings but he was constantly fearful of his sin.

One day, he was walking through a rural field and met a farmer. Tolstoy noticed that the farmer looked so peaceful. He asked the farmer what his secret recipe was for a peaceful life. The farmer responded that he is always filled with joy because he relies on God. After listening to the farmer's answer, Tolstoy started searching for God more seriously. Later on, Tolstoy was finally able to meet God and his worries and fears of his past disappeared. He was able to confess that knowing God is really the right way to live.

Even if you have a successful life here on earth, if you fundamentally don't have a relational connection with God, then you will always feel uneasy. This is because you cannot find the true meaning of life in the reality we live in when your relationship with God is cut off. Thus, you won't be able to solve any of the worries and problems in life unless you find a solution to your spiritual issue. Tolstoy says in his essay, "A Confession,"

> I accepted Jesus Christ as my Lord and savior 5 years ago. Then and there my life changed. The things that I desired, I no longer do, and I rather crave the things that I did not want before. The things that were good before aren't anymore and the things that I thought were unimportant are now important. I was searching for a lucky rainbow my whole life but I realized the meaningless of all that. I couldn't say that happiness is pretending to be someone else, filling my physical desires, and relying on alcohol to be happy.

He was able to find new purpose after meeting Jesus and he was able to start a new life that is in accordance to his new purpose.

Thirdly, regeneration is becoming a new person through transformation of the old temptation chasing spirit into a new spirit that receives the perfect gift from God.

When you look at James chapter 1, you can see how the early church members were drawn by their own desires. Those desires gave birth to sin and sin gave birth to death. That is why apostle James says, "believers do not be tempted by worldly desire, but receive every good and perfect gift from above coming down from the Father of the heavenly light". This is because church members are God's children whom He gave birth to through His plans and the word of truth.

> Then, after desire has conceived, it gives birth to sin; and sin, when it is full-grown, gives birth to death. Don't be deceived, my dear brothers and sisters. Every good and perfect gift is from above, coming down from the Father of the heavenly lights, who does not change like shifting shadows (James 1:15-17).

Apostle Paul says in Ephesians and 1 Corinthians that if a dead spirit receives God's life and regenerates, he or she will be a new person, the new holy and blameless creation.

> Praise be to the God and Father of our Lord Jesus Christ, who has blessed us in the heavenly realms with every spiritual blessing in Christ. For he chose us in him before the creation of the world to be holy and blameless in his sight. In love he predestined us for adoption to sonship through Jesus Christ, in accordance with his pleasure and will (Ephesians 1:3-5).

> Surely you heard of him and were taught in him in accordance with the truth that is in Jesus. You were taught, with regard to your former way of life, to put off your old self, which is being corrupted by its deceitful desires; to be made new in the attitude of your minds; and to put on the new self, created to be like God in

true righteousness and holiness" (Ephesians 4:21-24).

Therefore, if anyone is in Christ, the new creation has come: The old has gone, the new is here (2 Corinthians 5:17)!

Likewise, regeneration is God's work of soul salvation. It is a process of nailing our sins and flaws on the cross with Christ and being reborn to a new life through the Holy Spirit, who was with Christ. It also means that we receive the blessings and true gifts from God through trusting the Word and living this life as a new person, as God's child, a new creation.

Today we are looking into the Bible to understand regeneration, which is the beginning of our spiritual life and soul salvation. It says in the Bible that we should live our new spiritual life not through following our desires for the flesh but through receiving the blessings and gift from above and holding onto the everlasting life within us.

When we look in the view of flesh, Jesus died on the cross and Stephen was also stoned to death. When people look at these events, it is only those who are cursed who dies on the cross or stoned to death. However, when we look at this in a spiritual point of view, there was the spirit of Christ in Stephen's heart. The reason the early church members were able to keep their faith going and die for their faith regardless of the persecution and distress was because they had Christ's spirit in them. After year 313, however, when Great Emperor Constantine authorized Christianity as the empire's official religion, christians had been derogated and moved forward to darkness of Middle Ages.

Korean Christianity was able to revive during the persecution through godly spirit. Now the Korean church is slowly deteriorating because of the increase of Christians, who follow their worldly desires. The Korean church and the members, who's spirits are slowly dying from earthly desires, have to come alive once again through Jesus Christ's work on the cross. We cannot focus on what is happening now in front of our eyes and worry about today but rather focus on how important our spiritual life is. It is not important of what we do or don't do with our flesh. We need to realize that it is more important to know if our spirit is alive or dead.

> You, however, are not in the realm of the flesh but are in the realm of the Spirit, if indeed the Spirit of God lives in you. And if anyone does not have the Spirit of Christ, they do not belong to Christ (Romans 8:9).

19th century revival activist, Charles Finney (1792. 8. 29-1875. 8. 16) brought a spiritual revival into the northern parts of New York state. He used his speaking skills from his attorney days and preached to the people of Adams, NY. His revival movement was a great success in the big city and he built Broadway Tabernacle church in 1834 and founded the Oberlin College in Ohio. He practiced his ministry and teaching at the same time and served as the president of Oberlin College from 1851-66.

Charles Finney said "man has never achieved the useful knowledge of gospel, but man need God's light through the Holy Spirit.

> Therefore I want you to know that no one who is speaking by the Spirit of God says, "Jesus be cursed," and no one can say, "Jesus is Lord," except by the Holy Spirit (1 Corinthians 12:3).

> No one can come to me unless the Father who sent me draws them, and I will raise them up at the last day. It is written in the Prophets: 'They will all be taught by God.' Everyone who has heard the Father and learned from him comes to me (John 6:44-45).

Charles Finney was contemplating about his own salvation when he realized God's love and truth when he was an attorney. Whenever he was reading the Bible in his law firm and someone passed by, he would place the Bible in the midst of his law books and pretended that he wasn't reading. He read the Bible and prayed whenever he could but his heart was always frustrated.

One early morning on his way to the law firm, Finney felt his heart telling him "What are you waiting for? Didn't you promise God to give your heart? What are you trying to do? Aren't you just trying to accomplish your goals and dreams?" At this moment, Finney felt the truth of salvation brightening his heart.

Jesus Christ's ministry of redemption on the cross is a complete ministry that already has been accomplished. What Finney had to do was decide in his heart to cut out any sins in his life and accept Christ. The gospel of salvation is Finney accepting the work on the cross as the gospel. Finney realized this truth and repented his wrong ways in the past of not going to God. He experienced regeneration as waves of the Holy Spirit marked his heart.

Today at this time, let us enjoy our Lord's peace as we repent the ways we think of ourselves before God. And let us put everything on to the Holy Spirit's grace and experience our spirits being reborn.

How do we receive the grace of regeneration?

The only way to receive the grace of regeneration is to immediately decide to cut out any sins in our lives and accept Christ in our hearts. This is because Jesus Christ's ministry of redemption on the cross is a complete ministry that already has been accomplished.

1) We need to realize how we did not put our savior Jesus in our hearts and repent.

> From that time on Jesus began to preach, "_____, for the kingdom of heaven has come near" (Matthew 4:17).

> Repent and be baptized, every one of you, in the name of Jesus Christ for the forgiveness of your sins. And you will receive the gift of the Holy Spirit (Acts 2:38).

2) We need to receive Jesus, the Word, into our hearts.

Yet to all who did _____ him, to those who believed in his name, he gave the right to become children of God— children born not of natural descent, nor of human decision or a husband's will, but born of God (John 1:12-13).

3) We need to confess what we believe.

But what does it say? "The _____ is near you; it is in your _____ and in your _____," that is, the message concerning faith that we proclaim: If you declare with your _____, "Jesus is Lord," and believe in your _____ that God raised him from the dead, you will be saved. For it is with your_____ that you believe and are justified, and it is with your _____ that you profess your faith and are saved (Romans 10:8-10).

No one can say, "Jesus is Lord," except by the _____ (1 Corinthians 12:3).

No one can come to me unless the _____ who sent me draws them, and I will raise them up at the last day. It is written in the Prophets: 'They will all be taught by God.' Everyone who has heard the Father and learned from him comes to me (John 6:44-45).

The Gospel of Christ Our Sanctifier

James 4:8

8 Come near to God and he will come near to you. Wash your hands, you sinners, and purify your hearts, you double-minded.

Regeneration is the Spirit of Christ being in us and allowing our souls to be born again and live a life of a Christian. With the Spirit of Christ working in you, do you see the tenderness of Christ in you? Do you see Christ's kindness in you? Also, do you see the humility of Christ as he washed his disciples' feet and the sacrifice of the cross in you? If you can truly say "yes" to all these questions then that means you are living a life of holy Christian.

What is Holiness?

Holiness is rooted from the Old Testament's "Kodesh", meaning holiness or divinity. There is a meaning to it to separate human or objects from God. Priests, tabernacle, sacrificial food and things were separated holy, for they were dedicated to God, the Holy. This is called positional holiness.

In the New Testament, holiness was used as "hagios," where it contains the meaning of holiness, divinity, and pureness. The word used to describe the state of perfect devotion to God, meaning relational holiness.

Then let's look at what holiness means for the Holiness Church through the Bible.

Firstly, holiness is not a measurement tool to measure one's morality, especially those who are well educated or people in leadership positions. Confucian societies, including most North East Asian countries, like Korea, China, Japan understood the best example of mankind as *"Gunja"* the Ideal Man. He is a man who is respected in society to be an example of showing excellence in moral and ethics. This standard is a measurement in Confucianism to develop one's character. This standard was used to demand a moral life from leaders of a society and country.

As Christianity was brought into East Asia from the Western world, the gospel of holiness was translated in a Confucianist way. Believing in Christ was understood as a way to become a moral leader of a society. Although the concept of holiness was culturally accepted as a moral measurement, believing in Christ cannot be treated the same way as becoming a moral leader or even an ethics practitioner. The final goal of believing in Christ is to become a holy person. And that does not mean becoming a Confucian moral leader but it means to receive God's great holiness and becoming a holy man of God.

There are many people who misunderstand holiness as Pharisees' legalism or moralism. Because the word holiness itself contains the meaning of holy and pureness, it is easy to misinterpret and it becomes a difficult concept for sinful humans to comprehend. However, different from the concept of becoming holy through one's hard work of trying to be more moral and ethical, true holiness happens through God's grace. We are able to become holy because God's grace pours over us, the sinners.

The Pharisees, who were the leader of the Jewish people and known to be moral examples, appeared to be pious on the outside but filled with avarice on the inside. Jesus calls the Pharisees "whitewashed tombs", which is a grave full of rotting bones but looks nice on the outside colored with white paint. This was Jesus metaphorically calling out the Pharisees' hypocritical behaviors. We can pretend to be all good with our moral actions or ethics on the outside, but without the real change in our hearts and true repentance, there is no holiness.

When Jesus says, "No one can serve two masters, ... You cannot serve both God and money." because "You are the ones who justify yourselves in the eyes of others" but the Pharisees "heard all this and were sneering at Jesus" (Luke 16:13-15).

The Pharisees appeared to be holy on the outside but they were hypocrites, who were filled with greed on the inside. When the Pharisees said, "Why do your disciples break the tradition of the elders? They don't wash their hands before they eat!" Jesus says, "What goes into someone's mouth does not defile them, but what comes out of their mouth, that is what defiles them... For out of the heart come evil thoughts—murder, adultery, sexual immorality, theft, false testimony, slander. These are what defile a person; but eating with unwashed hands does not defile them" (Matthew 15:2,11,19-20).

Thus, holiness does not come from one's hard work of trying to become more holy, like the Pharisees or legalism, but it is rather rooted from God's holiness and His grace to us sinners to become holy.

... 'Be holy because I, the Lord your God, am holy' (Leviticus 19:2).

... do not conform to the evil desires you had when you lived in ignorance. But just as he who called you is holy, so be holy in all you do; for it is written: "Be holy, because I am holy" (1 Peter 1:14-16).

Twenty years ago, when I was doing ministry in America, many of the members of the church I was serving were Korean immigrant divorcees. These women came to the states by marrying a US soldier. Most of them were single mothers with two to three children, struggling financially. Their lives were similar to the Samaritan women by the well in the book of John, who repeats the process of marrying and divorcing. Some of them were not able to get financial funding from her ex-husband and had to live in a container box at some rural corner of Kentucky. Despite the hard circumstances, however, they would come to church with their children, driving more than 2 hours, just to come to Sunday service. They were able to go through this hard immigrant life by raising their children with the word of God and depending on God's mercy everyday to keep their hearts holy.

Would holiness be necessary for these members?

We cannot think of holiness as something you do when you are financially stable or when you are in the right place to be ethical, moral, and cultural. It is like that in Confucianism.

In the traditional Confucian society, a moral leader or a noble man cannot run on a rainy day because of their image, and everything has to be proper and needs to be done right all the time. But Jesus criticized the Pharisees' legalism and a noble man's moralism.

God sees our hearts and sees the center of our hearts. He says that as God is holy, we are made holy. This means that even in the hardest circumstances in life, we need to make our hearts holy through God's mercy.

Secondly, holiness is defined as the ultimate state of faith, where the only purpose of it is to bring glory to God and not be double-minded.

> Come near to God and he will come near to you. Wash your hands, you sinners, and purify your hearts, you double-minded (James 4:8).

Once a believer goes through the process of regeneration, it takes a lot until that person gets to the level of holiness to overcome a double minded heart.

> For I do not do the good I want to do, but the evil I do not want to do—this I keep on doing. What a wretched man I am! Who will rescue me from this body that is subject to death? (Romans 7:19, 24).

This type of situation can similarly be shown in the Old Testament, where Israelites blame God and distrust Moses for putting them in a deserted place, forgetting about God's plan in rescuing them from slavery. The Israelites were able to freely worship God in the wilderness but because of their lack of experience in living in the wilderness, they lived disobeying God and complaining about their current situations. In order to fully worship God, the Israelites had to cross the red sea and enter the promised land Canaan. Canaan, the promised land, is a metaphor to describe holiness, which is the final goal of faith.

Some people say that holiness can be achieved after death, but holiness is God's blessing that happens here on earth. The thought behind the concept of holiness after death is based upon the foundation of medieval myths, assuming our physical body is sinful. When we think about sins, we cannot think of them as material. Sin is not a thing or an object. Sin is the separated relationship we have with God. It is the original sin when the first human, Adam, went against God's prohibition and committed sin. Thus, cleansing our sins and becoming holy is recovering the relationship with God.

It is necessary for us to have a biblical understanding of the body. The Bible describes our body as something that is neutral called "soma." In Romans 12:1, it says, "Therefore, I urge you, brothers and sisters, in view of God's mercy, to offer your bodies (soma) as a living sacrifice, holy and pleasing to God—this is your true and proper worship." Our body is a living sacrifice that is holy and pleasing to God.

We can misunderstand the word, body (soma), as body of the dead when we look at Romans 7:24, where Paul's confession describes "body that is subject to death". However, if we know the meaning behind how the cross was used as an ancient execution method, we can understand the true meaning of the word, *body*. The way people used the cross as an execution method was by tying the criminal's living body on top of a dead body, where the nose touches the nose and lips touches the lips, and wait until the living body rots to death. It was truly a cruel way to execute someone. Paul wanted our body to become holy and that meant for our body that is subject to death to freely live without the influence of sin. This is like how our ill body can be completely healthy only when the infectious virus is completely gone from the atmosphere. Similarly, it is really important for us to completely confess our sin, a factor that damages our relationship with God, for our spiritual walk in faith and also for us to maintain to be holy in this world.

Thirdly, holiness is heaven's wisdom given from above, where we don't seek the worldly desires with our lust but rather become holy ones as God's church. Holiness is not a moral or ethical discipline that you earn through hard work. It is heaven's wisdom that you receive from God, the Holy Spirit.

> Such "wisdom" does not come down from heaven but is earthly, unspiritual, demonic. where you have envy and selfish ambition, there you find disorder and every evil practice. But the wisdom that comes from heaven is first of all pure; then peace-loving, considerate, submissive, full of mercy and good fruit, impartial and sincere. Peacemakers who sow in peace reap a harvest of righteousness (James 3:15-18).

When the Holy Spirit comes, as it says in Acts 2, you can see the miracle of the divided languages of Babel becoming one.

> Now there were staying in Jerusalem God-fearing Jews from every nation under heaven. When they heard this sound, a crowd came together in bewilderment, because each one heard their own language being spoken. Utterly amazed, they asked: "Aren't all these

who are speaking Galileans? Then how is it that each of us hears them in our native language? (Acts 2:5-8)

Even though you pray in tongues as you receive the Holy Spirit, creating division within the church and blocking the church from becoming one does not demonstrate holiness in your spiritual life. If you are filled with the Holy Spirit, then forgiveness and perseverance become the main tools to unite the church. If you cannot become one in the church through the Holy Spirit, then that does not demonstrate true holiness but it is rather demonic.

Be completely humble and gentle; be patient, bearing with one another in love. Make every effort to keep the unity of the Spirit through the bond of peace. There is one body and one Spirit, just as you were called to one hope when you were called (Ephesians 4:2-4).

Sung Gu Yoon was an elder at Jeon Ju Holiness Church. He was born into a traditional Confucianist family, studied abroad in Japan to become a acupuncturist, and founded Se Chang acupuncture clinic in Korea after the nation declared independence from Japan. His Christian faith journey started in the late 1940s when he saw his daughter, who attended a nearby church Sunday school, pray over a meal. His young daughter said, "thank you for giving us our daily bread" and Mr. Yoon responded, "when did God buy the grains and made you rice?" as if she was making nonsense. But that moment became a motif for Mr. Yoon to attend Jeon Ju Holiness Church and to eventually accept Jesus as his Lord and savior.

Later on, when Mr. Yoon was a deacon of the church, he found out that the house he lived in used to be a Buddhist temple that the Japanese worshiped in. He confessed to God, "how can I go to You, not building a church for You and worshipping in a Buddhist temple all my life?" He couldn't stand himself living in an old temple, so he decided to build a church with all of his assets and he did so. God allowed a bold and confident heart in deacon Yoon and gave the blessing of holiness upon his life. Also, at that time, the head pastor, Dae Joon Lee, suggested to then elder Yoon to do something big for the church. That stirred his heart and he donated 93,000 square feet of land to Sungkyul University and allowed the school to receive approval from the government as an official institution. Afterwards, elder Yoon became Sungkyul University's first chairman of the board.

After deacon Yoon became an elder, he was filled with the Holy Spirit and maintained a holy lifestyle. Even when he made some mistakes because of his sinful nature, he would repent all of it to his pastor and straighten out everything by confessing through prayer. He says that if he didn't do so, he would be so bothered by the thought of it. The church elder Yoon went to was filled with political leaders and influencers but he would still be an example by being humble and showing spiritual maturity for the church's unity. The blessing of holiness is heaven's wisdom that comes from above. It does not fight with our own understanding but strives for peace within the church.

Fourthly, holiness is a result of the Holy Spirit's abundance. A holy believer is filled with Christ's love and receives the power to serve, to spread the word of God, to be thankful in any situation, to praise the Lord with songs of Spirit, and to know the Lord's will for us.

> I pray that out of his glorious riches he may strengthen you with power through his Spirit in your inner being, so that Christ may dwell in your hearts through faith. And I pray that you, being rooted and established in love, may have power, together with all the Lord's holy people, to grasp how wide and long and high and deep is the love of Christ, and to know this love that surpasses knowledge—that you may be filled to the measure of all the fullness of God (Ephesians 3:16-19).

> Be very careful, then, how you live—not as unwise but as wise, … but understand what the Lord's will is. Do not get drunk on wine, which leads to debauchery. Instead, be filled with the Spirit, 19 speaking to one another with psalms, hymns, and songs from the Spirit. Sing and make music from your heart to the Lord, always giving thanks to God the Father for everything, in the name of our Lord Jesus Christ (Ephesians 5:15-21).

> And pray in the Spirit on all occasions with all kinds of prayers and requests. With this in mind, be alert and always keep on praying for all the Lord's people... that whenever I speak, words may be given me so that I will fearlessly make known the mystery of the gospel (Ephesians 6:18-19).

In 1933, when elder Deuk Hyun Kim of Busan Dong Gwang Holiness Church was 10 years old, he lost both of his parents from cholera disease. This is when his sister told the young Deuk Hyun, "the beginning of our life starts now! Our true Father in Heaven, our God is living! Let's go to our true Father's house" and let him to church. His sister prayed right by the alter, "God! Our true Father, thank you so much. Thank you for taking our earthly father and mother to your kingdom. If they were here with us, we would have had to spend a lot of money on treatment and there wasn't anyone here to take care of them. You saw our situation and led them to an everlasting place. Thank you. I pray in the name of Jesus Christ".

The sister told young Deuk Hyun to also pray and this is how it went. "God, I do not know how to pray. Please love my father and mother. I will listen to my sister well. In Jesus Christ name I pray, Amen." After he prayed, the sister gave a big hug to the young brother and said, "if you pray like that, what's on your heart, God will hear your every word. Let's pray to God everyday from now on." From then on, through his spiritual walk and through his guidance from pastor Sung Bong Lee, Deuk Hyun experienced regeneration of his spirit and in 1939 at An Hyun Dong church in China, he was baptized by pastor Hong Soon Kim.

During the Korean War, Deuk Hyun survived a deadly capture by the North Korean soldiers and found refuge in Busan. He served his whole life at the Refugee Town Holiness Church there. Whenever there was a special revival, he would always host the guest speaker. He started serving pastors after he hosted pastor Myung Jik Lee, who was one of the master leaders of the Holiness denomination, during the Korean War in 1951. At that time, everyone was a refugee, so no one really stepped up to host a pastor. Of course, deacon Kim also didn't have much, but he decided to serve with his heart. Even without a table to eat at home, he served the pastor with just rice and soy sauce on a cardboard box.

Afterwards, God started pouring His blessings to Deuk Hyun Kim. He got a job at Young Poong Mining company. One day, he went on a business trip to Yeosu Island to mine ore samples. But because he had the character to do all the work by the books, he missed the last boat back to the mainland. That day, something tragic happened to the boat he missed. There was a huge crash and the 289 workers who were on the boat all died. Because of that incident, the mining company recognized Deuk Hyun Kim's dedication to his work and awarded him as an employee of the year with $5000 cash prize. With that prize, he offered the full amount to the church he was attending as seed money to purchase a land for a new church building.

God saw the young Deuk Hyun's heart and He started to open his path in front of him. Deuk Hyun didn't really have a formal education but God considered him to be holy and allowed him to get hired at the Korea Trade-Investment Promotion Agency in Busan office. Afterwards, he was promoted to become the executive director of the Busan office. Later on, he was one of the first director of the Korea Testing and Research Institute and through his work in trading, God allowed him to run 12 mines all around Korea. After he became an elder of his church, he moved to Seoul for his business but every Sunday, he took the bus to Busan to attend his home church, Dong Gwang Holiness Church. He would then attend the early morning prayer the next day and travel back to Seoul. He was an elder with responsibility and sincere heart.

Then, how can we receive the blessing of holiness?

Firstly, we become holy through Jesus Christ's sacrifice as our sins are washed once and for all. Jesus Christ came to complete the law. He did this through giving himself up as a sacrifice to complete the Old Testament's law. The blood of Christ washes our sins all at once and makes us holy.

> First he said, "Sacrifices and offerings, burnt offerings and sin offerings you did not desire, nor were you pleased with them"— though they were offered in accordance with the law. Then he said, "Here I am, I have come to do your will." He sets aside the first to establish the second. And by that will, we have been made holy through the sacrifice of the body of Jesus Christ once for all (Hebrews 10:8-10).

Secondly, through the Holy Spirit, we become totally consecrated and dedicated to God.

The Holy Ghost is a holy spirit that works in those who believe in Jesus. It consecrates those who fully believe in Christ and allows them to completely dedicate themselves to Christ. As Abraham offered his only son, whom he saw when he was 100 years old, those who truly believe in God with a heart of sacrifice can receive the blessing of holiness through the Holy Spirit's work in them. The Bible calls these believers, the ones who are discerned only through the Spirit.

A person without the Spirit does not accept the things that come from the Spirit of God but considers them as foolishness. Those people cannot understand what is from above because "[these spiritual blessings] are discerned only through the Spirit…You are still worldly. For since there is jealousy and quarreling among you, are you not worldly? Are you not acting like mere humans?…Don't you know that you yourselves are God's temple and that God's Spirit dwells in your midst?" (1 Corinthians 2:14, 3:3, 16).

Thirdly, we become holy through reading the word and praying to God in our ordinary daily lives.

It is wrong to assert fasting and abstinence as the only ways to live a holy life. Sanctification is living our daily lives with God being the center of it all. That is why the blessing of sanctification comes from

God through His word and prayer.

The Spirit clearly says that in later times some will abandon the faith and follow deceiving spirits and things taught by demons. Such teachings come through hypocritical liars, whose consciences have been seared as with a hot iron. They forbid people to marry and order them to abstain from certain foods, which God created to be received with thanksgiving by those who believe and who know the truth. For everything God created is good, and nothing is to be rejected if it is received with thanksgiving, because it is consecrated by the word of God and prayer (1 Timothy 4:1-5).

A. B. Simpson suggests the following prayer as a way to receive the blessing of sanctification.

I am dead, my own life is surrendered and buried out of sight. Jesus is my Sanctifier and my all-in-all. I surrender everything into His hand for Him to do with as He thinks best. I believe He receives the dedication I make to Him. I believe He will be in me all I need in this life or in the world to come.

The way we can live a holy life is like it says in John 10:10, it is so that we may have life and have it to the full. We need to trust and believe God's promising word and live a life of obedience. We need to do what is pleasing to God's eyes, always desire to hear His voice through the Word, and maintain holiness through praying to get closer to God whenever there is temptation in life.

The Gospel of Christ Our Healer

James 5:15-16

15 And the prayer offered in faith will make the sick person well; the Lord will raise them up. If they have sinned, they will be forgiven. 16 Therefore confess your sins to each other and pray for each other so that you may be healed. The prayer of a righteous person is powerful and effective.

The Gospel of Healing is a gospel that is traditionally emphasized in the Holiness Church. This gospel is part of Christ's blessing of salvation, where God heals the sick and strengthens the believers' body. However, there is a danger in people in the modern age to view this gospel as something that is superstitious or fanatic because of the extended scientific or medical studies that available to us. There is a tendency for the modern church pastors to shift away from what it says in the Bible to "*pray* for each other so that you may be healed" but rather rely on modern medicine for healing.

When we research the foundational reason behind this issue, we can see that there is a parallel pattern with the challenges the Western Christianity faced with missions work in the 19th century. The definition of western missions work in the 19th century was to spread the western culture, where Christianity couldn't really penetrate through the foreign culture's religious situation. Of course, the western education system and medical facilities, which were the definition of western civilization, became a great mediator to help the poor in third world countries to experience the love of God. However, there is a shortcoming in this way of missions work as these educational and medical businesses were not progressed parallel to the inculturation of Christianity. Meaning, these external social businesses always had to be connected to sharing Jesus Christ's gospel as they were delivered in that country's culture and religious situation. But that did not take place.

For example, say that one of your family members got ill. Before you experienced going to a hospital built by Christian missionaries, you would think of this situation as your god of ancestors punishing you or a work of a ghost or an evil spirit. But when you go to a hospital that is run by a missionary, your family member is healed by the western medicine and all of your spiritual beliefs in the past are rejected. In cases like this, the faith of Jesus Christ, the healer, had to be emphasized. Another example would be, say that you receive western education at a school. You are fueled with values that emphasize reason and rational thinking. But compared to the increasing amount of emphasis on rationality, the importance of spirituality in humans were decreased. Meaning, the result of Christian missions strengthened the rational and reasonable thinking of people but weakened spirituality. Of course, it is good when one's reason or rational thinking is strengthened but the spiritual aspect of searching for God had to be strengthened as well.

Likewise, the gospel of Christ contributed to introducing and developing scientific and industrial civilization to foreign nations with different cultures and religions. But it also weakened the spiritual aspect that people traditionally had kept for many years in their own cultures. Such as, the faith in spirit, the fear of evil spirits and ghosts, and the experiential faith of a higher power above. That is why there are so many Christians who are extremely logical and reasonable. These people became to think the same way as atheists think who don't believe in any spiritual realm. To these people, Christianity is just a western religion and just a social institution that delivers educational and medical businesses. That is why we need to spread the gospel of healing, where God heals those who are ill, as it says in the Bible.

In order to find how to spread the gospel of healing, we need to first look at the Gospel of Healing as part of Jesus Christ's ministry of salvation. Divine healing is the captive work of Jesus Christ on the cross with his hardship and death. In Isaiah 53:4-5, it says "Surely he [Jesus Christ] took up our pain and bore our suffering…

he was pierced for our transgressions, he was crushed for our iniquities; the punishment that brought us peace was on him, and by his wounds we are healed." Christ completed the healing of our physical body through paying the price of our sins on the cross.

Secondly, we need to know that divine healing is God's grace that is shown to those who believes in Jesus Christ's captive and resurrection on the cross. Jesus Christ captivated our physical body on the cross of Galilee and as His resurrected life lives in us, we are able to experience His work of healing by God's grace. In Mark 16:17-18, it says, "And these signs will accompany those who believe: In my name they will drive out demons; they will speak in new tongues; they will pick up snakes with their hands; and when they drink deadly poison, it will not hurt them at all; they will place their hands on sick people, and they will get well."

Thirdly, divine healing is the Holy Spirit's ministry where it only happens through the Holy Spirit's work. In Luke 4:18, it says,

> The Spirit of the Lord is on me, because he has anointed me to proclaim good news to the poor. He has sent me to proclaim freedom for the prisoners and recovery of sight for the blind, to set the oppressed free.

Dr. Young Am Eung Jo Kim, who was a mentor of the Holiness

Church, shares his experience in receiving the grace of healing as he himself was healed of six different diseases. He also emphasizes the gospel of healing. He rebuttals those who deny God's healing based on his experience and the Word as the following.

> *There are some people who says that a miracle [God's healing] is unnecessary. And the reason behind this is based on trying to prove God's will. These people say that God's will has already been accomplished through Jesus Christ and miracles [healing] has become unnecessary. However, there are so many miracles [healing] that are being appeared today. God is proving to us with his miraculous healing work and showing his powerful presence.*

Young Am's approach to cope with the threat of rationalism differed from those who have a reformed theological background. The reformed theology does not assert God's direct intervention to human affairs. Furthermore, God's divine work of healing may be an uncomfortable subject to the reformed. This is because the work of healing was only shown during Jesus Christ's ministry on earth. These people believe that humans are given the responsibility of taking care of this world, thus, illness needs to be healed through medicine as our human responsibility.

However, when this type of reformed ideology is not based on personal godliness or prayer, there is a danger of it becoming an extreme anti-faith humanism. It is easy to act as if there is no God while we say that we are fulfilling God's will in this society. Young

Am was concerned about these extreme school of thoughts and he was certain of God's grace of divine healing that was happening in the present. That is why Young Am did not deny the power of divine healing that comes from a godly life, striving for holiness and waiting for our resurrected Lord through the Holy Spirit. And he used this as a major method in his missions work.

Dr. Young Am Eung Jo Kim personally experienced the third blessing of the Fourfold Gospel, the divine healing, as he himself was healed from a disease. Young Am's body was extremely worn out through planting more than 70 churches in a span of 10 years, plus countless missions trips. He went to the city of Mog Po to restore his body and mind by praying everyday for 100 days. On September 10th, 1930, he experienced the grace of divine healing as all of his illness were instantly swiped away. The following is his story.

There are only 10 members left in a church I planted one year ago. As a person who used to be responsible for a town, this isn't much for me to worry about. There is a family of 5 sleeping all together in a small room. The drought damage was severe, it was 15 cents to deliver water on a train. Distress from water shortage, housing problem, and disease made me sick and I became ill. Symptoms included nervous breakdown, indigestion, a bunch of blood, neuralgia, hemorrhoids, and pneumonia. That is when I thought that dying one day is a blessing, and living another day is a curse.

I fell into a state of despair... my body becomes relaxed and I'm falling asleep after prayer. When I am half awake, the rock I was sitting on splits into half. The split seemed so deep. There is a stream of fresh water that slowly coming up. It actually comes to the area where I was sitting. I feel as if I am floating on the water. Afterwards, I feel some kind of fullness in my heart. And at that time, I see my body, and my body looks clear as glass. When I woke up, it was a great fantasy. From then on, there is a huge change in my heart and body. There is joy, love, strength, and hope that is overflowing in my heart. And my body is clear as a glass marble and feels so light, I can fly. That is when I said, 'Lord, thank you. I am alive.' I stood up and my heart and body is warming up. I praised God with the hymn 'come ye disconsolate. I cannot remember how many times I've sung this hymn. That is when God completely healed by voice and I could preach as long as I want. I was coming down from the mountain and I felt like my body could fly and my feet weren't really touching the ground. All six diseases went away at once. From then on, until today, for 39 years, I have not been sick with a single illness. I truly know that God renewed my spirit and body. Now that I think about it, I think it was God's plan to give me six illnesses so that I can truly search God.

Here's a testimony of Reverend Sung Bong Lee, a revival speaker of the Holiness Church, on divine healing ministry.

The church was increasing in numbers and in spirit everyday and every night, we worshipped at each of the congregation member's home. At that time, one of the member's home was right across from a temple, where a shaman lived. But this shaman was completely paralyzed and in pain for the past seven months. While she was enduring this physical pain, she overheard Rev. Lee's sermon across from her place. She decided to accept Jesus as her Lord then and there. That is when she decided to burn all of the things she used to use to do shaman work. God's glory was truly magnified when the whole town's people came and praised with hymn as they burned the idol. When the pastor prayed for that old shaman, she was completely healed the next day, and even came to church the following Sunday and

became a whole new person. After this happened, the church became
more solid and the ministry blossomed.

As the Lord's glory was shined by the miracle of divine healing through the old shaman, the church grew exponentially. When Rev. Sung Bong Lee used to minister in Suwon Church, his body was weak, so every afternoon, he would suffer from an unknown illness. One day, his temperature rose to a certain level and he was losing his mind. At that time, he heard a sound saying, "Rev. Sung Bong Lee will not have much time to live. He will probably die." As soon as he heard this sound, he thought to himself, "where would I go if I die? Am I ready to go to heaven?" He was fearful when he realized that he was always thinking about serving the Lord completely once he finishes seminary. He then called his wife, for us to be a witness, and started to write down all of his sins from the past. He did not stop repenting sins through relying on the Word and the grace of blood of Jesus Christ on the Cross whenever his sins came to his mind.

The enemy continuously showed an empty cross and interfered with Rev. Lee's confession. But he did not stop confessing. As he was confessing for a while, overcoming the enemy's interference, he saw a cross from the sky. There was Christ bleeding on the cross. When Rev. Lee saw this sight, he was amazed and kneeled before the cross and completely surrendered. There was no hope but to hold onto the cross where the Lord was bleeding for him. The Lord saw his confessing soul and showed him the clear water of Jordan river and the glorious kingdom to condolence him. And then, suddenly, he heard a sound of praise, and he woke up to a completely healed body. Rev. Lee was able to rely more on God after this experience. Even in hardship and suffering, he was longing for the everlasting heaven, where the Lord stays, rather than focusing on the earthly worries that are momentary.

The Gospel of the Second Coming

2 Peter 3:8-14

8 But do not forget this one thing, dear friends: With the Lord a day is like a thousand years, and a thousand years are like a day. 9 The Lord is not slow in keeping his promise, as some understand slowness. Instead he is patient with you, not wanting anyone to perish, but everyone to come to repentance.10 But the day of the Lord will come like a thief. The heavens will disappear with a roar; the elements will be destroyed by fire, and the earth and everything done in it will be laid bare.11 Since everything will be destroyed in this way, what kind of people ought you to be? You ought to live holy and godly lives 12 as you look forward to the day of God and speed its coming.That day will bring about the destruction of the heavens by fire, and the elements will melt in the heat. 13 But in keeping with his promise we are looking forward to a new heaven and a new earth, where righteousness dwells.14 So then, dear friends, since you are looking forward to this, make every effort to be found spotless, blameless and at peace with him.

In 2012, the '2012 December 21st Apocalypse Theory' based on the Mayan calendar brought the whole world into chaos. This is because Astrologists found out that Mayans ended the Mayan calendar on December 21st, 2012. Based on this fact, many people around the world worried that day was going to be the end of the world. People who were fearful of the apocalypse found refuge in bunkers or bought extra candles and canned food. In Russia and Ukraine, the sales of 'Emergency Prep for Apocalypse' products shot up. In China, there were so many cases of fraudulent activities, and in the southern rural part of France, where it was known to be the perfect safe haven, there was more than 100,000 people that fleeted there that day. However, this apocalypse prediction based on the Mayan calendar came to an end as a false alarm.

There are various opinions on how the end of this world will come. The fear of an apocalypse has always been around and it was especially more severe at the end of every millennium. It was apparent during the transition of AD 999 to 1000 and the fear was at its peak when we approached the year 2000 with Y2K theories. The world we live in today experience chaos through various apocalyptic signs, such as climate change, world economic crisis, oil war in the middle east, and etc. It is apparent that we would have to deal with the end of the earth we live in some day in the future. Whether that is through a random star colliding the earth, a huge sun storm causing a change in our astronomic system, or a black hole absorbing the whole planet. Then, what does God say in the Bible about the end of time?

1. The Gospel of the Second Coming shows that there is an end to this world that was created.

Seth also had a son, and he named him _____. At that time people began to call on the name of the Lord (Genesis 4:26).

Immediately after the distress of those days 'the sun will be darkened, and the moon will not give its light; the stars will fall from the sky, and the heavenly bodies will be shaken (Matthew 24:29).

But the day of the Lord will come like a thief. The _____ will _____ with a roar; the elements will be destroyed by _____, and the earth and everything done in it will be laid bare (2 Peter 3:10).

2. The Gospel of the Second Coming shows how important world missions is for us to spread the gospel of heaven to all nations for them to come to repentance.

Apostle Peter says that God is patiently waiting for all the nations, as if one day is like a thousand years, to be saved. The God, who will not break a bruised reed and will not snuff out a smoldering wick, does not want even one sinner to be punished but rather wants them to turn away from evil and be saved. That is why we believers have to spread the forgiveness and the gospel of salvation to the whole world.

But do not forget this one thing, dear friends: With the Lord a
_____ is like a _____, and a thousand years are like a day.
The Lord is not slow in keeping his promise, as some understand
slowness. Instead he is patient with you, not wanting anyone to
perish, but everyone to come to _____ (1 Peter 3:8-9).

When Jesus' disciples asked Jesus about the end of the earth, He
told them that the timing of the end is in God's authority, so do
not worry nor put interest in those matters. This is one of the major
errors that people, who believe in a certain end date of the world,
makes. They calculate one day as a thousand years and try to solve
the mystery of Genesis and Revelations, which leads them to
destruction. They calculate six days of creation as six thousand years.
They regarded that the seven year great tribulation would begin in
1992, which was seven years prior to the millennial kingdom.

This is human's attempt to solve God's time with a simple
calculation, which is a wrong way to analyze the Bible. When God
describes time, "a thousand years in your sight are like a day that has
just gone by, or like a watch in the night" as it says in Psalms 90:4,
it is just a depiction of how much He loves us. When the second
coming of Jesus did not happen in the time that man set up, then
came an extreme social chaos where people took their own lives.

Rather than trying to figure out when the end of the earth will
approach, we need to fully commit ourselves to following Christ's
command in putting our everything into prayer and be filled with

the Holy Spirit to become witnesses of world missions.

> But about that _____ or _____ no one knows, not even the angels in heaven, nor the Son, but only the Father (Matthew 24:36).

> He said to them: "It is not for you to know the _____ or _____ the Father has set by his own authority. But you will receive the power when the Holy Spirit comes on you; and you will be my witness ... to the ends of the earth" (Acts 1:7-8).

> And this gospel of the kingdom will be _____ in the _____ as a testimony to all nations, and then the end will come (Matthew 24:14).

3. The Gospel of the Second Coming tells us that there is a glorious salvation prepared for us at the end through Christ's arrival.

We as followers of Christ do not need to fear nor be anxious when facing the end. The day of the end is God's day and Christ's day. So this is a disaster for those who do not believe but for those who believe, it is a day of glory, blessing, and reward.

> For what is our hope, our joy, or the crown in which we will glory in the presence of our Lord Jesus when he _____? Is it not you? Indeed, you are our _____ and _____ (1 Thessalonians 2:19-20).

> Who through faith are shielded by God's power until the coming of the _____ that is ready to be revealed in the last time (1 Peter 1:5).

Then the King will say to those on his _____, Come, you who
are blessed by my Father; take your inheritance, the _____
prepared for you since the creation of the world (Matthew 25:34).

4. The Gospel of the Second Coming lets us believers to be awake
   in preparation for the glorious day.

Apostle Peter counsels us to repent and receive holiness so that we
can long and wait for the end to come with a courageous heart
rather than waiting with fear and worries.

Look, I come like a thief! Blessed is the one who stays _____ and
_____ clothed, so as not to go naked and be shamefully exposed
(Revelation 16:15).

Since everything will be destroyed in this way, what kind of people
ought you to be? You ought to live _____ and _____ lives as you
look forward to the day of God and speed its coming (2 Peter
3:11-12).

But in keeping with his promise we are looking forward to a new
heaven and a new earth, where righteousness dwells. So then, dear
friends, since you are looking forward to this, make every effort to
be found spotless, blameless and at _____ with him (2 Peter
3:13-14).

Dap Gae Lee (birth name: Jang Lim Lee, 1947-), born in 1949 in
Jinju, enrolled as a student at the Methodist Theological Seminary in
1967. In the middle of his school year, however, he decided to quit

and while he was working at the Word of Life publishing company in 1975, he transferred all his credits to a holiness theological school as a second year and became a ordained pastor. He translated the book *Raptured* by Earnest Angley and wrote books on eschatology. He then left the Word of Life publishing company and started Dami Missions to officially start his work on spreading about the soon to come rapture.

People caught on to the rapture theory and in 1992, the effect of it became a social issue. In August 10, 1992, there was an incident where a husband, who was struggling with his wife being deeply involved in the rapture theory, committed suicide at his parent's grave. As the husband died, the wife took her son out of elementary school and went to a prayer house in the mountains to participate in a communal living with other rapture believers. There were a lot of these young students who were at the prayer house, many of them being very studious. However, after they became deeply involved in the rapture theory, their grades started to drop and in extreme cases, run away from home. From runaways to dropping out of school and giving up on careers, these incidents became a huge societal issue in 1992.

The worst problem of the October 1992 rapture theory is the revelation part. Especially the part where it mentions direct revelation, called the "secret of heavens", is an area to examine. The common characteristic among all cults, both in Korea and in other countries, is that they do not believe in the sufficiency of scripture but rather assert the continuation of revelation. Starting from the 2nd century when Montanus infatuated many people to believe that Jesus' second coming is at Pepuja Village, there have been so many cults that use the New Revelation, in other words the False Revelation, as a way to seduce people. The False Revelation focused on eschatology and in the core of it all was the place and time of when it will happen. There were ongoing attempts in the past 2000 years to figure out the place and the time of the end, such statements like, "[God] is showing the people of God and believers, who are praying, through wonders, dreams, and voice that there will be a rapture on October 28th, 1992 at 24:00."

Likewise, Jang Lim Lee also continued to assert that there is a specific time and place of when the rapture will happen. But can humans really know the exact time and date of the end? There were so many cases in the past 2000 years where people strongly asserted on the second coming of Christ and rapture but none of them were correct. This was also not the first time in Korea. From 1930, there was always a theory and this continued in 1950s as well. In 1960s, there were four cases, three cases in 1970s, two cases in 1980s, and one case in 1990s. There were five cases in 1992 alone but all were incorrect. Moreover, the rapture theory of October 1992 had many questionable factors that comprised it. For example, there were multiple dates that were possible rapture dates: September 28, 1992,

October 10th, and October 28th.

The teachers of the early church, reformers, and the 19th and 20th century theologians all strongly affirmed that human could not know the time and date of the second coming. There is no theologians who interpret Matthew 24:36 as a possibility of humans to know about that day or hour. Dr. Sang Gun Lee made it clear in his commentary of the book of Matthew. As he says, "the time of the second coming is up to the Father and the Son is coming that day to judge. The job of a believer is to believe in the Son and hope for the salvation of that day. Thus, the essential point of this verse in Matthew is to tell believers not to attempt on trying to know when the second coming will happen."

Henry Thiessen, a reformed evangelical theologian, puts it perfectly in his commentary of the "time of Christ's second coming."

> Jesus mentioned "But about that day or hour no one knows, not even the angels in heaven, nor the Son, but only the Father" (Mark 13:32) and He said, "It is not for you to know the times or dates the Father has set by his own authority" (Acts 1:7).

THE FOURFOLD GOSPEL

四重福音_中文 简体

四重福音

　　圣洁教会提倡十九世纪末二十世纪初期北美洲福音主义运动结果——重生、圣洁、医病、再来的福音，以此为传道标题和神学体系。有的人就四重福音，引用加拉太书1:6-7说没有"别的福音"。四重福音并不是修改基督的福音，使人混乱的"别的福音"，而是将基督福音从四个方面综合说明的一个福音。就是说，四重福音不是四个不同的福音，而是指以基督为中心的救恩的四个方面。这就如同辛普森(A. B. Simpson)所举得的例子一样，合唱用女高音、中音、男高音、低音的来四重合唱。同理，重生、圣洁、医病、再来的四重福音是将基督的福音以基督为首调和而成的。

　　四重福音的重生是指藉着水和圣灵灵魂重生作神儿女(约1:12,3:3,5)；圣洁是指神的儿女灵命长大，靠着圣灵洗礼胜过罪恶，照着神的旨意活出得胜；医病是指在世生活当中靠着神的恩典从身体疾病或者是精神缺陷，或者是属灵的定罪状态中得到医治；再来是指人在这世上的生命藉着死亡进入神国的个人末了，而且也包含在这世界的末了耶稣基督在荣耀中的再来。下面按着顺序察看一下四重福音。

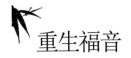

重生福音

提多书 3:5-7

5. 他便救了我们，并不是因我们自己所行的义，乃是照他的怜悯，藉着重生的洗，和圣灵的更新。6. 圣灵就是神藉着耶稣基督我们救主，厚厚浇灌在我们身上的。7. 好叫我们因他的恩得称为义，可以凭着永生的盼望成为后嗣。

说起重生福音之前，先看一下2012年，发生在中国山东东营市里的学生李某之死的经过。14岁的中学生李某死的当日，是在客厅坐着很平静地跟她妈妈说话。突然间，学校的老师给妈妈发来了短信。内容是，李某所在的学校有学生短发的规定，但是学生李某始终留长发，周末务要剪短发后叫她上学。

平时，李某对学校的这个短发规定很不满。这个女生平常别人来摸她的头发，她都不愿意，如此爱惜自己的头发。留长发对一般小孩子来说不是什么大事，但对李某来说是显出自己个性(本体性)的事情。

李某的妈妈给李某看 "要给此学生剪短发"的来自学校的短信，然后说了等周末要剪发。李某一听剪发，就强烈地拒绝，然后踩客厅的沙发，上窗台上站一会，就往五楼窗外跳楼自杀了。为什么会发生这样痛心的

事情呢？这个孩子的心就想要留头发，以此显出自己的个性(本体性)，她认为剪发不如跳舞楼自杀得好。

如果这个孩子相信作为生命的耶稣，然后灵魂重生，确实明白自己生命的理由，那么这个孩子能了断神的给的生命吗？这个孩子的内心里面如果有活着的灵魂，此乃比头发还要宝贵，那这个孩子就不会死的。这样的事情不应该再度发生。过多的人活在灵命死的状态中，所以不知道生命的存在理由。然后，当人在世失去了所依靠时，就以死来结束生命。发生这种痛心的事情。我们要传扬生命的福音，把死的灵魂引向基督，要给他们传扬叫他们重生的重生福音。

那么人的内心里面都有什么？

使徒保罗在帖撒罗尼迦前书5:23说，人是用灵、魂、肉体构成的。就是灵(普纽玛)、魂(普休克)、肉体(索玛)这三种人的构成要素，我们认为最外面的是肉体，其精神是魂，最内心的是灵。人的疾病当中有叫做精神躯体障碍(psychic-somatic disorder)，这是因为魂(普休克)，就是精神心理因素导致的身体(索玛)疾病。

韩国40-50岁中年以后的女性常发的"郁火病"，具有代表性的精神躯体障碍。WHO已认定"郁火病"，并登载在世界医学辞典上，此病的症状是忧郁、或者没有情趣、不安、心烦、失眠、愤怒、头痛、浑身痛、心门、脸部发热、脖子或者胸部感觉有硬块。

下面是53岁家庭主妇的临床症状。

好像从喉咙反上来什么东西，从里面有什么硬块顶上来。心闷、心脏跳动得快、手脚麻、头晕、失眠、没有食欲、活的没意思。约有10年前开始有这种症状，吃了中草药、占卜、算卦、跳大神、上医院看病。然而，吃药的就好点儿，如不吃药还是犯病。

这证明我们的肉身(索玛)受精神(普休克)的影响。圣经约三2节说"亲爱的兄弟阿，我愿你凡事兴盛，身体健壮，如你的灵魂兴盛一样"。当灵(普纽玛)重生恢复，魂和身体也受影响变得健壮。但是，灵，就是人的中心坍塌的时候，人就无力气而死去。就是说，人的生命取决于他的灵被什么掌控。

下面是韩国长老教会金牧师的故事。

金牧师从小就被妈妈挨训斥。但他不理解的是，妈妈对一起住的堂哥哥从不训斥，给他好衣服穿，好吃的吃。后来才知道，因为大伯死的早，大妈把堂哥哥交托给他们家，大妈自己改嫁了。给好衣服穿，好吃的吃的堂哥哥长大成人之后，21岁的那一年自杀了。自杀的原因是，21的堂哥哥见了他的生母。生母担心儿子影响自己的婚姻生活，叫儿子隐瞒母子关系。就因为这事受到打击自尽。对这个青年来说，自己的生母是自己生命中心，是他的本体，这个本体一旦消失了，认为活着没意思，就选择死。如果他服事天父，灵重生作神儿女，将基督作为自己的中心，那他的人生就有价值了。他也把同样痛苦的青年人引向基督，他就能做这样的神的管道。实在是痛心之事。

19世纪末受日本政治干涉的大韩帝国金弘集内阁，因为"卫生有益，工作方便"为凭借，于1895年11月15日，全国颁布剪发令。次日，就是16日早上，政府各部的官僚以及所属机关，还有军人巡检等先行剪短发。当时是儒教掌管灵界，一般百姓祭祖先，并照着"身体发肤，受之父母，不敢毁伤，孝之始也"(释义是"我们的身体四肢、毛发皮肤是父母给我们的，我们必须珍惜它，爱护它，这是行孝的开始")这句话，认为留长发结发是人伦最基本的孝之象征。因此，百姓认为剪发令伤害活着的身体，对政府的抗拒达到顶峰。

颁发剃发令以后，百姓受屈愤怒，要自尽。在《梅泉野錄》里面登载了当代儒林巨头崔益鉉指责："宁可让人砍我的头，也不让人剪我的发"，就这样断然拒绝剃发。报恩县监李圭白的妻子成某，听说丈夫因职位不得不剃发，就悲观，当夜上吊自尽。她在遗书上写着"三纲五伦与头发同断，我的魂魄也与纲伦同绝。"咸陽先生郑顺哲的妻子在饭桌上听见丈夫求祖父允许他剃发的事，就说"常言道，剃头的和尚没有妻儿"，然后就撇下手里抱着的孩子，持刀自尽。

这是多么痛心之事！哪有比神给的生命更宝贵的！当然也能理解，这是当时因为日本帝国的经济侵略和弑杀明成皇后的事件，主权被夺受屈的百姓爆发出义愤。但是，天底下哪有比神给的生命还要宝贵的！他们为什么以死来抗拒剃发令呢？那是因为有比生命更宝贵的。人若是自己所信赖的崩溃，就失去活下去的意义。因为生命就在人的内心，所以当失去要想活下去的理由，就放弃生命。

人被儒教的灵界辖制的时候，违背儒教的"身体发肤，受之父母"教义，强行剪发，人就自杀。如果这些人遇见神，更新为灵里重生的新造人，那么即使被剪发，也不会死。另外，有些人在内心把钱当做玛门来拜，他们活在灵魂死的状态中，若是他失去钱，他就自杀。要明确活在世上的理由，这是重生的出发点。

我活着的理由是什么？我作为具有神形象的神的儿女，只要明确我活着的目的为赞美神(赛43:21)，就不管遇见什么样的风波和试炼都不死，活得堂堂正正。

实存主义哲学家海德格尔对人的定义是，人是必死的存在。就是人一生必有一死，与死一同结束生。死在我们的一生中不断地搅扰着。日本作家有岛在《爱是恣意夺取》书上如下述说。

> 我原来不知道这世界都有什么。我所知道的唯一的，也是不能否认的是，我活在这里。这也是常和袭来的死亡条件挣扎着，一天一天在不安和恐怖之中度日，这是现实。就如漂在太平洋上的一片烂树叶一样，不断袭来的死亡波浪面前挣扎。多么可怜又孤独？这样的我，如果有幸福，有荣光，那是什么!只是空虚和毫无意义而已。

　　但是我们活在现代都市化和产业化过程当中，所以并不是在实际中体验死亡。死亡并不觉得是现在这一时刻面临的现实问题，而觉得是将来之事。尤其是过人生初期的年轻人来说，生活问题比死亡问题更迫切。在人生初期重要的是人生的价值、幸福、配偶、成功等问题。另外，到了人生暮年的老年人来说，很少有人能接受自己必死的事实。实际上，人有上帝给的祝福，那就是直到死的瞬间都不知道自己在死。因此，这是一般人对死不在意，认为死与自己无关的遥远的将来之事，当真面临死的时候，再想这个死的问题。没有一个人在现实的生活当中考虑将来自己死的问题。

　　今天要讲 "重生的福音"。我们首先要理解的是，死不是将来的事，而是我们现在生活当中的现在的事。死不是将来时，而是现在时。我们琢磨一下就知道生与死并不是断开的，而是生包括死。现在过这一瞬间的1分1秒，我们人生的年数和时间就减少，这就表示向死亡靠近。

　　现在的时间是一次性的。因为是一次性，所以死以现实来靠近我们。因此，使徒保罗说我每天都在基督里面死，耶稣也说要舍己背起十字架。从这个意义来看生与死并不是二元论性质的分开现象。死在我们的生活当中是一个现实的存在。时间的流走就表示我们的人生在流走。中国人把 "人死了"也说为 "人走了"，都表示这个意思。死亡的黑影和恐惧始终在追随我们，所以我们是活在空虚和孤独不安中。

在死亡之路上人是救不了我们。最好的朋友、情人、甚至是父母都不能从死亡之路上把我们拯救出来。死亡之路是世人都要走的孤独之路。但是，在这样的死亡之路上，我们却能遇见永远，并懂得死亡的体验对我们是多么宝贵而重要。

路德曾说："我们在每个瞬间都要准备死亡"。死亡在我们的现实生活当中，不仅叫我们感觉到空虚，同时，也叫我们懂得人生独一次性的宝贵。诗篇144:3-4大卫告白道："耶和华阿，人算什么，你竟认识他。世人算什么，你竟顾念他。人好像一口气。他的年日，如同影儿快快过去。"

重生的必要性

我们是在人生的空虚当中走向死亡，但永远的神却来寻找我们，把我们从罪和死亡权势当中拯救出来，叫我们重生(born again)。罗马书6:23说："因为罪的工价乃是死。惟有神的恩赐，在我们的主基督耶稣里乃是永生。"

人只有在绝望的情况下，才能完全明白自己是个完全彻底的罪人。罪的工价是死亡，死的原因归为罪，并承认自己是个罪人。这个时候，罪人就能遇见永远的神，藉着耶稣基督的赎罪，罪得赦免并得永远的生命就是救恩。

人是被孤独缠绕的。孤独分为在世生活当中感觉到的孤独，就是人际关系的孤独，相爱的男女不能相见时的孤独，凄凉寂静的初冬或者晚秋感觉到孤独。这种孤独建立好人际关系、遇见恋人、寂寞的时候，去找朋友就能解决。这种孤独能用钱、名誉、爱情和地位、艺术和学问就可以解决。

但是人遇见无限，遇见死亡，遇见永远的神时候，感觉到的孤独，世上任何人任何物都解决不了。这种的孤独是古菩萨的一辈子孤独，孔子"朝闻夕死"的孤独，使徒保罗呼喊"我真是苦阿，谁能救我脱离这取死的身体"的实际存在的孤独，以赛亚的"祸哉，我灭亡了"的承认自己是应该灭亡的孤独。这不仅是使徒保罗和以赛亚的孤独，而且是所有人，今天坐在这里的我们每个人都有的孤独。这是藉着圣灵的直接感化来能理解的，也是把人皈依宗教的强力动机。

这种情况下人有两种反应。其一是，为躲避永远的挑战而埋头在日常生活，或者极端享乐、毒品中毒来躲避死亡。其二是，对永远的挑战不是躲避，而是迎接挑战。但是，对于这个迎战，有如叔本华一样失败而自杀的，也有与之相反，享受永远神的永生，并活出有意义的天国生命的。

什么叫做重生?

重生是指人因罪和过犯灵命死的状态中，靠圣灵因着信心再次出生。再次整理一下。

第一：重生是指神把因罪和过犯死的灵魂，因着基督十字架的功效重新活过来。歌罗西书2:12-15说，出现我们与基督同死同活的作工。神因着洗礼和基督的十字架赦免我们的罪，叫我们重新活过来。

你们既受洗与他一同埋葬，也就在此与他一同复活。都因信那叫他从死里复活神的功用。你们从前在过犯，和未受割礼的肉体中死了，神赦免了你们(或作我们)一切过犯，便叫你们与基督一同活过来。又涂抹了在律例上所写，攻击我们有碍于我们的字据，把他撤去，钉在十

字架上。既将一切执政的掌权的掳来，明显给众人看，就仗着十字架夸胜。(西2: 12-15)

约翰福音 5:21,24-25说，耶稣随自己的意思拯救人，使人不至于受审判，赐给他永生。

父怎样叫死人起来，使他们活着，子也照样随自己的意思使人活着。我实实在在的告诉你们，那听我话，又信差我来者的，就有永生，不至于定罪，是已经出死入生了。我实实在在的告诉你们，时候将到，现在就是了，死人要听见神儿子的声音。听见的人就要活了。(约5:21,24-25)

已死的灵魂再次活过来，就是重生，也就是救恩的开始。灵魂的重生是因靠着耶稣基督为罪人背负十字架的功效。十字架是死的象征，这死的象征就是拯救我们的神的能力。

犹太人是要神迹，希利尼人是求智慧。我们却是传钉十字架的基督，在犹太人为绊脚石，在外邦人为愚拙。但在那蒙召的无论是犹太人，希利尼人，基督总为神的能力，神的智慧。但你们得在基督耶稣里，是本乎神，神又使他成为我们的智慧，公义，圣洁，救赎。"(林前1:22-24,30)

李成峰牧师(1900——1965)是韩国教会界很有名望的圣洁教会的奋兴师。受他影响的人从圣洁教会文俊卿传道开始到李成峰牧师的女婿韩国陶器金东洙长老为止，几乎没有不受过他影响的人。李成峰牧师1900年7月4日出生于平南。他的母亲早年因为外祖母的逼婚，过了没有爱情，而且非常贫穷的日子。因为母亲实在接受不了现实的痛苦日子，决定要自杀，并且喝了两次毒药。奇怪的是每次都没死，活过来了。两次自杀

未遂，连死都不随意，活得更加没意思。在她这种暗淡生活之中的有一天，有一道明亮的光照亮了她。

小成峰六岁的那一年，福音终于进入了这个家庭。之后，全家人搬到离平壤40里路的地方。他们走着40里路，到平壤监理教会做主日礼拜。到主日，鸡叫以前，成峰的妈妈就起来做早饭，叫家人吃饭。然后，自己不管是下雨下雪，走40里路去做礼拜，从不耽误做礼拜。

小成峰并不是天性善良温柔。小成峰7岁的时候，小弟弟出生了，父母偏爱小弟弟。没有小弟弟的时候，成峰自己独占父母的爱，但是有小弟弟了，现在家人都喜欢小弟弟，自己被冷落了，就嫉妒讨厌小弟弟。神为了除掉成峰心里的这种属肉体的性情，藉着他的母亲，从小就开始受了严厉的家教。只要背叛一次父母的话，要么就挨打，要么就被关在满屋子都是老鼠的仓房里面。小成峰害怕体罚，就得听父母的话。神用这种方式来叫他训练听命，这便奠定他后来成为著名属灵领袖素质的根基。

小成峰九岁或者十岁的有一天主日，爸妈都去教会，自己在家看家。他事先做好计谋后，偷了爸爸的钱袋子。他刚解开钱袋子的时候，突然从对面屋子里外祖母过来了。小成峰吓得直哆嗦。因为他知道一旦被发现，妈妈会很很地责打，所以他实在是害怕。他正吓得直哆嗦的时候，就如闪电一样想起凡事祷告就必应允的话语。这一瞬间，他条件反射地赶紧把钱和钱袋子抱在怀里转进被窝里面，开始恳切祷告。

"神哪，求你饶恕我这一次，我就不再偷钱..."

姥姥开房门一看，小孩子祷告觉得很乖。小成峰一直到姥姥回她的屋子，喃喃自语不停地祷告。姥姥夸小孩子信心这么好，将来必成为大人物。姥姥回她的房间之后，小成峰的心就变了。之前还说神的话语是又真实又感恩，但是就过这一小会儿，就是姥姥回她房间的这一小会儿的

功夫, 又被欲望诱惑偷出一点钱, 买小食品吃了。

后来成峰长大以后, 他是随着情欲生活, 远离主活在罪恶中。他轻看礼拜, 在礼拜时间打盹甚至往后倒下, 来教会是为找女生。奋兴会的时候, 为讨好牧师, 吐唾沫在眼上装作蒙恩典, 明明没有钱奉献, 却把空手放进奉献袋里面。后来就成了这样的可恶之人。

当他到青年时候, 变得更加可恶。他的生活不遂心, 生活条件困难, 他否认神, 甚至否认天堂、地狱和来世, 并咒诅世界。18岁的时候, 他极度堕落, 抽烟喝酒赌博。后来脾气也变坏了, 母亲叫他悔改好好信耶稣, 他却嘲笑。每当那时候, 老母亲就哭着向神呼求。但是李成峰越来越可恶, 越来越远离神。

有人说, 父母祷告的孩子绝不败坏。神是必应允母亲为儿子的恳切祷告。之所以浪子奥古斯丁步入圣人行列, 是因为他的母亲莫妮卡的祷告, 又如布道家穆迪的母亲贝特西女士一样, 为儿子的恳切祈求, 神必垂听。青年李成峰到底开始悔改了。

青年李成峰21岁那年的6月24日。他用前一天卖水果的钱在酒店喝醉酒深夜回家的道上, 右大腿就像针扎一样疼。浑身发烧不能走道。一起玩的朋友们就用马车把快要死的他驮回家了。他的病情无药可救了, 医院确诊是骨膜炎, 大夫说要截肢大腿。一想到这么年轻就成残废, 太痛苦了。成峰曾说, 赚足够钱等老了再信耶稣。在平壤住院六个月, 把家里的田地全卖钱作医院费用。人生真是空虚。躺在病床上看着要截肢的腿, 回顾过去自己所走过的路, 就流泪了。他曾听说过死, 但现在他自己面临了死亡, 就害怕了。

这个时候, 在他的脑海里面问道: "你现在死后往哪里去呢? 是天堂呢? 还是地狱呢?" 如果没有天堂不去也可以, 但是如果真有地狱, 那就不得

了了。一想到受永远的刑罚，就害怕了。死亡越来越临近的时候，想起过去的罪和过犯，自称地狱之子的生活，觉得很后悔。他在恐怖和焦虑中战兢，最后对自己的良心呼吁道：

"我活得这么一点时间，罪却犯得很多。噢!我因为罪就得下永远灭亡的坑里面。哦!神哪!求你把我从罪恶中拯救出来!" 然后，他就大声痛哭。那时，母亲从外面回来了。成峰伏在母亲的膝盖上，流泪认罪悔改，并求为他代祷。

母亲为他祷告说："你要悔改，并不是犯罪的人下地狱，而是不悔改的人才下地狱……。神现在垂听你和我的祷告。从此以后，你要把你的生死都交托给主。"这些话成了感化他的圣灵的声音，把他完全托住了。

从那天起，李成峰变成新人了。神垂听了他的流泪祷告，在他心里除去所有的恐惧和惧怕，赐给他真平安。这是他生来头一次感觉到的平安。他立刻就开始读圣经了。以前他看圣经实在不可信，都是些没意思的故事，真是枯燥无味。他认为圣经没有爱情小说有趣，就不看。但是，现在他不看他所喜欢的所有杂志小说，开始读圣经。觉得圣经比金子还宝贵，比蜜还要甜。打那以后，他戒掉了烟酒。他悔改之后，圣灵降临在他身上，他的心灵充满了喜乐和感恩。他对过去犯罪的恐惧消失了，在他眼前只有主耶稣和天国的荣耀与他同在。哈利路亚! "若有人在基督里，他就是新造的人。旧事已过，都变成新的了。"(林后5:17)

第二：重生是用真理的话语和圣洁的灵，就是圣灵使人的灵魂重新出生，从而人能看见神的国，并且能进去。

约翰福音3章里面，犹太人的官员尼哥底母深夜来找耶稣说，若神不同在，人绝不可行神迹奇事，并且认定耶稣是神差来的拉比。

来找耶稣的尼哥底母是谁? 他相当于现在的国会议员, 是当时的公会议员, 是犹太人的官员, 是在世上受过高等教育很成功的人。但是, 他却来找只有30岁的未受教育的拿撒勒人耶稣。

实际上尼哥底母怕周边人的看见, 象自己这等有名望的人来找没有印证过的年轻的耶稣, 所以深夜登门拜访。自己是犹太人的 "先生", 是领袖, 但是看见耶稣的神迹奇事后, 认定耶稣是神差来的拉比, 就是 "夫子"。但是, 耶稣对尼哥底母说, 想要见神国, 就得要重生。

> 耶稣回答说, 我实实在在的告诉你, 人若不重生, 就不能见神的国。…
> 耶稣说, 我实实在在的告诉你, 人若不是从水和圣灵生的, 就不能进神的国(约3:3,5)

那时尼哥底母问耶稣, 人老了怎么重生, 岂能再次进母腹生出来。耶稣回答说, 人的重生并不是肉体的重生, 而是灵的重生, 只有靠着圣灵才能重生, 就如能知道刮风一样, 重生也是这样。

耶稣似乎知道登门拜访的尼哥底母实在苦恼。虽然尼哥底母表面上受过教育, 是成功的政治领袖, 但不懂永远的生命, 也没有解决死的问题。他自己是先生, 但却不能把人从死引向生。耶稣把人生的问题就是出死入生的方法, 教导给尼哥底母。世俗升官发财的成功, 并不能把人从死里拯救出来。

> "从肉身生的, 就是肉身。从灵生的, 就是灵。叫一切信他的都得永生。"
> (约3:6, 15)

> 如果神的灵住在你们心里, 你们就不属肉体, 乃属圣灵了。人若没有基督的灵, 就不是属基督的。"(罗8:9)

耶稣对尼哥底母说，要用圣灵和水来重生。水是什么？水也指水洗，表示听神的话悔改，罪得洗净的受洗。因此，水解释为叫罪人悔改的神的话语。

从以弗所5章26节和彼得前书1章23-25节，雅各书1章18节里面可以看到，重生是来自神的话语。但是神的话语是指凡信耶稣基督的死与复活之人赐给永生的福音。

> 要用水藉着道，把教会洗净，成为圣洁(弗5:25)

> 你们蒙了重生，不是由于能坏的种子，乃是由于不能坏的种子，是藉着神活泼常存的道。因为凡有血气的，尽都如草，他的美荣，都像草上的花。草必枯乾，花必凋谢。惟有主的道是永存的。所传给你们的福音就是这道。(彼前1:23-25)

> 他按自己的旨意，用真道生了我们，叫我们在他所造的万物中，好像初熟的果子。(雅1:18)

当听神的话语的时候，靠着圣灵作工不是为这世上的私欲，而是为神的荣耀叫人重生。

俄国著名的作家托尔斯泰是贵族出身，享受了各种荣华富贵，但是没有得到真正的满足。他藉着他的著作得到很多人的赞赏，但是对罪的恐惧和不安的心无可奈何。

有一天，他自己走乡间小路的时候，遇见了一位农夫。他发现农夫的脸特别平安。他去找农夫问他生活平安的秘诀是什么。农夫回答说，是依靠神，所以我的心常常是喜乐。托尔斯泰自从听农夫的回答之后，开始真诚地寻求神。结果，他遇见了神，过去的不安和恐怖消失了。就这样他承认，只有认识神，才是求生之路。

一个人即使在这世上再怎么成功，若是在根本上不与神建立关系，这人的心仍没有平安。原因是若我与创造主——神的关心隔绝，则在现实当中找不到生活的真谛。因此，若不解决信仰问题，就不能解决人生的任何问题。

列夫 托尔斯泰的 《我的忏悔》里面这样写到:

> 五年前，我把耶稣基督作为我的主真正地接待了。然后，我的整个生命都变了。我以前追求的，不追求了，反倒追求以前所不追求的。我以前所看为好的，反倒不好；以前不在意的，反倒在意。我以前追求所谓的幸运彩虹，现在明白了它的空虚。用假来装扮我，或者是用肉体的情欲来充满，或者用醉酒来兴奋情绪，这一切再就不认为是幸福。

自从他遇见耶稣之后，得到了人生的新目的，开始了与新的目的相配的新人生。

第三: 重生是随从私欲的死的灵魂，靠着神的生命来重新出生，从而得到从上头各样的恩赐和完全的礼物，变成新人。

雅各书1章里面说，初代教会信徒被私欲牵引诱惑，私欲怀胎就是生罪，罪长大就生出死来。因此，使徒雅各劝勉，不要被地上的肉体的私欲牵引诱惑，要受来自上头众光之父的各样恩赐和全备的赏赐。因为圣徒都是神照着自己的旨意用真理的话语生的神的儿女。

> 私欲既怀了胎，就生出罪来。罪既长成，就生出死来。我亲爱的弟兄们，不要看错了。各样美善的恩赐，和各样全备的赏赐，都是从上头来的。从众光之父那里降下来的。在他并没有改变，也没有转动的影儿。(雅1:15-17)

以弗所书和哥林多前书里面使徒保罗讲论道, 死在罪恶和过犯中的灵魂, 得到神的生命就重生, 从而成为义、真理和圣洁的新造的人。

> 你们死在过犯罪恶之中, 他叫你们活过来, 那时你们在其中行事为人随从今世的风俗, 顺服空中掌权者的首领, 就是现今在悖逆之子心中运行的邪灵。我们从前也都在他们中间, 放纵肉体的私欲, 随着肉体和心中所喜好的去行, 本为可怒之子, 和别人一样。然而神既有丰富的怜悯。因他爱我们的大爱, 当我们死在过犯中的时候, 便叫我们与基督一同活过来。(你们得救是本乎恩)(弗2:1-5)

> 如果你们听过他的道, 领了他的教, 学了他的真理, 就要脱去你们从前行为上的旧人。这旧人是因私欲的迷惑, 渐渐变坏的。又要将你们的心志改换一新。并且穿上新人。这新人是照着神的形像造的, 有真理的仁义, 和圣洁(弗4:21-24)

> 若有人在基督里, 他就是新造的人。旧事已过, 都变成新的了。
> (林后5:17)

就这样, 重生是拯救灵魂的神的工作, 就是把我们的罪和过犯与基督一同钉在十字架上埋葬, 并且与基督一同因着圣洁的圣灵, 重新出生为新生命。这福音的话语是靠着信心得到从上头来的各样恩赐和全备的赏赐, 并做神的儿女, 就是作为新造的人而生活。

今天我们是在圣经里面寻找并理解这属灵的生命, 就是灵魂得救的出发点生命——重生。圣经里面说, 不要体贴肉体的私欲, 而要得到新的属灵生命, 就是永生, 得到从上头来的各样恩赐和赏赐, 要活出新的灵命。

从属肉体的角度来看, 耶稣钉死在十字架上, 司提反也是被石头打死。钉死在十字架上或者被石头打死的, 都属于受咒诅的。但是从属灵的角度来看, 司提反执事里面有耶稣基督的灵。初代教会的圣徒们在患

难和逼迫中，没有抛弃信心，而是靠着耶稣基督的灵殉道。但是，自从313年，君士坦丁大帝把基督教公认为国教之后，基督教急剧堕落，到中世纪完全被黑暗笼罩。

韩国基督教受逼迫和镇压的时候，靠着属灵的生命重新复兴起来了。但是自从韩国教会不断出现体贴肉体私欲的圣徒之后开始，失去了属灵的生命力，不断堕落。因肉体私欲，正在死去的韩国教会和圣徒的灵魂，靠着基督十字架的功效要重新活过来。不要只顾眼前属肉体的需要，不顾灵魂的死活，要懂得属灵生命的宝贵。首先要明白我用肉体做什么或者不做什么并不重要，重要的是我灵魂的死与活。

> 如果神的灵住在你们心里，你们就不属肉体，乃属圣灵了。人若没有
> 基督的灵，就不是属基督的。(罗8:9)

十九世纪奋兴师查尔斯芬尼用原来在纽约州当辩护士的风范，在大庭广众下证道。结果在纽约州的北部掀起了属灵复兴。他的复兴运动在大都市取得很大的成果。1834年，建立"大路帐幕教会"，在俄亥俄州奥柏林建立了神学校，同时做了牧会和教授事工。自从1851到1866期间担任大学校长。

查尔斯芬尼说："单靠人的理性从未得到过有用的福音知识，并且将来也是得不到的。" 人需要圣灵的光照。

> 若不是差我来的父吸引人，　就没有能到我这里来的。到我这里来的，
> 在末日我要叫他复活。在先知书上写着说，他们都要蒙神的教训。凡
> 听见父之教训又学习的，就到我这里来。(约6:44-45)

芬尼当辩护士的时候，就读懂了圣经里面神的爱和真理，并且思索了自己的个人得救问题。但在那个时，如他在读圣经的时候有人进来他的法律事务所，他就立刻把圣经插在法律书籍中间，掩盖他读圣经。他一有空就读经祷告，但是心却总觉得沉闷。有一天清早，他去律师事务所的道上，突然在心里有问声："你在等什么?你不是许愿要把心献与神吗?你想要做什么? 你是不是在努力成就你自己的义呢?" 这一瞬间，得救的真理照亮了芬尼的心。耶稣基督十字架救赎的事工已经完全成就了，从今以后，芬尼要做的是决志斩断罪，接待基督。这个救恩的福音就是芬尼把基督十字架的功效当做福音来接受就行。芬尼明白了这真理，并祷告悔改自己没来到神面前的罪，然后，得到圣灵的感化感动，体验了重生。

今天就在这个时刻，要悔改显出自己义的罪，把自己交托给圣灵恩典之中，使灵魂得以重生，并要享受主所赐给的平安。

怎样得到重生的恩典呢?

耶稣基督的十字架救赎事工已经完全成就了。我们要做的是决志，从今以后斩断罪，在我们心里接受基督。

1) 要明白在我们心里没有接待救赎主耶稣的罪。

从那时候耶稣就传起道来，说，天国近了，你们应当。(太4:17)

彼得说，你们各人要悔改，奉耶稣基督的名受洗，叫你们的罪得赦，就必领受所赐的圣灵。"(徒2:38)

2) 在心里接待作为话语的耶稣。

凡 他的，就是信他名的人，他就赐他们权柄，作神的儿女。这等人不是从血气生的， 不是从情欲生的， 也不是从人意生的， 乃是从神生的。(约1:12-13)

3) 我们心里所信的，口里要承认。

他说，这 离你不远，正在你 里，在你 里。就是我们所传信主的道。你若 里认耶稣为主，里信神叫他从死里复活，就必得救。因为人 里相信，就可以称义。 里承认，就可以得救。(罗10:8-10)

若不是被 感动的，也没有能说耶稣是主的。(林前12:3)

若不是差我来的 吸引人，就没有能到我这里来的。到我这里来的，在末日我要叫他复活。在先知书上写着说，他们都要蒙神的教训。凡听见父之教训又学习的，就到我这里来。(约6:44-45)

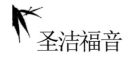

圣洁福音

雅 4:8

8. 你们亲近神，神就必亲近你们。有罪的人哪，要洁净你们的手。
心怀二意的人哪，要清洁你们的心。

重生是基督的灵在我们里面，使我们的灵魂得以重生，能活出基督徒的生命。那么，因我们里面基督的灵在工作，我们脸上是否显出耶稣的温柔？因基督的灵，在我们的行为上是否显出基督给罪人彰显的良善？还有，是否显出作为仆人给门徒洗脚的谦卑和十字架的牺牲？是否照着基督的邀请撇弃自己所喜好的肉身欲望，回应基督的呼召？如果对这个问题能坦诚地回答"是"，那么这是活出基督徒的圣洁样式。

什么叫做圣洁?

旧约里面的圣洁叫做"考德施"，表示圣洁或者神圣，含有为神把人或者物分别为圣的意思。祭司、圣幕还有祭物都是献与神的分别为圣的，称之为位置性圣洁(positional holiness)。

新约里面的圣洁叫做 "哈吉奥斯"，表示圣洁、神圣、纯洁，是完全献与神的状态，称之为关系性圣洁(relational holiness)。

那么，圣洁教会的圣洁是什么概念，要藉着圣经认识一下。

第一：圣洁并不是评价教养或者人格修养高尚的道德君子和社会领导人士的社会伦理道德基准。

儒教圈社会的韩国、中国、日本等东北亚洲人认为君子是人间最高模范。君子是具备仁义礼智的大人，在社会是受尊敬的伦理道德的模范。这个基准是儒教的基准，启发人的品性，作为社会和国家领袖的道德典范，要求人们有道德的生活。

基督教是从西方进入东亚之后，把圣洁的福音用儒教的方式来解释为信耶稣就成为社会道德君子。但是，不应该把信耶稣当作社会的道德君子或者实践伦理的。信耶稣的最终目的是做圣洁的人，并不是做儒教的道德君子，而是得到神的圣洁，做属神的人。

有很多人把圣洁误解为法利赛人的律法主义或者道德主义。也有可能误解圣洁一词本身具有圣洁洁净的意思，所以有罪的人很难接近。但是，圣洁是指罪人因神的恩典成为圣洁，并不是靠着人自己的努力来圣洁的道德伦理范畴。

既是犹太教的领袖，又是道德君子的法利赛人，在表面上装作敬虔，在里面却充满了贪心。耶稣称法利赛人为 "粉饰的坟墓"。这是比喻法利赛人就如外面粉饰得好看，里面却是满有朽烂骨头的坟墓一样。我们人即使用道德伦理来怎么装扮，若里面没有改革和悔改，就不能有真圣洁。

耶稣说；"一个人不能事奉两个主。… 你们不能又事奉神，又事奉玛门"，接着说 "自称为义的法利赛人是贪爱钱财的，他们听见这一切话，

就嗤笑耶稣。(路16:13-15)" 法利赛人在表面上似乎很圣洁，但是他们却是心里充满贪心的假冒为善。法利赛人寻衅说："你的门徒为什么吃饭的时候不洗手。" 耶稣回答说："你们要听，也要明白。入口的不能污秽人，出口的乃能污秽人。…因为从心里发出来的，有恶念，凶杀，奸淫，苟合，偷盗，妄证，谤讟。(太15:2,11,19,20)"

因此，圣洁并不是法利赛人那样靠人努力得到的，也不是律法的，而是靠着神的圣洁，罪人借此成为圣洁，是恩典的。

> 你晓谕以色列全会众说，你们要圣洁，因为我耶和华你们的神是圣洁的。(利19:2)

> 你们既作顺命的儿女，就不要效法从前蒙昧无知的时候，那放纵私欲的样子。那召你们的既是圣洁，你们在一切所行的事上也要圣洁。因为经上记着说，你们要圣洁，因为我是圣洁的。(彼前1:14-16)

20年前，我曾在美国肯塔基州牧会的时候，来教会的有很多在韩国与美军结婚移民到美国之后，被抛弃离婚而生活困难的女信徒。她们就像圣经约翰福音里面的撒玛利亚妇人一样，多次反复结婚后被抛弃离婚，她们都是一家养两三个同母异父孩子的单亲家庭。她们本应该从前夫那里得养育费用，但是得不到的时候，就到肯塔基州山沟角落住非法集装箱里面，过着悲惨的生活。虽然生活这样困难，这些女信徒一到主日，就带着孩子开着两个小时的车，来教会做礼拜。她们叫孩子受主话语的熏陶，一天一天靠着神的恩典洁净自己的心，过着移民生活。

对这样的圣徒还需要圣洁吗?

不要认为圣洁是指在经济上富足，能够寻求伦理道德和修养的时候，才需要的。在儒教是这样。道德君子或者士大夫贵族即使下雨，他们为

贵族体面在雨中绝不会跑，在所有的事上都守规矩。但是耶稣斥责法利赛人的律法主义或者士大夫的贵族主义。

神看我们的内心，就如神圣洁一样，叫我们也要圣洁。这是叫我们在困境当中，靠着神的恩典，洁净心思意念。

第二：圣洁是一心一意的信仰最高境界，其目的是荣耀归神的圣洁状态。

> 你们亲近神，神就必亲近你们。有罪的人哪，要洁净你们的手。心怀二意的人哪，要清洁你们的心。(雅4:8)

重生信徒的信仰达到最高境界——圣洁为止，有内心的挣扎。罗马书7章里面说，重生以后的信徒有内心挣扎，就是心里喜欢神的法，想行善，但是肉体却有另一个法，与心里的法争战，使之引向罪的法。

> 故此，我所愿意的善，我反不作。我所不愿意的恶，我倒去作。我真是苦阿，谁能救我脱离这取死的身体呢。(罗7:19，24)

这种情况如同旧约里面出埃及的以色列百姓过红海、走旷野未尽迦南地之前，他们因无水缺粮食而埋怨神，不信摩西一样。虽然以色列在旷野能自由地服事神，但因旷野生活的困苦埋怨、悖逆神。以色列人为完全服事神过红海进迦南地。应许之地迦南地比喻为信仰的最终目的——圣洁。

有人说圣洁是死后成就的，但是圣洁是在世成就的神的恩典。死后成就圣洁的想法背后，有着肉体是罪的中世纪观念。我们当做罪时候，不应该把它当做物质来想。罪并不是物质或者东西。罪就是与神的关系

断绝。最早的人亚当违背神的禁令犯罪，这表示与神的关系破坏。因此，洗净罪孽成为圣洁是恢复与神的关系。

关于我们的肉身，我们需要藉着圣经来理解。圣经里面的我们的肉身是中立的，叫做 "索玛"。罗马书12:1说： "所以弟兄们，将身体献上，当作活祭，是圣洁的，是神所喜悦的。" 我们的肉身是神所喜悦的活祭。

罗马书7:24，保罗告白的 "死的身体"(索玛)，叫人容易误解为身体就是死。但是，若知道古代十字架刑的意思，就可以解开这个误解。在古代使用的这种死刑方式是，把死尸就是死的身体，与活人对着脸绑在一起，就是鼻子对鼻子，嘴对嘴。然后，过一段时间，活人跟死尸一起腐烂，最终叫人死的残忍的死刑方式。保罗希望我们的肉体圣洁，就是罪的肉身，从罪的影响力之下脱离而活出的圣洁。这就如同现在流行的口蹄疫或者鸟类感冒菌强烈的时候，完全退去病菌而身体健康一样，我们的属灵信仰生活当中，要完全悔改破坏与神的关系的罪，在世保持圣洁是很重要的。

第三： 圣洁是从上头得到的天上的智慧，并不是情欲的争战，而是叫神的教会合一。

圣洁并不是靠着人的努力能得到的伦理道德，而是从神，就是从上头的圣洁的灵，就是从圣灵来的天上智慧。

> 这样的智慧，不是从上头来的，乃是属地的，属情欲的，属鬼魔的。在何处有嫉妒分争，就在何处有扰乱，和各样的坏事。惟独从上头来的智慧，先是清洁，后是和平，温良柔顺，满有怜悯，多结善果，没有偏见，没有假冒。并且使人和平的，是用和平所栽种的义果。(雅3:15-18)

圣灵来了, 就如使徒行传2章, 出现在巴别塔因人的骄傲和欲望所变乱的语言统一的作工。

> 那时, 有虔诚的犹太人, 从天下各国来, 住在耶路撒冷。这声音一响, 众人都来聚集, 各人听见门徒用众人的乡谈说话, 就甚纳闷。都惊讶希奇说, 看哪, 这说话的不都是加利利人麽。我们各人, 怎样听见他们说我们生来所用的乡谈呢。(徒2:5-8)

圣灵充满的结果, 虽然用方言向神祷告, 但在教会内部分派, 不合一。这并不是真正的信仰生活样式——圣洁。当圣灵充满的时候, 教会里面出现用平安绳索彼此包容、彼此忍耐来绑在一起的合一。如果在教会里面不是靠圣灵合而为一, 这并不是真正的圣洁样式, 而是属魔鬼的。

> 凡事谦虚, 温柔, 忍耐, 用爱心互相宽容, 用和平彼此联络, 竭力保守圣灵所赐合而为一的心。身体只有一个, 圣灵只有一个, 正如你们蒙召, 同有一个指望, (弗4:2-4)

全州圣洁教会的已故长老尹成奎, 出生在传统儒教家风的韩医家庭里面, 后来, 他去日本留学当了韩医大夫。韩国解放后, 回国建立了世昌韩医院, 并开始做了医疗活动。他能相信基督教信仰的背景是, 在1940年底, 当时上邻居教会的女儿合起幼小的双手谢饭祷告开始的。幼小的女儿谢饭祷告说: "感谢神, 今日赐给我们饮食"。听这祷告爸爸嗤笑说: "什么时候神买米做饭了?" 结果由此启发他去全州圣洁教会, 接待耶稣为救主, 并体验重生。

从那以后, 尹成奎执事的生活以神为中心。后来他知道, 他所去的教会建筑物原来是以前日本压制时代, 日本人拜偶像的寺庙。他说: "一直

到现在都没有修建新圣殿，在寺庙做礼拜，这样怎么来到神面前呢?"，觉得特别亏欠神，以致心痛。然后，他自己说要承担修建新圣殿的所有费用，就这样修建了新圣殿。神赐给尹执事圣洁的恩典，并赐给他确信和胆壮的信心。

然后，当时的主任牧师李大俊劝尹长老说："长老，要做一件大好事吧!"之后，尹长老奉献了全罗北道镇安的山地和田地共72万多平方米，供作修建圣洁教神学校的地皮，并从国家文教部得到了设立财团许可。后来，因学校的邀请，当了圣洁大学校第一任理事长。

尹成奎执事当长老之后，常常被圣灵充满保持圣洁的生命。当他无意过犯失误时，跟主任牧师详细认罪，以悔改祷告来解决问题。不然，他自己痛苦得难受。还有，教会里面的当县长和市长的长老面前，自己作谦卑的表率，为教会的和睦团契作信仰人品的表率。圣洁的恩典是来自上头的天上的智慧，不是情欲的争战，而是叫神的教会和睦。

第四: 圣洁是圣灵充满的结果，圣洁的信徒里面充满基督的爱，从而得到服事和传道的能力，并且得到凡事谢恩，用诗章、颂词、灵歌赞美主，分辨主旨意的能力。

> 求他按着他丰盛的荣耀，藉着他的灵，叫你们心里的力量刚强起来，使基督因你们的信，住在你们心里，叫你们的爱心，有根有基，能以和众圣徒一同明白基督的爱，是何等长阔高深，并且知道这爱是过于人所能测度的，便叫神一切所充满的，充满了你们。(弗3:16-19)

> 你们要谨慎行事，不要像愚昧人，当像智慧人。要爱惜光阴，因为现今的世代邪恶。不要作糊涂人，要明白主的旨意如何。不要醉酒，酒能使人放荡，乃要被圣灵充满。当用诗章，颂词，灵歌，彼此对说，口

唱心和的赞美主。凡事要奉我们主耶稣基督的名，常常感谢父神。又
当存敬畏基督的心，彼此顺服。(弗5:15-21)

靠着圣灵，随时多方祷告祈求，并要在此儆醒不倦，为众圣徒祈求，也为
我祈求，使我得着口才，能以放胆，开口讲明福音的奥秘。(弗6:18-19)

　　釜山东光圣洁教会已故长老金德贤，在他十岁的1933年，因为全国传
染急性痢疾，同时丧失了父母，成了天涯孤儿。这时候，他的姐姐说：
"我们的生活是从现在开始的。我们不是有真爸爸我们的神活在吗。我
们要去真爸爸，我们神的家。"就这样把小德贤领到教会。姐姐在讲台
下面祷告："神哪!我们的真爸爸感谢你。神你把我们的生身父母接去天
国而感谢又感谢。他们如果在家病躺着，就需要很多医药费，还得要有
人照顾。因为你怜悯我们，把他们引到永远的地方去而感谢。奉耶稣的
名祷告。"

　　叫小德贤祷告的时候，德贤这样祷告："神哪，我不会祷告。愿神爱我
的爸爸妈妈。我以后好好听姐姐的话。奉耶稣的名祷告，阿门。"这时
姐姐抱着他说："就这样你想说什么就祈求，神就成全。从今以后我们每
天都要祷告吧"后来他在李成峰牧师的指导下体验重生。在1939年，中
国教会的金洪顺牧师执礼下受洗。

　　6.25韩国内战中，他被北朝鲜军抓去险些被枪杀的危机中，九死一
生。然后，就去釜山避难战争，并在釜山圣洁教会一生服事神。每当开
奋兴会的时候，他都接待奋兴师。这事是自从他在1951年的国内战争当
中，接待圣洁教团的师父李明直牧师以后开始的。当时是所有的人都是
战争难民，没有人能接待奋兴师。那时候，他一无所有，但他自己心里
决定要接待奋兴师。当时都没有饭桌，在木头箱子上面铺上报纸，摆上

饭、筷子还有酱油。

后来，神开始祝福青年金德贤。他在永丰矿业上班的时候，他为取矿石样品，去丽水出差。他是按着原则办事，所以没有赶上回家的船。但是，他所耽误没有坐上的船坐礁搁浅，289人罹难。因这事，公司认定青年德贤为正式的模范员工，并奖励500万元。他把全额奖励金为圣洁教会买地皮奉献。

神藉着这事认定青年德贤为忠心，开始给他打开前路。他没有念过正规的学校，自学《中学讲义录》。神却把他当做圣洁来看待，他被录用为韩国贸易振兴釜山事务所的守卫，后来，忠心的金德贤执事晋级为贸易振兴釜山事物所长。后又担任韩国化学实验检查所第一任所长，藉着贸易在全国经营12座矿山。他当长老后，因为工作关系虽然移居到首尔，但是每主日他都坐高速大巴去釜山东光圣洁教会做礼拜，然后，第二天做完早祷之后返回首尔。就这样做一个诚实的长老。

那么，怎样才能得到圣洁的恩典?

第一：因着耶稣基督的赎罪祭，我们的罪只一次就得以赦免，便成为圣洁。

耶稣基督是为成全律法而来的。他自己亲自作赎罪祭只一次献上自己来成全了旧约的律法。基督的赎罪宝血只一次就把我们的罪洗净，使得我们圣洁。

以上说，祭物和礼物，燔祭和赎罪祭，是你不愿意的，也是你不喜欢的，(这都是按着律法献的)。后又说我来了为要照你的旨意行。可见他是

除去在先的，为要立定在后的。我们凭这旨意，靠耶稣基督只一次献
上他的身体，就得以成圣。(来10:8-10)

第二：因着圣灵我们在神面前不仅完全分别为圣(consecration)，而且
完全献上(dedication)。

圣灵是圣洁的灵，他在信耶稣的人里面做工，把真心相信的人分别为
圣，叫他完全献上。就如亚伯拉罕把自己百岁得的他所爱的独生子以撒
向神献上一样，真信神的圣徒随着圣灵的做工，能得到把自己献上为圣
洁活祭的恩典。圣经称这样圣洁的圣徒为属灵的人。

然而属血气的人不领会神圣灵的事，反倒以为愚拙。并且不能知道，
因为这些事惟有属灵的人才能看透。你们仍是属肉体的。因为在你
们中间有嫉妒分争，这岂不是属乎肉体，照着世人的样子行麽。岂不
知你们是神的殿，神的灵住在你们里头麽。(林前2:14,3:3,16)

第三：在我们的日常生活当中靠着话语和祷告来圣洁。

为要圣洁而主张禁食和禁欲的错误的。圣洁是在日常生活当中，活出
以神为中心的生命。因此，圣洁的恩典是藉着神的话语和祷告，是来自
神的。

圣灵明说，在后来的时候，必有人离弃真道，听从那引诱人的(邪)灵，
和鬼魔的道理。这是因为说谎之人的假冒。这等人的良心，如同被热
铁烙惯了一般。他们禁止嫁娶，又禁戒食物，(或作又叫人戒荤)就是
神所造叫那信而明白真道的人，感谢着领受的。凡神所造的物，都是
好的。若感谢着领受，就没有一样可弃的。都因神的道和人的祈求，
成为圣洁了。(提前4:1-5)

下面是辛普森(A. B. Simpson)蒙圣洁恩典的祷告文

我死了，我自己的生命被服从埋葬，看不见了。耶稣使我得以圣洁，他是我的一切中的一切。我照着他认为最好的来为他而行，我要把我自己完全顺服于他。我相信，他是我的现在和将来的生活中，我所最需要的一切。

之所以我们能活出圣洁，是因为根据约翰福音10章10节的话，得生命而且得的更丰盛。我们要相信神的应许，不要疑惑，要活出顺服。要行神所喜悦的，常常在圣经的话语当中祈求他的声音，每当面临诱惑和试探的时候，要来到神面前以祷告来保持圣洁。

医病福音

雅 5:15-16

15. 出于信心的祈祷，要救那病人，主必叫他起来。他若犯了罪，也必蒙赦免。16. 所以你们要彼此认罪，互相代求，使你们可以得医治。义人祈祷所发的力量，是大有功效的。

医病的福音是圣洁教会当做传统强调的福音，是神医治人身上的病，使圣徒的身体恢复健康的神秘的恩典，是属于基督救赎的恩典。但是，在科学和医学发达的现今时代，现代人很容易把神的医病福音当做迷信或者狂信。因此，现代教会牧会者不按着圣经话语 "互相代求，使你们可以得医治"(雅5:16)去做，而是倾向于过分依靠医药和医学。

这种现状问题的根源可以追溯到十九世界西方基督教宣教的来龙去脉。十九世纪西方宣教作为栽种西方文明的传播者，并没有使基督教在当地文化和宗教的处境中根深蒂固。当然，代表西方文明的西方式教育体系、医院等医疗事业，对没有体验过文明仪器的第三世界贫穷的人来说，都是传达神爱的很好媒体。但是，这类的教育、医疗事业并没有与基督教的本土化同步推进。所以出现了这种弊病。就是说，这种外在的社会事业应该要与基督教的灵性——耶稣基督的福音相互连贯起来在当

地文化和宗教的处境里面同步扎根，但是没有做到这一点。

举例，在家属有病的时候，以前认为是祖先灵发怒或者是恶灵作怪。但是，在宣教士经营的医院看西医得医治的时候，过去所信的属灵的世界就被全盘拒绝。这个情况，应该强调对耶稣基督医病的信心。还有，在学校里面因为西方式的教育，虽然培养理性和合理性等科学的价值观，但是人里面的灵性确实越来越衰退。就是说，基督教宣教的结果灵性衰退，理性和合理思维加强了。当然，加强理性或者合理性是好的，但同时也要加强寻求神的灵性。

就这样，基督的福音在各国的文化和宗教处境里面，虽然引进和发展科学技术文明起了很大贡献，但是人们原来有的传统的灵性，就是对灵魂的信心，对恶灵和鬼神的恐惧，对绝对超越者的体验信仰，反倒衰退了。因此，在基督徒当中出现了极其合理的理性人，他们与不信属灵世界的无宗教人没有两样。对他们来说，基督教仍然是西方宗教，是教育和医疗的社会机构而已。我们要照着圣经，要传扬靠着神的做工医治的医病福音。

第一：医病福音是耶稣基督救赎事工的一部分。

以赛亚53:4-5说"他诚然担当我们的忧患，背负我们的痛苦。我们却以为他受责罚，被神击打苦待了。那知他为我们的过犯受害，为我们的罪孽压伤。因他受的刑罚我们得平安。因他受的鞭伤我们得医治。"基督在十字架上用肉体偿还了所有的罪债，因此，成就了我们的肉体得医病。

第二：医病是给相信耶稣基督十字架救赎和复活的人彰显神迹奇事的神的恩典。因为耶稣基督在各各他十字架上救赎了我们的肉体，他复活

的生命住在我们里面，所以靠着神的恩典，凡相信的人身上彰显神医病的工作。马可福音16:17-18说 "信的人必有神迹随着他们，就是奉我的名赶鬼。说新方言。手能拿蛇。若喝了什么毒物，也必不受害。手按病人，病人就必好了。"

第三：医病是靠着圣灵的工作成就的圣灵事工。路加福音4:18说 "主的灵在我身上，因为他用膏膏我，叫我传福音给贫穷的人。差遣我报告被掳的得释放，瞎眼的得看见，叫那受压制的得自由"

圣洁教会的灵岩金应祖博士，自己亲自体验神医病的恩典，在他身上六种病得医治，并且强调了医病的福音。他根据自己的经验和圣经，如下反驳否认神医病的人：

> 有些人说不需要奇迹(医病)，原因不是别的，其最根本原因是要证明神的启示。然而，神的启示是藉着耶稣基督已经成就了，从此以后不需要神迹奇事。但是，如今仍出现很多神迹奇事，如今神仍藉着很多神迹奇事来叫人警醒，并以此大能来证明神的存在。

灵岩博士为应对17-19世纪的合理主义和理性主义的威胁，与认定神是创造主的改革主义神学保持距离。改革主义神学不主张神亲自介入人的中间。尤其对他们来说，不希望神亲自医病。因为，医病是耶稣基督在世工作期间彰显的神迹奇事。他们认为人靠着从创造主——神得到的统治世界的责任，藉着医学医治疾病。

这种改革主义思想若没有建立在个人的敬虔和祷告之上，则有走极端不信仰的人本主义危险。说是在这个社会成就神的旨意，行动却不信神的样式。灵岩考虑到了这种极端，并确信如今仍有神医病的恩典。因此，

灵岩藉着圣灵内住的圣洁生活和盼望主再来的敬虔生活，不否定神医病的能力，并以此作为宣教的主要方法。

关于四重福音的第三个恩典医病(Divine Healing)，灵岩金应祖牧师靠着神的能力亲身体验从疾病的释放。自从1920年在铁原教会服事开始，一直到1930年去木浦为止，这10年期间他开辟了70个教会，在满洲以奉天为中心，在满洲宣教等事工，灵岩身心精疲力尽。他为疗养去木浦，决定在一座山的岩石上做百天集中祷告。在1930年9月10日，他体验了从所有疾病当中得释放的神医病恩典。

> 那时候的木浦，只有在一年前新开辟的教会，是一幢租的草房，只有10个信徒。这对负责一个地方的我来说，一点都不成问题。还有，我的住处是在一间屋子里面五口人像虾子一样弯曲着睡觉。那时候，也是因为旱灾严重运水，一桶水卖1角5分。每天生活在水灾、住宅困难、疾病灾等五种灾殃当中，所以本来没有的病也生了。我的身体越来越衰弱，以致身上得了多种疾病。神经衰弱、消化不良、神经痛、痔疮、肺炎、淤血等六种病集中攻击我。当时我认为早死一天就是祝福，多活一天就是咒诅。我陷入绝望之中…，我祷告结束后，浑身疲乏入睡。我好像似睡非睡当中，看见我坐的岩石裂开了，我看有10尺深的底下开始有水绕着上来，水涨满到我坐的岩石上面，我好像浮在水上面。然后，我心里充满了什么东西。之后，一瞬间我看见我的身体就如玻璃一样透亮。我醒过来一看，原来是伟大的异象。自从那以后开始，我的心和身体有了很大的变化。心里涌上喜乐、爱心、能力和盼望。我的身体就如玻璃一样透亮，轻快得好像快要飞起来的感觉。当时，我说：'主啊，感谢你。我活过来了。'然后，我一站起来，身心发热。我边跑边赞美'忧愁烦闷的人，吞声而饮泣，快到慈悲座下。'我不知道，我唱了多少遍这首赞美。那个时候，神把我的嗓子完全医好了，从那以后，我讲道再多，嗓音都不变。六种疾病同时完全退去了。从那时候一直到现在有39年，从未因病受过苦，一直都是很健康。我确实知道的是神更新了我的身心。我现在回想到的是，神为施恩我，用六种病来把我赶到角落里面，叫我寻求神。这是神自己的护理，我因此而感谢神。

圣洁教会奋兴师李成峰牧师从神得医治的见证:

> 当时教会更加火热地复兴起来, 每天晚上轮流到圣徒的家中开家庭聚会。那时候, 有一个信徒家的对面屋住了拜关云长祠堂占卜的巫婆。但是, 这个巫婆全身不遂7个月, 瘦骨嶙峋在痛苦中呻吟。她躺在屋子里面听见李成峰传道在院子里的讲道, 自己流泪决志接待耶稣。并决定把自己拜的鬼神和偶像祠堂所有东西全部焚烧。左邻右舍都聚集在一起唱着赞美把所有偶像全部焚烧的时候, 主的荣光大大彰显出来。为那个巫婆奶奶祷告之后, 第二天, 她的病完全好了, 主日到教会作礼拜, 完全变了一个新人。这事后, 教会靠着主恩典更加坚固。过一段时间后, 他在第一个事工地上, 做了很成功的牧会。

在巫婆奶奶家里出现神医病的神迹奇事, 彰显主的荣光之后, 教会就更加复兴起来了。李成峰传道在水原教会牧会的时候, 身体常常衰弱, 一到下午就发烧, 就这样他因病受折磨。有一天, 因为发高烧昏迷过去。那一瞬间, 在空中突然间有声音说: "李成峰, 你活不了了。你可能要离世了。" 听这话的瞬间想的是: "我死以后去哪里呢? 我做好去天国的准备了吗?" 自从神学校毕业后, 说是为主做工, 但是想起仍没有悔改的罪, 心里就害怕。因此, 觉得应该悔改。他叫来妻子当做见证, 把过去没有悔改的罪, 都写在纸上认罪。靠着话语, 只相信主十字架宝血的恩典, 哪管是小罪, 只要想起来就悔改。

撒但继续给他看没有主的十字架, 并欺骗他, 阻碍他的悔改。即使这样, 他仍是继续悔改。就这样抵挡撒但的阻碍, 悔改一阵子之后, 从天显出十字架, 在十字架上明确看见被钉流血的主。看着这光景的李传道, 感激得在主被钉的十字架面前哀恸, 更加痛悔认罪。除了抓住为我流血的主十字架之外, 别无盼望。主把悔改的李传道引到天上, 给他看了如水晶一样清澈的约旦河水和华丽灿烂的天城, 并安慰了他的灵魂。然后,

突然间听见不知道从哪里来的赞美声，醒来一看，全身的病就如谎言一样，完全好了。李传道因为这时候的体验，他更加靠主。即使在患难和痛苦当中，他仍没有丢弃盼望，比暂时的在世生活，更渴慕主在的永远天国。

再来的福音

彼后 3:8-14

8. 亲爱的弟兄阿，有一件事你们不可忘记，就是主看一日如千年，千年如一日。9. 主所应许的尚未成就，有人以为他是耽延，其实不是耽延，乃是宽容你们，不愿有一人沉沦，乃愿人人都悔改。10. 但主的日子要像贼来到一样。那日天必大有响声废去，有形质的都要被烈火销化。地和其上的物都要烧尽了。11. 这一切既都要如此销化，你们为人该当怎样圣洁，怎样敬虔，12. 切切仰望神的日子来到。在那日天被烧就销化了，有形质的都要被烈火熔化。13. 但我们照他的应许，盼望新天新地，有义居在其中。14. 亲爱的弟兄阿，你们既盼望这些事，就当殷勤，使自己没有玷污，无可指摘，安然见主。

2012年玛雅人的 "2012年12月21日末世论"日历法轰动了全世界。研究天文学的玛雅人，把2012年12月21日确定为玛雅日历的最后一日。因此，人们认为这日是地球的末日而恐慌。惧怕地球末日的世界人们，有的躲藏在地下防空洞里面，有的贮藏了洋蜡和备用粮食。在俄罗斯和乌克兰疯抢购买 "末世备用品"包裹。在中国利用世界末日的黄金诈骗案猖獗。一度闻名于世界末日的避难所法国西南部山间小城市布加拉什，曾爆满10万多人。但是，玛雅人的末世论日历法的预测以失败来告终。

关于末日的怎样来临，有很多种观点。对末日始终存在着恐惧心，尤

其是以千年为一单位的世纪末，恐惧心更甚。从公元999年过到1000年时候也是这样。从1999年过到2000年的时候，因为Y2K的末世论，世界笼罩在极度的不安当中。世界的现状是地球温暖化而导致的各种气象变化，自然灾害，世界性的经济危机，中东的石油霸权战争等问题更加混乱，所以末日的时候近了。关于地球的末日有很多学说，都有地球难免被未知的星球或者彗星撞击；巨大的太阳暴风或者太阳系行星排一列导致地球自转轴的变动；地球被银河系的黑洞吞没等，这些地球末日学说，不管哪一个学说对与否，可以肯定的是地球总有一天必灭亡。那么，神的话语圣经对末日怎么说呢?

第一：再来的福音告诉我们，受造的这世界所有的都有其末日。

塞特也生了一个儿子，起名叫＿＿。那时候，人才求告耶和华的名。(创4:26)

那些日子的灾难一过去，日头就变黑了，月亮也不放光，众星要从天上坠落，天势都要震动。(太24:29)

但主的日子要像贼来到一样。那日 必大有响声，有形质的都要被销化。地和其上的物都要烧尽了。(彼后3:10)

第二：再来的福音是告诉我们，要我们去世界宣教，传福音给万民使他们悔改必要性。

使徒彼得说，直到万民得救为止，神把一日当做千年来等待。压伤的芦苇，神不折断。将残的灯火，神不吹灭。神不愿意叫一个罪人灭亡，乃愿人人从罪恶中得救。因此，圣徒要把罪得赦免得救的福音向普天下传扬。

亲爱的弟兄阿，有一件事你们不可忘记，就是主看如，千年如一日。
主所应许的尚未成就，有人以为他是耽延，其实不是耽延，乃是宽容
你们，不愿有一人沉沦，乃愿人人都。(彼后3:8-9)

耶稣的门徒问末世的时候，耶稣回答说，末日的时辰是神的权柄，所
以叫主的门徒不要好奇，也不要忧虑。定时末世论者的错误就在此。他
们把一天当做千年来计算，强解创世记和启示录自取灭亡。把创造天地
的六天当做六千年计算，再减去到七千年进入千年王国之前的七年大患
难时间，就计算出1992年，然后是吹角节时期，所以把主在来的时间确
定为九月十八日。

这是简单的计算法，擅自算了神的时间，这是错误的圣经解释。诗篇
90篇4节说："在你看来，千年如已过的昨日，又如夜间的一更。" 这里面
千年如一日的表达方法是表示神如此爱我们。结果，确定的那一天，主
没有来。因此很多人自杀，造成社会一片大混乱。

我们圣徒不要强解末日的时间， 而要照着耶稣的话语祷告圣灵充满，
作世界宣教的见证。

但那日子，那时辰，没有人知道，连天上的使者也不知道，子也不知道，
惟独父知道。(太24:36)

耶稣对他们说，父凭着自己的权柄，所定的，不是你们可以知道的。
但圣灵降临在你们身上，你们就必得着能力。并要在耶路撒冷，犹太
全地，和撒玛利亚，直到地极，作我的见证。(徒1:7-8)

这天国的福音，要传遍天下，对万民作见证，然后末期才来到。"(太
24:14)

第三：再来的福音告诉我们，在末日给我们预备，耶稣基督来用能力

保护他圣徒的最后荣耀的救恩。

我们圣徒迎接末日不要恐慌。末日是神的日子，是主的日子，对不信者是祸，但对信者是荣耀的有福之日，是得赏之日。

> 我们的盼望和喜乐，并所夸的冠冕，是什么呢。岂不是我们主耶稣的时候你们在他面前站立得住麽。因为你们就是我们的，我们的。
> (帖前2:19-20)

> 你们这因信蒙神能力的人，必能得着所豫备，到末世要显现的救恩。
> (彼前1:5)

> 于是王要向那的说，你们这蒙我父赐福的，可来承受那创世以来为你们所的国。(太25:34)

第四：再来的福音叫圣徒警醒预备那荣耀之日。

使徒彼得劝勉道，为迎接末日就是神的日子，不要害怕担忧，而要以悔改和圣洁，胆壮平安的心切切渴慕等候。

> 看哪，我来像贼一样。那，看守，免得赤身而行，叫人见他羞耻的，有福了(启16:15)

> 这一切既都要如此销化，你们为人该当怎样，怎样，切切仰望神的日子来到。在那日天被烧就销化了，有形质的都要被烈火熔化。
> (彼后3:11-12)

> 但我们照他的应许，盼望新天新地，有义居在其中。亲爱的弟兄阿，你们既盼望这些事，就当殷勤，使自己没有玷污，无可指摘，见主。
> (彼后3:13-14)

李长林出生于一九四九年韩国全州，一九六七年他上了监理神学校，

但是中途辍学。后来，他在*生命之道出版社*上班，一直到一九七五年三月在某圣洁神学校插班到二年级就读神学。毕业后，在圣洁教会的小型教团按立为牧师。他翻译了*HONEST ENGLISH*的《被提》刊物，并出版了有关末世论的书籍。再后来，他就离开*生命之道出版社*。一九八九年四月十九日，开辟了多米宣教会，开始大力布道。

逐渐地很多人陷入了92年的被提说，其伤害效应相当严重。1992年8月10日，一位31岁的男人，因妻子陷入92年10月的被提说而悲观，在其父母的坟墓前服毒自杀。丈夫一死，妻子干脆把上小学的儿子带领到山里面的祷告院，加入集团生活。小学生当中，有的在班级里面学习排第一第二，但是他们陷入92年10月的被提说之后，学习成绩急剧下降，有的甚至离家出走。当时，离家出走，辍学，辞职的比比皆是。

最严重的问题是1992年10月被提说的根据——启示问题。尤其令人关注的是所谓叫做天上奥秘的直通启示。迄今为止有关末世论的国内外异端的共同特征是，不相信圣经的充分性(Sufficiency of Scripture)，只主张启示的延续性。

二世纪的孟他努斯说，主降临在陪普咋村，以此诱惑很多人，致使很多异端藉着新的启示(New Revelation)，就是用假启示来迷惑人。假启示集中于末世论，其核心内容就是那日和那时辰。过去的两千年来，一直在费尽脑筋要计算出那日和那时辰。

　…如今，神仍藉着很多祷告的神的仆人和圣徒，用启示、异象、异
　梦、声音等各种方式来告诉了92年10月28日的被提。

就这样，李长林反复主张知道那日和那时辰。人果真知道那日和那时

辰吗? 在基督教两千年的历史当中, 曾多次出现过有关再来和被提的实例, 但是从未说对过。这并不是在韩国开始的。自从1930年代开始在韩国教会里面就曾有过, 1950年代也有过, 1960年代有过四次, 1970年代有过三次, 80年代有过二次, 90年代有过一次。然后, 只在92年一年之内, 就有过五次。但是, 说的都不对。再则, 92年10月的被提说, 开始就不只一两个的疑惑。主张的被提日子不同, 都有92年9月28日、92年10月10日、92年10月28日等三个不同的被提时间。

初代教会的教父、宗教改革家们、19-20世纪正统神学家们一致断言道, 人不能知道那日和那时辰。没有一个学者说, 人能知道马太福音24章36节说的那时日。李昌根在他的马太福音的注释里面明确断言道: "再来的谕旨(预旨)是属于圣父的事工, 到那日主再来审判。信徒的职分是相信圣子, 等候那日的救恩。因此, 本节的要旨是叫圣徒不要知道那日和那时辰。" 改革派福音主义神学家亨利迪森提到 "基督再来时日"的时候说:

> 但那日子, 那时辰, 没有人知道, 连天上的使者也不知道, 子也不知道, 惟有父知道。"(可13:32) 还有, "父凭着自己的权柄, 所定的时候日期, 不是你们可以知道的。 (徒1:7)

THE FOURFOLD GOSPEL

四重福音_中文 繁體

四重福音

聖潔教會提倡十九世紀末二十世紀初期北美洲福音主義運動結果——重生、聖潔、醫病、再來的福音，以此為傳道標題和神學體系。有的人就四重福音，引用加拉太書1:6～7說沒有 "別的福音"。四重福音並不是修改基督的福音，使人混亂的 "別的福音"，而是將基督福音從四個方面綜合說明的一個福音。就是說，四重福音不是四個不同的福音，而是指以基督為中心的救恩的四個方面。這就如同辛普森(A.B.Simpson)所舉得的例子一樣，合唱用女高音、中音、男高音、低音的來四重合唱。同理，重生、聖潔、醫病、再來的四重福音是將基督的福音以基督為首調和而成的。

四重福音的重生是指藉著水和聖靈靈魂重生作神兒女(約1:12,3:3,5)；聖潔是指神的兒女靈命長大，靠著聖靈洗禮勝過罪惡，照著神的旨意活出得勝；醫病是指在世生活當中靠著神的恩典從身體疾病或者是精神缺陷，或者是屬靈的定罪狀態中得到醫治；再來是指人在這世上的生命藉著死亡進入神國的個人末了，而且也包含在這世界的末了耶穌基督在榮耀中的再來。下麵按著順序察看一下四重福音。

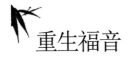

重生福音

提多書 3:5-7

5. 他便救了我們, 並不是因我們自己所行的義, 乃是照他的憐憫, 藉著重生的洗, 和聖靈的更新。6. 聖靈就是神藉著耶穌基督我們救主, 厚厚澆灌在我們身上的。7. 好叫我們因他的恩得稱為義, 可以憑著永生的盼望成為後嗣。

說起重生福音之前, 先看一下2012年, 發生在中國山東東營市裏的學生李某之死的經過。14歲的中學生李某死的當日, 是在客廳坐著很平靜地跟她媽媽說話。突然間, 學校的老師給媽媽發來了簡訊。內容是, 李某所在的學校有學生短髮的規定, 但是學生李某始終留長髮, 週末務要剪短髮後叫她上學。

平時, 李某對學校的這個短髮規定很不滿。這個女生平常別人來摸她的頭髮, 她都不願意, 如此愛惜自己的頭髮。留長髮對一般小孩子來說不是什麼大事, 但對李某來說是顯出自己個性(本體性)的事情。

李某的媽媽給李某看 "要給此學生剪短髮"的來自學校的簡訊, 然後說了等週末要剪髮。李某一聽剪髮, 就強烈地拒絕, 然後踩客廳的沙發, 上窗臺上站一會, 就往五樓窗外跳樓自殺了。為什麼會發生這樣痛心的

事情呢? 這個孩子的心就想要留頭髮, 以此顯出自己的個性(本體性), 她認為剪髮不如跳舞樓自殺得好。

如果這個孩子相信作為生命的耶穌, 然後靈魂重生, 確實明白自己生命的理由, 那麼這個孩子能了斷神的給的生命嗎? 這個孩子的內心裡面如果有活著的靈魂, 此乃比頭髮還要寶貴, 那這個孩子就不會死的。這樣的事情不應該再度發生。過多的人活在靈命死的狀態中, 所以不知道生命的存在理由。然後, 當人在世失去了所依靠時, 就以死來結束生命。發生這種痛心的事情。我們要傳揚生命的福音, 把死的靈魂引向基督, 要給他們傳揚叫他們重生的重生福音。

那麼人的內心裡面都有什麼?

使徒保羅在帖撒羅尼迦前書5:23說, 人是用靈、魂、肉體構成的。就是靈(普紐瑪)、魂(普休克)、肉體(索瑪)這三種人的構成要素, 我們認為最外面的是肉體, 其精神是魂, 最內心的是靈。人的疾病當中有叫做精神軀體障礙(psychic-somatic disorder), 這是因為魂(普休克), 就是精神心理因素導致的身體(索瑪)疾病。

韓國40—50歲中年以後的女性常發的 "鬱火病", 具有代表性的精神軀體障礙。WHO已認定 "鬱火病", 並登載在世界醫學辭典上, 此病的症狀是憂鬱、或者沒有情趣、不安、心煩、失眠、憤怒、頭痛、渾身痛、心門、臉部發熱、脖子或者胸部感覺有硬塊。

下麵是53歲家庭主婦的臨床症狀。

> 好像從喉嚨反上來什麼東西, 從裡面有什麼硬塊頂上來。心悶、心臟跳動得快、手腳麻、頭暈、失眠、沒有食欲、活的沒勁兒。約有10年前開始有這種症狀, 吃了中草藥、占卜、算卦、跳大神、上醫院看病。然而, 吃藥的就好點兒, 如不吃藥還是犯病。

這證明我們的肉身(索瑪)受精神(普休克)的影響。聖經約三2節說 "親愛的兄弟阿，我願你凡事興盛，身體健壯，如你的靈魂興盛一樣"。當靈(普紐瑪)重生恢復，魂和身體也受影響變得健壯。但是，靈，就是人的中心坍塌的時候，人就無力氣而死去。就是說，人的生命取決於他的靈被什麼掌控。

下麵是韓國長老教會金牧師的故事。金牧師從小就被媽媽挨訓斥。但他不理解的是，媽媽對一起住的堂哥哥從不訓斥，給他好衣服穿，好吃的吃。後來才知道，因為大伯死的早，歐巴桑把堂哥哥交托給他們家，歐巴桑自己改嫁了。給好衣服穿，好吃的吃的堂哥哥長大成人之後，21歲的那一年自殺了。自殺的原因是，21的堂哥哥見了他的生母。生母擔心兒子影響自己的婚姻生活，叫兒子隱瞞母子關係。就因為這事受到打擊自盡。對這個青年來說，自己的生母是自己生命中心，是他的本體，這個本體一旦消失了，認為活著沒勁兒，就選擇死。如果他服事天父，靈重生作神兒女，將基督作為自己的中心，那他的人生就有價值了。他也把同樣痛苦的青年人引向基督，他就能做這樣的神的筦道。實在是痛心之事。

19世紀末受日本政治干涉的大韓帝國金弘集內閣，因為 "衛生有益，工作方便"為憑藉，於1895年11月15日，全國頒佈剪髮令。次日，就是16日早上，政府各部的官僚以及所屬機關，還有軍人巡檢等先行剪短髮。當時是儒教掌管靈界，一般百姓祭祖先，並照著 "身體髮膚，受之父母，不敢毀傷，孝之始也"(釋義是 "我們的身體四肢、毛髮皮膚是父母給我們的，我們必須珍惜它，愛護它，這是行孝的開始")這句話，認為留長髮結髮是人倫最基本的孝之象徵。因此，百姓認為剪髮令傷害活著的身體，對政府的抗拒達到頂峰。

頒發剃髮令以後, 百姓受屈憤怒, 要自盡。在《梅泉野錄》裡面登載了當代儒林巨頭崔益鉉指責: "寧可讓人砍我的頭, 也不讓人剪我的髮", 就這樣斷然拒絕剃髮。報恩縣監李圭白的妻子成某, 聽說丈夫因職位不得不剃髮, 就悲觀, 當夜上吊自盡。她在遺書上寫著 "三綱五倫與頭髮同斷, 我的魂魄也與綱倫同絕。"咸陽先生鄭順哲的妻子在飯桌上聽見丈夫求祖父允許他剃髮的事, 就說 "常言道, 剃頭的和尚沒有妻兒", 然後就撇下手裡抱著的孩子, 持刀自盡。

這是多麼痛心之事!哪有比神給的生命更寶貴的!當然也能理解, 這是當時因為日本帝國的經濟侵略和弒殺明成皇后的事件, 主權被奪受屈的百姓爆發出義憤。但是, 天底下哪有比神給的生命還要寶貴的!他們為什麼以死來抗拒剃髮令呢? 那是因為有比生命更寶貴的。人若是自己所信賴的崩潰, 就失去活下去的意義。因為生命就在人的內心, 所以當失去要想活下去的理由, 就放弃生命。

人被儒教的靈界轄制的時候, 違背儒教的 "身體髮膚, 受之父母"教義, 強行剪髮, 人就自殺。如果這些人遇見神, 更新為靈裏重生的新造人, 那麼即使被剪髮, 也不會死。另外, 有些人在內心把錢當做瑪門來拜, 他們活在靈魂死的狀態中, 若是他失去錢, 他就自殺。要明確活在世上的理由, 這是重生的出發點。

我活著的理由是什麼? 我作為具有神形象的神的兒女, 只要明確我活著的目的為贊美神(賽43:21), 就不管遇見什麼樣的風波和試煉都不死, 活得堂堂正正。

實存主義哲學家海德格爾對人的定義是, 人是必死的存在。就是人一生必有一死, 與死一同結束生。死在我們的一生中不斷地攪擾著。日本作家有島在 《愛是恣意奪取》書上如下述說。

我原來不知道這世界都有什麼。我所知道的唯一的，也是不能否認的是，我活在這裡。這也是常和襲來的死亡條件掙扎著，一天一天在不安和恐怖之中度日，這是現實。就如漂在太平洋上的一片爛樹葉一樣，不斷襲來的死亡波浪面前掙扎。多麼可憐又孤獨? 這樣的我。如果有幸福，有榮光，那是什麼!只是空虛和毫無意義而已。

但是我們活在現代都市化和產業化過程當中，所以並不是在實際中體驗死亡。死亡並不覺得是現在這一時刻面臨的現實問題，而覺得是將來之事。尤其是過人生初期的年輕人來說，生活問題比死亡問題更迫切。在人生初期重要的是人生的價值、幸福、配偶、成功等問題。另外，到了人生暮年的老年人來說，很少有人能接受自己必死的事實。實際上，人有上帝給的祝福，那就是直到死的瞬間都不知道自己在死。因此，這是一般人對死不在意，認為死與自己無關的遙遠的將來之事，當真面臨死的時候，再想這個死的問題。沒有一個人在現實的生活當中考慮將來自己死的問題。

今天要講 "重生的福音"。我們首先要理解的是，死不是將來的事，而是我們現在生活當中的現在的事。死不是將來時，而是現在時。我們琢磨一下就知道生與死並不是斷開的，而是生包括死。現在過這一瞬間的1分1秒，我們人生的年數和時間就減少，這就表示向死亡靠近。

現在的時間是一次性的。因為是一次性，所以死以現實來靠近我們。因此，使徒保羅說我每天都在基督裡面死，耶穌也說要舍己背起十字架。從這個意義來看生與死並不是二元論性質的分開現象。死在我們的生活當中是一個現實的存在。時間的流走就表示我們的人生在流走。中國人把 "人死了"也說為 "人走了"，都表示這個意思。死亡的黑影和恐懼始終在追隨我們，所以我們是活在空虛和孤獨不安中。

在死亡之路上人是救不了我們。最好的朋友、情人、甚至是父母都不能從死亡之路上把我們拯救出來。死亡之路是世人都要走的孤獨之路。但是，在這樣的死亡之路上，我們卻能遇見永遠，並懂得死亡的體驗對我們是多麼寶貴而重要。

路德曾說：「我們在每個瞬間都要準備死亡」。死亡在我們的現實生活當中，不僅叫我們感覺到空虛，同時，也叫我們懂得人生獨一次性的寶貴。詩篇144:3-4大衛告白道：「耶和華阿，人算什麼，你竟認識他。世人算什麼，你竟顧念他。人好像一口氣。他的年日，如同影兒快快過去。」

重生的必要性

我們是在人生的空虛當中走向死亡，但永遠的神卻來尋找我們，把我們從罪和死亡權勢當中拯救出來，叫我們重生(born again)。羅馬書6:23說：「因為罪的工價乃是死。惟有神的恩賜，在我們的主基督耶穌裏乃是永生。」

人只有在絕望的情況下，才能完全明白自己是個完全徹底的罪人。罪的工價是死亡，死的原因歸為罪，並承認自己是個罪人。這個時候，罪人就能遇見永遠的神，藉著耶穌基督的贖罪，罪得赦免並得永遠的生命就是救恩。

人是被孤獨纏繞的。孤獨分為在世生活當中感覺到的孤獨，就是人際關係的孤獨，相愛的男女不能相見時的孤獨，淒涼寂靜的初冬或者晚秋感覺到孤獨。這種孤獨建立好人際關係、遇見戀人、寂寞的時候，去找朋友就能解決。這種孤獨能用錢、名譽、愛情和地位、藝術和學問就可以解決。

但是人遇見無限, 遇見死亡, 遇見永遠的神時候, 感覺到的孤獨, 世上任何人任何物都解決不了。這種的孤獨是古菩薩的一輩子孤獨, 孔子 "朝聞夕死"的孤獨, 使徒保羅呼喊 "我真是苦阿, 誰能救我脫離這取死的身體"的實際存在的孤獨, 以賽亞的 "禍哉, 我滅亡了"的承認自己是應該滅亡的孤獨。這不僅是使徒保羅和以賽亞的孤獨, 而且是所有人, 今天坐在這裡的我們每個人都有的孤獨。這是藉著聖靈的直接感化來能理解的, 也是把人皈依宗教的強力動機。

這種情況下人有兩種反應。其一是, 為躲避永遠的挑戰而埋頭在日常生活, 或者極端享樂、毒品中毒來躲避死亡。其二是, 對永遠的挑戰不是躲避, 而是迎接挑戰。但是, 對於這個迎戰, 有如叔本華一樣失敗而自殺的, 也有與之相反, 享受永遠神的永生, 並活出有意義的天國生命的。

什麼叫做重生?

重生是指人因罪和過犯靈命死的狀態中, 靠聖靈因著信心再次出生。再次整理一下。

第一: 重生是指神把因罪和過犯死的靈魂, 因著基督十字架的功效重新活過來。歌羅西書2:12-15說, 出現我們與基督同死同活的作工。神因著洗禮和基督的十字架赦免我們的罪, 叫我們重新活過來。

你們既受洗與他一同埋葬, 也就在此與他一同復活。都因信那叫他從死裏復活神的功用。你們從前在過犯, 和未受割禮的肉體中死了, 神赦免了你們(或作我們)一切過犯, 便叫你們與基督一同活過來。又塗抹了在律例上所寫, 攻擊我們有礙於我們的字據, 把他撤去, 釘在十

字架上。既將一切執政的掌權的擄來，明顯給眾人看，就仗著十字架
誇勝。(西2:12-15)

約翰福音 5:21,24-25說，耶穌隨自己的意思拯救人，使人不至於受審判，
賜給他永生。

> 父怎樣叫死人起來，使他們活著，子也照樣隨自己的意思使人活著。
> 我實實在在的告訴你們，那聽我話，又信差我來者的，就有永生，不至
> 於定罪，是已經出死入生了。我實實在在的告訴你們，時候將到，現
> 在就是了，死人要聽見神兒子的聲音。聽見的人就要活了。
> (約5:21,24-25)

已死的靈魂再次活過來，就是重生，也就是救恩的開始。靈魂的重生
是因靠著耶穌基督為罪人背負十字架的功效。十字架是死的象徵，這死
的象徵就是拯救我們的神的能力。

> 猶太人是要神迹，希利尼人是求智慧。我們卻是傳釘十字架的基督，在
> 猶太人為絆腳石，在外邦人為愚拙。但在那蒙召的無論是猶太人，希利
> 尼人，基督總為神的能力，神的智慧。但你們得在基督耶穌裏，是本乎
> 神，神又使他成為我們的智慧，公義，聖潔，救贖。(林前1:22-24,30)

李成峰牧師(1900～1965)是韓國教會界很有名望的聖潔教會的奮興
師。受他影響的人從聖潔教會文俊卿傳道開始到李成峰牧師的女婿韓
國陶器金東洙長老為止，幾乎沒有不受過他影響的人。李成峰牧師1900
年7月4日出生於平南。他的母親早年因為外祖母的逼婚，過了沒有愛情，
而且非常貧窮的日子。因為母親實在接受不了現實的痛苦日子，決定要
自殺，並且喝了兩次毒藥。奇怪的是每次都沒死，活過來了。兩次自殺

未遂，連死都不隨意，活得更加沒勁兒。在她這種暗淡生活之中的有一天，有一道明亮的光照亮了她。

小成峰六歲的那一年，福音終於進入了這個家庭。之後，全家人搬到離平壤40裡路的地方。他們走著40裡路，到平壤監理教會做主日禮拜。到主日，雞叫以前，成峰的媽媽就起來做早飯，叫家人吃飯。然後，自己不管是下雨下雪，走40裡路去做禮拜，從不耽誤做禮拜。

小成峰並不是天性善良溫柔。小成峰7歲的時候，小弟弟出生了，父母偏愛小弟弟。沒有小弟弟的時候，成峰自己獨佔父母的愛，但是有小弟弟了，現在家人都喜歡小弟弟，自己被冷落了，就嫉妒討厭小弟弟。神為了除掉成峰心裡的這種屬肉體的性情，藉著他的母親，從小就開始受了嚴厲的家教。只要背叛一次父母的話，要麼就挨打，要麼就被關在滿屋子都是老鼠的倉房裡面。小成峰害怕體罰，就得聽父母的話。神用這種管道來叫他訓練聽命，這便奠定他後來成為著名屬靈領袖質素的根基。

小成峰九歲或者十歲的有一天主日，爸媽都去教會，自己在家看家。他事先做好計謀後，偷了爸爸的錢袋子。他剛解開錢袋子的時候，突然從對面屋子裏外祖母過來了。小成峰嚇得直哆嗦。因為他知道一旦被發現，媽媽會很很地責打，所以他實在是害怕。他正嚇得直哆嗦的時候，就如閃電一樣想起凡事禱告就必應允的話語。這一瞬間，他條件反射地趕緊把錢和錢袋子抱在懷裡轉進被窩裡面，開始懇切禱告。

"神哪，求你饒恕我這一次，我就再不偷錢…"

外婆開房門一看，小孩子禱告覺得很乖。小成峰一直到外婆回她的屋子，喃喃自語不停地禱告。外婆誇小孩子信心這麼好，將來必成為大人物。外婆回她的房間之後，小成峰的心就變了。之前還說神的話語是又真實又感恩，但是就過這一小會兒，就是外婆回她房間的這一小會兒的

功夫，又被欲望誘惑偷出一點錢，買小食品吃了。

後來成峰長大以後，他是隨著情欲生活，遠離主活在罪惡中。他輕看禮拜，在禮拜時間打盹甚至往後倒下，來教會是為找女生。奮興會的時候，為討好牧師，吐唾沫在眼上裝作蒙恩典，明明沒有錢奉獻，卻把空手放進奉獻袋裡面。後來就成了這樣的可惡之人。

當他到青年時候，變得更加可惡。他的生活不遂心，生活條件困難，他否認神，甚至否認天堂、地獄和來世，並咒詛世界。18歲的時候，他極度墮落，抽烟喝酒賭博。後來脾氣也變壞了，母親叫他悔改好好信耶穌，他卻嘲笑。每當那時候，老母親就哭著向神呼求。但是李成峰越來越可惡，越來越遠離神。

有人說，父母禱告的孩子絕不敗壞。神是必應允母親為兒子的懇切禱告。之所以浪子奧古斯丁步入聖人行列，是因為他的母親莫妮卡的禱告，又如佈道家穆迪的母親貝特西女士一樣，為兒子的懇切祈求，神必垂聽。青年李成峰到底開始悔改了。

青年李成峰21歲那年的6月24日。他用前一天賣水果的錢在飯店喝醉酒深夜回家的道上，右大腿就像針紮一樣疼。渾身發燒不能走道。一起玩的朋友們就用馬車把快要死的他馱回家了。他的病情無藥可救了，醫院確診是骨膜炎，大夫說要截肢大腿。一想到這麼年輕就成殘廢，太痛苦了。成峰曾說，賺足够錢等老了再信耶穌。在平壤住院六個月，把家裡的田地全賣錢作醫院費用。人生真是空虛。躺在病床上看著要截肢的腿，回顧過去自己所走過的路，就流淚了。他曾聽說過死，但現在他自己面臨了死亡，就害怕了。

這個時候，在他的腦海裡面問道："你現在死後往哪裡去呢？是天堂呢？還是地獄呢？"如果沒有天堂不去也可以，但是如果真有地獄，那就不得

了了。一想到受永遠的刑罰，就害怕了。死亡越來越臨近的時候，想起過去的罪和過犯，自稱地獄之子的生活，覺得很後悔。他在恐怖和焦慮中戰兢，最後對自己的良心呼籲道：

"我活得這麼一點時間，罪卻犯得很多。噢!我因為罪就得下永遠滅亡的坑裡面。哦!神哪! 求你把我從罪惡中拯救出來!" 然後，他就大聲痛哭。那時，母親從外面回來了。成峰伏在母親的膝蓋上，流淚認罪悔改，並求為他代禱。

母親為他禱告說: "你要悔改，並不是犯罪的人下地獄，而是不悔改的人才下地獄……。神現在垂聽你和我的禱告。從此以後，你要把你的生死都交托給主。"這些話成了感化他的聖靈的聲音，把他完全托住了。

從那天起，李成峰變成新人了。神垂聽了他的流淚禱告，在他心裡除去所有的恐懼和懼怕， 賜給他真平安。這是他生來頭一次感覺到的平安。他立刻就開始讀聖經了。以前他看聖經實在不可信，都是些沒意思的故事，真是枯燥無味。他認為聖經沒有愛情小說有趣，就不看。但是，現在他不看他所喜歡的所有雜誌小說，開始讀聖經。覺得聖經比金子還寶貴，比蜜還要甜。打那以後，他戒掉了烟酒。他悔改之後，聖靈降臨在他身上， 他的心靈充滿了喜樂和感恩。他對過去犯罪的恐懼消失了，在他眼前只有主耶穌和天國的榮耀與他同在。哈利路亞! "若有人在基督裏，他就是新造的人。舊事已過，都變成新的了。"(林後5:17)

第二: 重生是用真理的話語和聖潔的靈，就是聖靈使人的靈魂重新出生，從而人能看見神的國，並且能進去。

約翰福音3章裡面，猶太人的官員尼哥底母深夜來找耶穌說，若神不同在，人絕不可行神迹奇事，並且認定耶穌是神差來的拉比。

來找耶穌的尼哥底母是誰? 他相當於現在的國會議員, 是當時的公會議員, 是猶太人的官員, 是在世上受過高等教育很成功的人。但是, 他卻來找只有30歲的未受教育的拿撒勒人耶穌。

實際上尼哥底母怕周邊人的看見, 象自己這等有名望的人來找沒有印證過的年輕的耶穌, 所以深夜登門拜訪。自己是猶太人的 "先生", 是領袖, 但是看見耶穌的神迹奇事後, 認定耶穌是神差來的拉比, 就是 "夫子"。但是, 耶穌對尼哥底母說, 想要見神國, 就得要重生。

> 耶穌回答說, 我實實在在的告訴你, 人若不重生, 就不能見神的國。...
> 耶穌說, 我實實在在的告訴你, 人若不是從水和聖靈生的, 就不能進神的國(約3:3,5)

那時尼哥底母問耶穌, 人老了怎麼重生, 豈能再次進母腹生出來。耶穌回答說, 人的重生並不是肉體的重生, 而是靈的重生, 只有靠著聖靈才能重生, 就如能知道颱風一樣, 重生也是這樣。

耶穌似乎知道登門拜訪的尼哥底母實在苦惱。雖然尼哥底母表面上受過教育, 是成功的政治領袖, 但不懂永遠的生命, 也沒有解決死的問題。他自己是先生, 但卻不能把人從死引向生。耶穌把人生的問題就是出死入生的方法, 教導給尼哥底母。世俗升官發財的成功, 並不能把人從死裏拯救出來。

> 從肉身生的, 就是肉身。從靈生的, 就是靈。叫一切信他的都得永生。
> (約3:6, 15)

> 如果神的靈住在你們心裡, 你們就不屬肉體, 乃屬聖靈了。人若沒有基督的靈, 就不是屬基督的。(羅8:9)

耶穌對尼哥底母說，要用聖靈和水來重生。水是什麼？ 水也指水洗，表示聽神的話悔改，罪得洗淨的受洗。因此，水解釋為叫罪人悔改的神的話語。

從以弗所5章26節和彼得前書1章23-25節，雅各書1章18節裡面可以看到，重生是來自神的話語。但是神的話語是指凡信耶穌基督的死與復活之人賜給永生的福音。

> 要用水藉著道，把教會洗淨，成為聖潔(弗5:25)
>
> 你們蒙了重生，不是由於能壞的種子，乃是由於不能壞的種子，是藉著神活潑常存的道。因為凡有血氣的，盡都如草，他的美榮，都像草上的花。草必枯乾，花必凋謝。惟有主的道是永存的。所傳給你們的福音就是這道。(彼前1:23-25)
>
> 他按自己的旨意，用真道生了我們，叫我們在他所造的萬物中，好像初熟的果子。(雅1:18)

當聽神的話語的時候，靠著聖靈作工不是為這世上的私欲，而是為神的榮耀叫人重生。

俄國著名的作家托爾斯泰是貴族出身，享受了各種榮華富貴，但是沒有得到真正的滿足。他藉著他的著作得到很多人的讚賞，但是對罪的恐懼和不安的心無可奈何。

有一天，他自己走鄉間小路的時候，遇見了一比特農夫。他發現農夫的臉特別平安。他去找農夫問他生活平安的秘訣是什麼。農夫回答說，是依靠神，所以我的心常常是喜樂。托爾斯泰自從聽農夫的回答之後，開始真誠地尋求神。結果，他遇見了神，過去的不安和恐怖消失了。就這樣他承認，只有認識神，才是求生之路。

一個人即使在這世上再怎麼成功，若是在根本上不與神建立關係，這人的心仍沒有平安。原因是若我與創造主——神的關心隔絕，則在現實當中找不到生活的真諦。因此，若不解決信仰問題，就不能解決人生的任何問題。

列夫托爾斯泰的《我的懺悔》裡面這樣寫到：

> 五年前，我把耶穌基督作為我的主真正地接待了。然後，我的整個生命都變了。我以前追求的，不追求了，反倒追求以前所不追求的。我以前所看為好的，反倒不好；以前不在意的，反倒在意。我以前追求所謂的幸運彩虹，現在明白了它的空虛。用假來裝扮我，或者是用肉體的情欲來充滿，或者用醉酒來興奮情緒，這一切再就不認為是幸福。

自從他遇見耶穌之後，得到了人生的新目的，開始了與新的目的相配的新人生。

第三：重生是隨從私欲的死的靈魂，靠著神的生命來重新出生，從而得到從上頭各樣的恩賜和完全的禮物，變成新人。

雅各書1章裡面說，初代教會信徒被私欲牽引誘惑，私欲懷胎就是生罪，罪長大就生出死來。因此，使徒雅各勸勉，不要被地上的肉體的私欲牽引誘惑，要受來自上頭眾光之父的各樣恩賜和全備的賞賜。因為聖徒都是神照著自己的旨意用真理的話語生的神的兒女。

> 私欲既懷了胎，就生出罪來。罪既長成，就生出死來。我親愛的弟兄們，不要看錯了。各樣美善的恩賜，和各樣全備的賞賜，都是從上頭來的。從眾光之父那裡降下來的。在他並沒有改變，也沒有轉動的影兒。"(雅1:15-17)

以弗所書和哥林多前書裡面使徒保羅講論道，死在罪惡和過犯中的靈魂，得到神的生命就重生，從而成為義、真理和聖潔的新造的人。

> 你們死在過犯罪惡之中，他叫你們活過來，那時你們在其中行事為人隨從今世的風俗，順服空中掌權者的首領，就是現今在悖逆之子心中運行的邪靈。我們從前也都在他們中間，放縱肉體的私欲，隨著肉體和心中所喜好的去行，本為可怒之子，和別人一樣。然而神既有豐富的憐憫。因他愛我們的大愛，當我們死在過犯中的時候，便叫我們與基督一同活過來。(你們得救是本乎恩)(弗2:1-5)

> 如果你們聽過他的道，領了他的教，學了他的真理，就要脫去你們從前行為上的舊人這舊人是因私欲的迷惑，漸漸變壞的。又要將你們的心志改換一新。並且穿上新人。這新人是照著神的形像造的，有真理的仁義，和聖潔(弗4:21-24)

> 若有人在基督裏，他就是新造的人。舊事已過，都變成新的了。
> (林後5:17)

就這樣，重生是拯救靈魂的神的工作，就是把我們的罪和過犯與基督一同釘在十字架上埋葬，並且與基督一同因著聖潔的聖靈，重新出生為新生命。這福音的話語是靠著信心得到從上頭來的各樣恩賜和全備的賞賜，並做神的兒女，就是作為新造的人而生活。

今天我們是在聖經裡面尋找並理解這屬靈的生命，就是靈魂得救的出發點生命——重生。聖經裡面說，不要體貼肉體的私欲，而要得到新的屬靈生命，就是永生，得到從上頭來的各樣恩賜和賞賜，要活出新的靈命。

從屬肉體的角度來看，耶穌釘死在十字架上，司提反也是被石頭打死。釘死在十字架上或者被石頭打死的，都屬於受咒詛的。但是從屬靈的角度來看，司提反執事裡面有耶穌基督的靈。初代教會的聖徒們在患

難和逼迫中，沒有拋棄信心，而是靠著耶穌基督的靈殉道。但是，自從313年，君士坦丁大帝把基督教公認為國教之後，基督教急劇墮落，到中世紀完全被黑暗籠罩。

韓國基督教受逼迫和鎮壓的時候，靠著屬靈的生命重新復興起來了。但是自從韓國教會不斷出現體貼肉體私欲的聖徒之後開始，失去了屬靈的生命力，不斷墮落。因肉體私欲，正在死去的韓國教會和聖徒的靈魂，靠著基督十字架的功效要重新活過來。不要只顧眼前屬肉體的需要，不顧靈魂的死活，要懂得屬靈生命的寶貴。首先要明白我用肉體做什麼或者不做什麼並不重要，重要的是我靈魂的死與活。

> 如果神的靈住在你們心裡，你們就不屬肉體，乃屬聖靈了。人若沒有基督的靈，就不是屬基督的。(羅8:9)

十九世紀奮興師查爾斯芬尼用原來在紐約州當辯護士的風範，在大庭廣眾下證道。結果在紐約州的北部掀起了屬靈復興。他的復興運動在大都市取得很大的成果。1834年，建立 "大路帳幕教會"，在俄亥俄州奧柏林建立了神學校，同時做了牧會和教授事工。自從1851到1866期間擔任大學校長。

查爾斯芬尼說： "單靠人的理性從未得到過有用的福音知識，並且將來也是得不到的。" 人需要聖靈的光照。

> 若不是差我來的父吸引人，就沒有能到我這裡來的。到我這裡來的，在末日我要叫他復活。在先知書上寫著說，他們都要蒙神的教訓。凡聽見父之教訓又學習的，就到我這裡來。(約6:44-45)

芬尼當辯護士的時候，就讀懂了聖經裡面神的愛和真理，並且思索了自己的個人得救問題。但在那個時，如他在讀聖經的時候有人進來他的法律事務所，他就立刻把聖經插在法律書籍中間，掩蓋他讀聖經。他一有空就讀經禱告，但是心卻總覺得沉悶。有一天清早，他去律師事務所的道上，突然在心裡有問聲: "你在等什麼? 你不是許願要把心獻與神嗎? 你想要做什麼? 你是不是在努力成就你自己的義呢?"這一瞬間，得救的真理照亮了芬尼的心。耶穌基督十字架救贖的事工已經完全成就了，從今以後，芬尼要做的是決志斬斷罪，接待基督。這個救恩的福音就是芬尼把基督十字架的功效當做福音來接受就行。芬尼明白了這真理，並禱告悔改自己沒有來到神面前的罪，然後，得到聖靈的感化感動，體驗了重生。

今天就在這個時刻，要悔改顯出自己義的罪，把自己交托給聖靈恩典之中，使靈魂得以重生，並要享受主所賜給的平安。

怎樣得到重生的恩典呢?

耶穌基督的十字架救贖事工已經完全成就了。我們要做的是決志，從今以後斬斷罪，在我們心裡接受基督。

1) 要明白在我們心裡沒有接待救贖主耶穌的罪。

從那時候耶穌就傳起道來，說，天國近了，你們應當＿＿＿＿。(太4:17)

彼得說, 你們各人要悔改, 奉耶穌基督的名受洗, 叫你們的罪得赦, 就必領受所賜的聖靈。(徒2:38)

2) 在心裡接待作為話語的耶穌。

凡 ＿＿＿ 他的, 就是信他名的人, 他就賜他們權柄, 作神的兒女。這等人不是從血氣生的, 不是從情欲生的, 也不是從人意生的, 乃是從神生的。(約1:12-13)

3) 我們心裡所信的, 口裡要承認。

"他說, 這 ＿＿ 離你不遠, 正在你 ＿＿ 裏, 在你 。就是我們所傳信主的道。你若 ＿＿ 裏 認耶穌為主, ＿＿＿ 裏信神叫他從死裏復活, 就必得救。因為人 ＿＿ 裏相信, 就可以稱義。＿＿＿＿裏承認, 就可以得救。"(羅10:8-10)

若不是被 ＿＿ 感動的, 也沒有能說耶穌是主的。(林前12:3)

若不是差我來的吸 ＿＿ 引人, 就沒有能到我這裡來的。到我這裡來的, 在末日我要叫他復活。在先知書上寫著說, 他們都要蒙神的教訓。凡聽見父之教訓又學習的, 就到我這裡來。(約6:44-45)

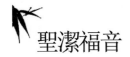

聖潔福音

雅 4:8

8. 你們親近神，神就必親近你們。有罪的人哪，要潔淨你們的手。心懷二意的人哪，要清潔你們的心。

重生是基督的靈在我們裡面，使我們的靈魂得以重生，能活出基督徒的生命。那麼，因我們裡面基督的靈在工作，我們臉上是否顯出耶穌的溫柔？因基督的靈，在我們的行為上是否顯出基督給罪人彰顯的良善？還有，是否顯出作為僕人給門徒洗腳的謙卑和十字架的犧牲？是否照著基督的邀請撇棄自己所喜好的肉身欲望，回應基督的呼召？如果對這個問題能坦誠地回答 "是"，那麼這是活出基督徒的聖潔樣式。

什麼叫做聖潔？

舊約裡面的聖潔叫做 "考德施"，表示聖潔或者神聖，含有為神把人或者物分別為聖的意思。祭司、聖幕還有祭物都是獻與神的分別為聖的，稱之為位置性聖潔(positional holiness)。

新約裡面的聖潔叫做 "哈吉奧斯"，表示聖潔、神聖、純潔，是完全獻與神的狀態，稱之為關係性聖潔(relational holiness)。

那麼，聖潔教會的聖潔是什麼概念，要藉著聖經認識一下。

第一: 聖潔並不是評估教養或者人格修養高尚的道德君子和社會領導人士的社會倫理道德基準。

儒教圈社會的韓國、中國、日本等東北亞洲人認為君子是人間最高模範。君子是具備仁義禮智的大人，在社會是受尊敬的倫理道德的模範。這個基準是儒教的基準，啟發人的品性，作為社會和國家領袖的道德典範，要求人們有道德的生活。

基督教是從西方進入東亞之後，把聖潔的福音用儒教的管道來解釋為信耶穌就成為社會道德君子。但是，不應該把信耶穌當作社會的道德君子或者實踐倫理的。信耶穌的最終目的是做聖潔的人，並不是做儒教的道德君子，而是得到神的聖潔，做屬神的人。

有很多人把聖潔誤解為法利賽人的律法主義或者道德主義。也有可能誤解聖潔一詞本身具有聖潔潔淨的意思，所以有罪的人很難接近。但是，聖潔是指罪人因神的恩典成為聖潔，並不是靠著人自己的努力來聖潔的道德倫理範疇。

既是猶太教的領袖，又是道德君子的法利賽人，在表面上裝作敬虔，在裡面卻充滿了貪心。耶穌稱法利賽人為 "粉飾的墳墓"。這是比喻法利賽人就如外面粉飾得好看，裡面卻是滿有朽爛骨頭的墳墓一樣。我們人即使用道德倫理來怎麼裝扮，若裡面沒有改革和悔改，就不能有真聖潔。

耶穌說；"一個人不能事奉兩個主。...你們不能又事奉神，又事奉瑪門"，接著說"自稱為義的法利賽人是貪愛錢財的，他們聽見這一切話，就嗤笑耶穌。(路16:13-15)"法利賽人在表面上似乎很聖潔，但是他們卻是心裡充滿貪心的假冒為善。法利賽人尋釁說："你的門徒為什麼吃飯的時候不洗手。"耶穌回答說："你們要聽，也要明白。入口的不能污穢人，出口的乃能污穢人。...因為從心裡發出來的，有惡念，兇殺，姦淫，苟合，偷盜，妄證，謗讟。"(太15:2,11,19,20)

因此，聖潔並不是法利賽人那樣靠人努力得到的，也不是律法的，而是靠著神的聖潔，罪人借此成為聖潔，是恩典的。

> 你曉諭以色列全會眾說，你們要聖潔，因為我耶和華你們的神是聖潔的。(利19:2)

> 你們既作順命的兒女，就不要效法從前蒙昧無知的時候，那放縱私欲的樣子。那召你們的既是聖潔，你們在一切所行的事上也要聖潔。因為經上記著說，你們要聖潔，因為我是聖潔的。(彼前1:14-16)

20年前，我曾在美國肯塔基州牧會的時候，來教會的有很多在韓國與美軍結婚移民到美國之後，被拋棄離婚而生活困難的女信徒。她們就像聖經約翰福音裡面的撒瑪利亞婦人一樣，多次反復結婚後被拋棄離婚，她們都是一家養兩三個同母異父孩子的單親家庭。她們本應該從前夫那裡得養育費用，但是得不到的時候，就到肯塔基州山溝角落住非法集裝箱裡面，過著悲慘的生活。雖然生活這樣困難，這些女信徒一到主日，就帶著孩子開著兩個小時的車，來教會做禮拜。她們叫孩子受主話語的薰陶，一天一天靠著神的恩典潔淨自己的心，過著移民生活

對這樣的聖徒還需要聖潔嗎?

不要認為聖潔是指在經濟上富足，能夠尋求倫理道德和修養的時候，

才需要的。在儒教是這樣。道德君子或者士大夫貴族即使下雨，他們為貴族體面在雨中絕不會跑，在所有的事上都守規矩。但是耶穌斥責法利賽人的律法主義或者士大夫的貴族主義。

神看我們的內心，就如神聖潔一樣，叫我們也要聖潔。這是叫我們在困境當中，靠著神的恩典，潔淨心思意念。

第二：聖潔是一心一意的信仰最高境界，其目的是榮耀歸神的聖潔狀態。

> 你們親近神，神就必親近你們。有罪的人哪，要潔淨你們的手。心懷
> 二意的人哪，要清潔你們的心。(雅4:8)

重生信徒的信仰達到最高境界——聖潔為止，有內心的掙扎。羅馬書7章裡面說，重生以後的信徒有內心掙扎，就是心裡喜歡神的法，想行善，但是肉體卻有另一個法，與心裡的法爭戰，使之引向罪的法。

> "故此，我所願意的善，我反不作。我所不願意的惡，我倒去作。我真
> 是苦阿，誰能救我脫離這取死的身體呢。(罗7:19, 24)

這種情況如同舊約裡面出埃及的以色列百姓過紅海、走曠野未盡迦南地之前，他們因無水缺糧食而埋怨神，不信摩西一樣。雖然以色列在曠野能自由地服事神，但因曠野生活的困苦埋怨、悖逆神。以色列人為完全服事神過紅海進迦南地。應許之地迦南地比喻為信仰的最終目的——聖潔。

有人說聖潔是死後成就的，但是聖潔是在世成就的神的恩典。死後成就聖潔的想法背後，有著肉體是罪的中世紀觀念。我們當做罪時候，不

應該把它當做物質來想。罪並不是物質或者東西。罪就是與神的關係斷絕。最早的人亞當違背神的禁令犯罪，這表示與神的關係破壞。因此，洗淨罪孽成為聖潔是恢復與神的關係。

關於我們的肉身，我們需要藉著聖經來理解。聖經裡面的我們的肉身是中立的，叫做 "索瑪"。羅馬書12:1說: "所以弟兄們，將身體獻上，當作活祭，是聖潔的，是神所喜悅的。"我們的肉身是神所喜悅的活祭。

羅馬書7:24，保羅告白的 "死的身體"(索瑪)，叫人容易誤解為身體就是死。但是，若知道古代十字架刑的意思，就可以解開這個誤解。在古代使用的這種死刑管道是，把死屍就是死的身體，與活人對著臉綁在一起，就是鼻子對鼻子，嘴對嘴。然後，過一段時間，活人跟死屍一起腐爛，最終叫人死的殘忍的死刑管道。保羅希望我們的肉體聖潔，就是罪的肉身，從罪的影響力之下脫離而活出的聖潔。這就如同現在流行的口蹄疫或者鳥類感冒菌強烈的時候，完全退去病菌而身體健康一樣，我們的屬靈信仰生活當中，要完全悔改破壞與神的關係的罪，在世保持聖潔是很重要的。

第三: 聖潔是從上頭得到的天上的智慧，並不是情欲的爭戰，而是叫神的教會合一。

聖潔並不是靠著人的努力能得到的倫理道德，而是從神，就是從上頭的聖潔的靈，就是從聖靈來的天上智慧。

> 這樣的智慧，不是從上頭來的，乃是屬地的，屬情欲的，屬鬼魔的。在何處有嫉妒分爭，就在何處有擾亂，和各樣的壞事。惟獨從上頭來的智慧，先是清潔，後是和平，溫良柔順，滿有憐憫，多結善果，沒有偏見，沒有假冒。並且使人和平的，是用和平所栽種的義果。(雅3:15-18)

聖靈來了，就如使徒行傳2章，出現在巴別塔因人的驕傲和欲望所變亂的語言統一的作工。

> 那時，有虔誠的猶太人，從天下各國來，住在耶路撒冷。這聲音一響，眾人都來聚集，各人聽見門徒用眾人的鄉談說話，就甚納悶。都驚訝希奇說，看哪，這說話的不都是加利利人麼。我們各人，怎樣聽見他們說我們生來所用的鄉談呢。(徒2:5-8)

聖靈充滿的結果，雖然用方言向神禱告，但在教會內部分派，不合一。這並不是真正的信仰生活樣式──聖潔。當聖靈充滿的時候，教會裡面出現用平安繩索彼此包容、彼此忍耐來綁在一起的合一。如果在教會裡面不是靠聖靈合而為一，這並不是真正的聖潔樣式，而是屬魔鬼的。

> 凡事謙虛，溫柔，忍耐，用愛心互相寬容，用和平彼此聯絡，竭力保守聖靈所賜合而為一的心。身體只有一個，聖靈只有一個，正如你們蒙召，同有一個指望，(弗4:2-4)

全州聖潔教會的已故長老尹成奎，出生在傳統儒教家風的韓醫家庭裡面，後來，他去日本留學當了韓醫大夫。韓國解放後，回國建立了世昌韓醫院，並開始做了醫療活動。他能相信基督教信仰的背景是，在1940年底，當時上鄰居教會的女兒合起幼小的雙手謝飯禱告開始的。幼小的女兒謝飯禱告說："感謝神，今日賜給我們飲食"。聽這禱告爸爸嗤笑說："什麼時候神買米做飯了?"結果由此啟發他去全州聖潔教會，接待耶穌為救主，並體驗重生。

從那以後，尹成奎執事的生活以神為中心。後來他知道，他所去的教會建築物原來是以前日本壓制時代，日本人拜偶像的寺廟。他說："一直

到現在都沒有修建新聖殿，在寺廟做禮拜，這樣怎麼來到神面前呢?"，覺得特別虧欠神，以致心痛。然後，他自己說要承擔修建新聖殿的所有費用，就這樣修建了新聖殿。神賜給尹執事聖潔的恩典，並賜給他確信和膽壯的信心。

然後，當時的主任牧師李大俊勸尹長老說: "長老，要做一件大好事吧!"之後，尹長老奉獻了全羅北道鎮安的山地和田地共72萬多平方米，供作修建聖潔教神學校的地皮，並從國家文教部得到了設立財團許可。後來，因學校的邀請，當了聖潔大學校第一任理事長。

尹成奎執事當長老之後，常常被聖靈充滿保持聖潔的生命。當他無意過犯失誤時，跟主任牧師詳細認罪，以悔改禱告來解決問題。不然，他自己痛苦得難受。還有，教會裡面的當縣長和市長的長老面前，自己作謙卑的表率，為教會的和睦團契作信仰人品的表率。聖潔的恩典是來自上頭的天上的智慧，不是情欲的爭戰，而是叫神的教會和睦。

第四: 聖潔是聖靈充滿的結果，聖潔的信徒裡面充滿基督的愛，從而得到服事和傳道的能力，並且得到凡事謝恩，用詩章、頌詞、靈歌讚美主，分辨主旨意的能力。

求他按著他豐盛的榮耀，藉著他的靈，叫你們心裡的力量剛強起來，使基督因你們的信，住在你們心裡，叫你們的愛心，有根有基，能以和眾聖徒一同明白基督的愛，是何等長闊高深，並且知道這愛是過於人所能測度的，便叫神一切所充滿的，充滿了你們。(弗3:16-19)

你們要謹慎行事，不要像愚昧人，當像智慧人。要愛惜光陰，因為現今的世代邪惡。不要作糊塗人，要明白主的意意如何。不要醉酒，酒能使人放蕩，乃要被聖靈充滿。當用詩章，頌詞，靈歌，彼此對說，口

唱心和的讚美主。凡事要奉我們主耶穌基督的名，常常感謝父神。又
當存敬畏基督的心，彼此順服。(弗5:15-21)

靠著聖靈，隨時多方禱告祈求，並要在此儆醒不倦，為眾聖徒祈求，
也為我祈求，使我得著口才，能以放膽，開口講明福音的奧秘。(弗
6:18-19)

釜山東光聖潔教會已故長老金德賢，在他十歲的1933年，因為全國傳
染急性痢疾，同時喪失了父母，成了天涯孤兒。這時候，他的姐姐說："我
們的生活是從現在開始的。我們不是有真爸爸我們的神活在嗎。我們
要去真爸爸，我們神的家。"就這樣把小德賢領到教會。姐姐在講臺下麵
禱告： "神哪!我們的真爸爸感謝你。神你把我們的生身父母接去天國而
感謝又感謝。他們如果在家病躺著，就需要很多醫藥費，還得要有人照
顧。因為你憐憫我們，把他們引到永遠的地方去而感謝。奉耶穌的名禱
告。"

叫小德賢禱告的時候，德賢這樣禱告： "神哪，我不會禱告。願神愛我
的爸爸媽媽。我以後好好聽姐姐的話。奉耶穌的名禱告，阿門。" 這時姐
姐抱著他說："就這樣你想說什麼就祈求，神就成全。從今以後我們每天
都要禱告吧" 後來他在李成峰牧師的指導下體驗重生。在1939年，中國教
會的金洪順牧師執禮下受洗。

6.25韓國內戰中，他被北朝鮮軍抓去險些被槍殺的危機中，九死一生。
然後，就去釜山避難戰爭，並在釜山聖潔教會一生服事神。每當開奮興
會的時候，他都接待奮興師。這事是自從他在1951年的國內戰爭當中，接
待聖潔教團的師父李明直牧師以後開始的。當時是所有的人都是戰爭
難民，沒有人能接待奮興師。那時候，他一無所有，但他自己心裡決定
要接待奮興師。當時都沒有飯桌，在木頭箱子上面鋪上報紙，擺上飯、

筷子還有醬油。

後來，神開始祝福青年金德賢。他在永豐礦業上班的時候，他為取礦石樣品，去麗水出差。他是按著原則辦事，所以沒有趕上回家的船。但是，他所耽誤沒有坐上的船坐礁擱淺，289人罹難。因這事，公司認定青年德賢為正式的模範員工，並獎勵500萬元。他把全額獎勵金為聖潔教會買地皮奉獻。

神藉著這事認定青年德賢為忠心，開始給他打開前路。他沒有念過正規的學校，自學《中學講義錄》。神卻把他當做聖潔來看待，他被錄用為韓國貿易振興釜山事務所的守衛，後來，忠心的金德賢執事晉級為貿易振興釜山事物所長。後又擔任韓國化學實驗檢查所第一任所長，藉著貿易在全國經營12座礦山。他當長老後，因為工作關係雖然移居到首爾，但是每主日他都坐高速大巴去釜山東光聖潔教會做禮拜，然後，第二天做完早禱之後返回首爾。就這樣做一個誠實的長老。

那麼，怎樣才能得到聖潔的恩典?

第一：因著耶穌基督的贖罪祭，我們的罪只一次就得以赦免，便成為聖潔。

耶穌基督是為成全律法而來的。他自己親自作贖罪祭只一次獻上自己來成全了舊約的律法。基督的贖罪寶血只一次就把我們的罪洗淨，使得我們聖潔。

> 以上說，祭物和禮物，燔祭和贖罪祭，是你不願意的，也是你不喜歡的，(這都是按著律法獻的)。後又說我來了為要照你的旨意行。可見他是

除去在先的，為要立定在後的。我們憑這旨意，靠耶穌基督只一次獻
上他的身體，就得以成聖。(來10:8-10)

第二：因著聖靈我們在神面前不僅完全分別為聖(consecration)，而且
完全獻上(dedication)。

聖靈是聖潔的靈，他在信耶穌的人裡面做工，把真心相信的人分別為
聖，叫他完全獻上。就如亞伯拉罕把自己百歲得的他所愛的獨生子以撒
向神獻上一樣，真信神的聖徒隨著聖靈的做工，能得到把自己獻上為聖
潔活祭的恩典。聖經稱這樣聖潔的聖徒為屬靈的人。

然而屬血氣的人不領會神聖靈的事，反倒以為愚拙。並且不能知道，因
為這些事惟有屬靈的人才能看透。你們仍是屬肉體的。因為在你們中
間有嫉妒分爭，這豈不是屬乎肉體，照著世人的樣子行麼。豈不知你
們是神的殿，神的靈住在你們裡頭麼。(林前2:14,3:3,16)

第三：在我們的日常生活當中靠著話語和禱告來聖潔。

為要聖潔而主張禁食和禁欲的錯誤的。聖潔是在日常生活當中，活出
以神為中心的生命。因此，聖潔的恩典是藉著神的話語和禱告，是來自
神的。

聖靈明說，在後來的時候，必有人離棄真道，聽從那引誘人的(邪)靈，
和鬼魔的道理。這是因為說謊之人的假冒。這等人的良心，如同被熱
鐵烙慣了一般。他們禁止嫁娶，又禁戒食物，(或作又叫人戒葷)就是
神所造叫那信而明白真道的人，感謝著領受的。凡神所造的物，都是
好的。若感謝著領受，就沒有一樣可弃的。都因神的道和人的祈求，成
為聖潔了。(提前4:1-5)

下麵是辛普森(A. B. Simpson)蒙聖潔恩典的禱告文:

> 我死了， 我自己的生命被服從埋葬， 看不見了。耶穌使我得以聖潔，他是我的一切中的一切。我照著他認為最好的來為他而行，我要把我自己完全順服於他。我相信，他是我的現在和將來的生活中，我所最需要的一切。

之所以我們能活出聖潔，是因為根據約翰福音10章10節的話，得生命而且得的更豐盛。我們要相信神的應許，不要疑惑，要活出順服。要行神所喜悅的，常常在聖經的話語當中祈求他的聲音，每當面臨誘惑和試探的時候，要來到神面前以禱告來保持聖潔。

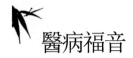

醫病福音

雅 5:15-16

15. 出於信心的祈禱, 要救那病人, 主必叫他起來。他若犯了罪, 也必
蒙赦免。16.所以你們要彼此認罪, 互相代求, 使你們可以得醫治。義
人祈禱所發的力量, 是大有功效的。

　醫病的福音是聖潔教會當做傳統強調的福音, 是神醫治人身上的病, 使
聖徒的身體恢復健康的神秘的恩典, 是屬於基督救贖的恩典。但是, 在
科學和醫學發達的現今時代, 現代人很容易把神的醫病福音當做迷信或
者狂信。因此, 現代教會牧會者不按著聖經話語 "互相代求, 使你們可
以得醫治"(雅5:16)去做, 而是傾向於過分依靠醫藥和醫學。

　這種現狀問題的根源可以追溯到十九世界西方基督教宣教的來龍去
脈。十九世紀西方宣教作為栽種西方文明的傳播者, 並沒有使基督教在
當地文化和宗教的處境中根深蒂固。當然, 代表西方文明的西管道教育
體系、醫院等醫療事業, 對沒有體驗過文明儀器的第三世界貧窮的人來
說, 都是傳達神愛的很好媒體。但是, 這類的教育、醫療事業並沒有與
基督教的本土化同步推進。所以出現了這種弊病。就是說, 這種外在的
社會事業應該要與基督教的靈性——耶穌基督的福音相互連貫起來在當

地文化和宗教的處境裡面同步紮根，但是沒有做到這一點。

舉例，在家屬有病的時候，以前認為是祖先靈發怒或者是惡靈作怪。但是，在宣教士經營的醫院看西醫得醫治的時候，過去所信的屬靈的世界就被全盤拒絕。這個情況，　應該強調對耶穌基督醫病的信心。還有，在學校裡面因為西管道的教育，雖然培養理性和合理性等科學的價值觀，但是人裡面的靈性確實越來越衰退。就是說，基督教宣教的結果靈性衰退，理性和合理思維加強了。當然，加強理性或者合理性是好的，但同時也要加強尋求神的靈性。

就這樣，基督的福音在各國的文化和宗教處境裡面，雖然引進和發展科學技術文明起了很大貢獻，但是人們原來有的傳統的靈性，就是對靈魂的信心，對惡靈和鬼神的恐懼，對絕對超越者的體驗信仰，反倒衰退了。因此，在基督徒當中出現了極其合理的理性人，他們與不信屬靈世界的無宗教人沒有兩樣。對他們來說，基督教仍然是西方宗教，是教育和醫療的社會機構而已。我們要照著聖經，要傳揚靠著神的做工醫治的醫病福音。

第一：醫病福音是耶穌基督救贖事工的一部分。

以賽亞53:4～5說 "他誠然擔當我們的憂患，背負我們的痛苦。我們卻以為他受責罰，被神擊打苦待了。那知他為我們的過犯受害，為我們的罪孽壓傷。因他受的刑罰我們得平安。因他受的鞭傷我們得醫治。"基督在十字架上用肉體償還了所有的罪債，因此，成就了我們的肉體得醫病。

第二：醫病是給相信耶穌基督十字架救贖和復活的人彰顯神迹奇事的神的恩典。因為耶穌基督在各各他十字架上救贖了我們的肉體，他復活

的生命住在我們裡面，所以靠著神的恩典，凡相信的人身上彰顯神醫病的工作。馬可福音16:17-18說 "信的人必有神迹隨著他們，就是奉我的名趕鬼。說新方言。手能拿蛇。若喝了什麼毒物，也必不受害。手按病人，病人就必好了。"

第三：醫病是靠著聖靈的工作成就的聖靈事工。路加福音4:18說 "主的靈在我身上，因為他用膏膏我，叫我傳福音給貧窮的人。差遣我報告被擄的得釋放，瞎眼的得看見，叫那受壓制的得自由"

聖潔教會的靈岩金應祖博士，自己親自體驗神醫病的恩典，在他身上六種病得醫治，並且強調了醫病的福音。他根據自己的經驗和聖經，如下反駁否認神醫病的人：

> 有些人說不需要奇迹(醫病)，原因不是別的，其最根本原因是要證明神的啟示。然而，神的啟示是藉著耶穌基督已經成就了，從此以後不需要神迹奇事。但是，如今仍出現很多神迹奇事，如今神仍藉著很多神迹奇事來叫人警醒，並以此大能來證明神的存在。

靈岩博士為應對17～19世紀的合理主義和理性主義的威脅，與認定神是創造主的改革主義神學保持距離。改革主義神學不主張神親自介入人的中間。尤其對他們來說，不希望神親自醫病。因為，醫病是耶穌基督在世工作期間彰顯的神迹奇事。他們認為人靠著從創造主——神得到的統治世界的責任，藉著醫學醫治疾病。

這種改革主義思想若沒有建立在個人的敬虔和禱告之上，則有走極端不信仰的人本主義危險。說是在這個社會成就神的旨意，行動卻不信神的樣式。靈岩考慮到了這種極端，並確信如今仍有神醫病的恩典。因此，

靈岩藉著聖靈內住的聖潔生活和盼望主再來的敬虔生活，不否定神醫病的能力，並以此作為宣教的主要方法。

關於四重福音的第三個恩典醫病(DivineHealing)，靈岩金應祖牧師靠著神的能力親身體驗從疾病的釋放。自從1920年在鐵原教會服事開始，一直到1930年去木浦為止，這10年期間他開闢了70個教會，在滿洲以奉天為中心，在滿洲宣教等事工，靈岩身心精疲力盡。他為療養去木浦，決定在一座山的岩石上做百天集中禱告。在1930年9月10日，他體驗了從所有疾病當中得釋放的神醫病恩典。

那時候的木浦，只有在一年前新開闢的教會，是一幢租的草房，只有10個信徒。這對負責一個地方的我來說，一點都不成問題。還有，我的住處是在一間屋子裡面五口人像蝦子一樣彎曲著睡覺。那時候，也是因為旱災嚴重運水，一桶水賣1角5分。每天生活在水災、住宅困難、疾病災等五種災殃當中，所以本來沒有的病也生了。我的身體越來越衰弱，以致身上得了多種疾病。神經衰弱、消化不良、神經痛、痔瘡、肺炎、淤血等六種病集中攻擊我。當時我認為早死一天就是祝福，多活一天就是咒詛。我陷入絕望之中…，我禱告結束後，渾身疲乏入睡了。我好像似睡非睡當中，看見我坐的岩石裂開了，我看有10尺深的底下開始有水繞著上來，水漲滿到我坐的岩石上面，我好像浮在水上面。然後，我心裡充滿了什麼東西。之後，一瞬間我看見我的身體就如玻璃一樣透亮。我醒過來一看，原來是偉大的異象。自從那以後開始，我的心和身體有了很大的變化。心裡湧上喜樂、愛心、能力和盼望。我的身體就如玻璃一樣透亮，輕快得好像快要飛起來的感覺。當時，我說：'主啊，感謝你。我活過來了。'然後，我一站起來，身心發熱。我邊跑邊讚美 '憂愁煩悶的人，吞聲而飲泣，快到慈悲座下。'我不知道，我唱了多少遍這首讚美。那個時候，神把我的嗓子完全醫好了，從那以後，我講道再多，嗓音都不變。六種疾病同時完全退去了。從那時候一直到現在有39年，從未因病受過苦，一直都是很健康。我確實知道的是神更新了我的身心。我現在回想到的是，神為施恩我，用六種病來把我趕到角落裡面，叫我尋求神。這是神自己的護理，我因此而感謝神。

聖潔教會奮興師李成峰牧師從神得醫治的見證:

> 當時教會更加火熱地復興起來，每天晚上輪流到聖徒的家中開家庭聚會。那時候，有一個信徒家的對面屋住了拜關雲長祠堂占卜的巫婆。但是，這個巫婆全身不遂7個月，廢骨嶙峋在痛苦中呻吟。她躺在屋子裡面聽見李成峰傳道在院子裏的講道，自己流淚決志接待耶穌。並決定把自己拜的鬼神和偶像祠堂所有東西全部焚燒。左鄰右舍都聚集在一起唱著讚美把所有偶像全部焚燒的時候，主的榮光大大彰顯出來。為那個巫婆奶奶禱告之後，第二天，她的病完全好了，主日到教會作禮拜，完全變了一個新人。這事後，教會靠著主恩典更加堅固。過一段時間後，他在第一個事工地上，做了很成功的牧會。

在巫婆奶奶家裡出現神醫病的神迹奇事，彰顯主的榮光之後，教會就更加復興起來了。李成峰傳道在水原教會牧會的時候，身體常常衰弱，一到下午就發燒，就這樣他因病受折磨。

有一天，因為發高燒昏迷過去。那一瞬間，在空中突然間有聲音說:"李成峰，你活不了了。你可能要離世了。"聽這話的瞬間想的是:"我死以後去哪裡呢? 我做好去天國的準備了嗎?"自從神學校畢業後，說是為主做工，但是想起仍沒有悔改的罪, 心裡就害怕。因此, 覺得應該悔改。他叫來妻子當做見證，把過去沒有悔改的罪, 都寫在紙上認罪。靠著話語, 只相信主十字架寶血的恩典, 哪管是小罪, 只要想起來就悔改。

撒但繼續給他看沒有主的十字架，並欺騙他, 阻礙他的悔改。即使這樣，他仍是繼續悔改。就這樣抵擋撒但的阻礙，悔改一陣子之後，從天顯出十字架，在十字架上明確看見被釘流血的主。看著這光景的李傳道，感激得在主被錠的十字架面前哀慟，更加痛悔認罪。除了抓住為我流血的主十字架之外，別無盼望。主把悔改的李傳道引到天上，給他看了如水晶一樣清澈的約旦河水和華麗燦爛的天城，並安慰了他的靈魂。然後，

突然間聽見不知道從哪裡來的讚美聲，醒來一看，全身的病就如謊言一樣，完全好了。李傳道因為這時候的體驗，他更加靠主。即使在患難和痛苦當中，他仍沒有丟棄盼望，比暫時的在世生活，更渴慕主在的永遠天國。

再來的福音

彼後 3:8-14

8. 親愛的弟兄阿，有一件事你們不可忘記，就是主看一日如千年，千年如一日。9. 主所應許的尚未成就，有人以為他是耽延，其實不是耽延，乃是寬容你們，不願有一人沉淪，乃願人人都悔改。10. 但主的日子要像賊來到一樣。那日天必大有響聲廢去，有形質的都要被烈火銷化。地和其上的物都要燒盡了。11. 這一切既都要如此銷化，你們為人該當怎樣聖潔，怎樣敬虔，12. 切切仰望神的日子來到。在那日天被燒就銷化了，有形質的都要被烈火熔化。13. 但我們照他的應許，盼望新天新地，有義居在其中。14. 親愛的弟兄阿，你們既盼望這些事，就當殷勤，使自己沒有玷污，無可指摘，安然見主。

2012年瑪雅人的 "2012年12月21日末世論" 行事曆法轟動了全世界。研究天文學的瑪雅人，把2012年12月21日確定為瑪雅行事曆的最後一日。因此，人們認為這日是地球的末日而恐慌。懼怕地球末日的世界人們，有的躲藏在地下防空洞裡面，有的貯藏了洋蠟和備用糧食。在俄羅斯和烏克蘭瘋搶購買 "末世備用品" 包裹。在中國利用世界末日的黃金詐騙案猖獗。一度聞名於世界末日的避難所法國西南部山間小城市布加拉什，曾爆滿10萬多人。但是，瑪雅人的末世論行事曆法的預測以失敗來告終。

關於末日的怎樣來臨，有很多種觀點。對末日始終存在著恐懼心，尤

其是以千年為一組織的世紀末，恐懼心更甚。從西元999年過到1000年時候也是這樣。從1999年過到2000年的時候，因為Y2K的末世論，世界籠罩在極度的不安當中。世界的現狀是地球溫暖化而導致的各種氣象變化，自然灾害，世界性的經濟危機，中東的石油霸權戰爭等問題更加混亂，所以末日的時候近了。關於地球的末日有很多學說，都有地球難免被未知的星球或者彗星撞擊；巨大的太陽暴風或者太陽系行星排一列導致地球自轉軸的變動；地球被銀河系的黑洞吞沒等，這些地球末日學說，不管哪一個學說對與否，可以肯定的是地球總有一天必滅亡。那麼，神的話語聖經對末日怎麼說呢?

1. 再來的福音告訴我們，受造的這世界所有的都有其末日。

   塞特也生了一個兒子，起名叫_____。那時候，人才求告耶和華的名。(創4:26)

   那些日子的災難一過去，日頭就變黑了，月亮也不放光，眾星要從天上墜落，天勢都要震動。"(太24:29)

   但主的日子要像賊来到一样。那日_____必大有响声_____，有形质的都要被_____销化。地和其上的物都要烧尽了。(彼后3:10)

2. 再來的福音是告訴我們，要我們去世界宣教，傳福音給萬民使他們悔改必要性。

   使徒彼得說，直到萬民得救為止，神把一日當做千年來等待。壓傷的蘆葦，神不折斷。將殘的燈火，神不吹滅。神不願意叫一個罪人滅亡，

乃願人人從罪惡中得救。因此，聖徒要把罪得赦免得救的福音向普天下傳揚。

親愛的弟兄阿，有一件事你們不可忘記，就是主看＿＿＿如＿＿＿，千年如一日。主所應許的尚未成就，有人以為他是耽延，其實不是耽延，乃是寬容你們，不願有一人沉淪，乃願人人都＿＿＿＿＿。(彼後3:8-9)

耶穌的門徒問末世的時候，耶穌回答說，末日的時辰是神的權柄，所以叫主的門徒不要好奇，也不要憂慮。定時末世論者的錯誤就在此。他們把一天當做千年來計算，強解創世記和啟示錄自取滅亡。把創造天地的六天當做六千年計算，再減去到七千年進入千年王國之前的七年大患難時間，就計算出1992年，然後是吹角節時期，所以把主在來的時間確定為九月十八日。

這是簡單的計算法，擅自算了神的時間，這是錯誤的聖經解釋。詩篇90篇4節說：“在你看來，千年如已過的昨日，又如夜間的一更。”這裡面千年如一日的表達方法是表示神如此愛我們。結果，確定的那一天，主沒有來。因此很多人自殺，造成社會一片大混亂。

我們聖徒不要強解末日的時間，而要照著耶穌的話語禱告聖靈充滿，作世界宣教的見證。

但那＿＿＿＿日子，那＿＿＿＿時辰，沒有人知道，連天上的使者也不知道，子也不知道，惟獨父知道。(太24:36)

耶穌對他們說，父憑著自己的權柄，所定的＿＿＿＿＿＿＿＿，不是你們可以知道的。但聖靈降臨在你們身上，你們就必得著能力。並要在耶路撒冷，猶太全地，和撒瑪利亞，直到地極，作我的見證。(徒1:7-8)

這天國的福音, 要傳遍天下, 對萬民作見證, 然後末期才來到。(太 24:14)

3. 再來的福音告訴我們, 在末日給我們預備, 耶穌基督來用能力保護他聖徒的最後榮耀的救恩。

我們聖徒迎接末日不要恐慌。末日是神的日子, 是主的日子, 對不信者是禍, 但對信者是榮耀的有福之日, 是得賞之日。

我們的盼望和喜樂, 並所誇的冠冕, 是什麼呢。豈不是我們主耶穌___的時候你們在他面前站立得住麼。因為你們就是我們的____, 我們的 _____。(帖前2:19-20)

你們這因信蒙神能力_____的人, 必能得著所豫備, 到末世要顯現的救恩。(彼前1:5)

於是王要向那_____的說, 你們這蒙我父賜福的, 可來承受那創世以來為你們所_____的國。(太25:34)

4. 再來的福音叫聖徒警醒預備那榮耀之日。

使徒彼得勸勉道, 為迎接末日就是神的日子, 不要害怕擔憂, 而要以悔改和聖潔, 膽壯平安的心切切渴慕等候。

看哪, 我來像賊一樣。那____, 看守____, 免得赤身而行, 叫人見他羞恥的, 有福了(啟16:15)

這一切既都要如此銷化, 你們為人該當怎樣____, 怎樣____, 切切仰

望神的日子來到，在那日天被燒就銷化了，有形質的都要被烈火熔化。"
(彼後3:11-12)

但我們照他的應許，盼望新天新地，有義居在其中。親愛的弟兄阿，
你們既盼望這些事，就當殷勤，使自己沒有玷污，無可指摘，＿＿＿見
主。(彼後3:13-14)

　　李長林出生於一九四九年韓國全州，一九六七年他上了監理神學校，
但是中途輟學。後來，他在生命之道出版社上班，一直到一九七五年三
月在某聖潔神學校插班到二年級就讀神學。畢業後，在聖潔教會的小型
教團按立為牧師。他翻譯了Earnest Angley的《被提》刊物，並出版了
有關末世論的書籍。再後來，他就離開生命之道出版社。一九八九年四
月十九日，開闢了多米宣教會，開始大力佈道。

　　逐漸地很多人陷入了92年的被提說，其傷害效應相當嚴重。1992年8
月10日，一比特31歲的男人，因妻子陷入92年10月的被提說而悲觀，在其
父母的墳墓前服毒自殺。丈夫一死，妻子乾脆把上小學的兒子帶領到山
裡面的禱告院，加入集團生活。小學生當中，有的在班級裡面學習排
第一第二，但是他們陷入92年10月的被提說之後，學習成績急劇下降，
有的甚至離家出走。當時，離家出走，輟學，辭職的比比皆是。

　　最嚴重的問題是1992年10月被提說的根據——啟示問題。尤其令人關
注的是所謂叫做天上奧秘的直通啟示。迄今為止有關末世論的國內外
異端的共同特徵是，不相信聖經的充分性(Sufficiency of Scripture)，只主
張啟示的延續性。

　　二世紀的孟他努斯說，主降臨在陪普咋村，以此誘惑很多人，致使很
多異端藉著新的啟示(New Revelation)，就是用假啟示來迷惑人。假啟示
集中於末世論，其覈心內容就是那日和那時辰。過去的兩千年來，一直

在費盡腦筋要計算出那日和那時辰。

> …如今， 神仍藉著很多禱告的神的僕人和聖徒， 用啟示、異象、異夢、聲音等各種管道來告訴了92年10月28日的被提。

就這樣， 李長林反復主張知道那日和那時辰。 人果真知道那日和那時辰嗎? 在基督教兩千年的歷史當中， 曾多次出現過有關再來和被提的實例， 但是從未說對過。 這並不是在韓國開始的。 自從1930年代開始在韓國教會裡面就曾有過， 1950年代也有過， 1960年代有過四次， 1970年代有過三次， 80年代有過二次， 90年代有過一次。 然後， 只在92年一年之內， 就有過五次。 但是， 說的都不對。 再則， 92年10月的被提說， 開始就不只一兩個的疑惑。 主張的被提日子不同， 都有92年9月28日、92年10月10日、92年10月28日等三個不同的被提時間。

初代教會的教父、宗教改革家們、19~20世紀正統神學家們一致斷言道， 人不能知道那日和那時辰。 沒有一個學者說， 人能知道馬太福音24章36節說的那時日。 李昌根在他的馬太福音的注釋裡面明確斷言道: "再來的諭旨(預旨)是屬於聖父的事工， 到那日主再來審判。 信徒的職分是相信聖子， 等候那日的救恩。 因此， 本節的要旨是叫聖徒不要知道那日和那時辰。"改革派福音主義神學家亨利迪森提到 "基督再來時日"的時候說:

> 但那日子， 那時辰， 沒有人知道， 連天上的使者也不知道， 子也不知道， 惟有父知道。 (可13:32)

> 還有， 父憑著自己的權柄， 所定的時候日期， 不是你們可以知道的。 (徒1:7)

THE FOURFOLD GOSPEL

四重の福音_日本語

四重の福音

　聖潔教会は、１９世紀末から２０世紀　始めにかけて米国で起こった、福音主義運動の結果を用いて、集大成となった、新生・聖化・神癒・再臨の四重福音を、伝道と神学の中心であると、主唱としている。ある人たちは、ホーリネス教会の四重福音をガラテヤの人への手紙1章6～7節を引用して、"違った福音"はないと主張しているが、四重の福音はキリストの福音を変化させ、人々を混乱させる"違った福音"ではなくキリスト福音の四重的側面を統合的に説明する神様の福音だ。つまり、四重の福音は、４つの違った福音ではなくキリストを中心とした救いの四つを示してしる。これはまるで、A,　B, Simpsonが主唱したように、合唱の4部、ソプラノ、アルト、テナー、ベースがいて合唱のハーモニーを通して１つの完成した合唱を創り出すように、新生、聖化・神癒・再臨の四重の福音は、キリストの福音をキリスト中心として調和することだ。

　四重の福音には、魂が水と聖霊バプテスマによってよみがえり神の子として新生(ヨハネによる福音書1:12,3:3,5)、神の子として成長

し、心を新たにすることによって、罪に打ち勝ち、神の導き通りに歩み勝利し、生きていくための聖化(ローマ人への手紙12:1～2,ヤコブの手紙4章8節)、この世界で生きていく上で、神の恵みである身体的病気や精神的欠点、または罪人としていやしを受け、健康な人生を生きていくための神癒(マルコによる福音書16:18、ヤコブの手紙5:14～16)、またこの世の人生の中で死を通して、神の国に入る個人的な終末だけではなく(ことがだけがすべてではなく)、この世の終りをイエスキリストがに捧げ、大きな栄光中で(と復活)再び来られる再臨(テサロニケ人への第二の手紙1:3～12)を含んでいる。では、これから四重の福音を順番に説明していくとする。

新生の福音

テトスへの手紙3章5-7節

5. わたしたちの行った義のわざによってではなく、ただ神のあわれみによって、再生の洗いを受け、聖霊により新たにされて、わたしたちは救われたのである。6. この聖霊は、わたしたちの救主イェス・キリストをとおして、わたしたちの上に豊かに注がれた。7. これは、わたしたちが、キリストの恵みによって義とされ、永遠のいのちを望むことによって、御国をつぐ者となるためである。

　新生の福音を説明する前に、2012年、中国山東省で、発生したイさんの死について語ってみよう。当時、14歳の中学生だった、イさんは、亡くなった当日も普段と変わらず、家のリビングで座りながら、母親と一緒に会話をかわしていた。しかし、学校の先生から母親宛に一通のメールが届いた。それは、イさんが通っている学校での生徒の頭髪検査についてだった。イさんは、規則に従わず、髪を長くしているため、週末に髪をきちんと切ってから学校に登校するようにとの通知だった。

　普段からイさんは、自分が通っている学校の“短髪規則”に対し、不満を持っていた。その理由は、イさんは普段から他人の手が自分

の髪の毛に触れることさえ、不快に感じるほど髪の毛を大切にしていたからである。髪の毛を伸ばすことが普通、子供にとっては、なんともないことだが、イ・モさんにとっては、自分自身を表現してくれる、とても大切なものだった。イ・モさんの母親が学校から来た　　『学生の髪を切ってくれ』という内容のメールを見せながら、週末、髪を切りに行こうと言った瞬間、イ・モさんは『いやだ』と強く否定した。リビングのソファーを踏み窓に上がりしばらくの間ためらいながら、5階から窓の外へと飛び降り自殺した。なぜ、このような残念な事件が起きたのか? この少女の中心には、自分自身を守っている髪の毛を伸ばすという心機があり、自分の中心である髪の毛を切ることより、5階から飛び降りて、死ぬことがましだと考えたからである。

　もし、少女が生命であるイエス様を信じ、魂がよみがえり、自分自身が生きていく意味を正確にわかっていたとしたら、果たして、少女は神様が与えてくださった生命を落とすのか!少女の新生の霊が生き、髪の毛よりも、もっと大切に思っていることがあったとしたら、少女は死ななかったであろう。このようなことは、もう二度と起きてはならない事件だ。あまりにも多くの人たちの霊が死に、生きていく意味を知らずに生き、この世で信じ頼ってきたものが消え、死を選び生涯に幕を閉じるもどかしい事件が起っている。私たちは、生命の福音を広め、死んだ霊をキリストに導き、またよみがえらせる新生の福音を広めなくてはならない。

　そうだとすれば、人間の中心には何があるのか?

　使徒パウロは人間を霊と心とからだからできていると、テサロニ

ケ人への第一の手紙5章23節に書いてある。霊(ピュニュマ)、心(プシケ)、肉(ソマ)、この3つの形態の人間の構成要素は、わたしたちが考えるとき、一番表に肉であり、精神に魂(心)であり、一番底深い中心は霊であると理解すればいい。人間の病気の中心は、心因性疾患(psychic-somatic disorder)があるが、これは、霊(ピュニュマ)、すなわち精神的心理的要因として、肉(ソマ)に疾患が発生することを言う。

韓国人たちの中年期40-50代以降、女性に発生する場合が多い更年期は、代表的な身体的障害の1つの例だと言える。更年期はWHOで認定され世界の医学事典に掲載される疾患として、その症状として"憂鬱で、生きるのが楽しくなく、不安でイラつき、眠れず、怒りっぽくなり、頭が痛くなり、身体中がずきずき痛み、胸が苦しく、顔が熱っぽく、喉や胸にしこりの塊があるようだ。"がある。

臨床で起きた、53歳の主婦の要請文だ。

> 喉から何かが上がってくようで、中から塊が突き上げてきます。胸が苦しく、心臓がどきどきして、手足が痺れ、気持悪くムカムカし、眠れず、食欲がなく、この世で生きて いく楽しみがありません。約10年前から、このような症状が現れ、漢方・おはらい・占い・病院治療、できることはすべてやりました。薬を飲むときは、少し良くなり、飲まないと、すぐにまた症状が悪くなります。

これは、わたしたちの肉(ソマ)が、精神(プシケ)の影響を受けている事実を反証つけている。聖書でも、ヨハネの第3の手紙2章で『あなたのたましいがいつも恵まれていると同じく、あなたがすべてのことに恵まれ、またすこやかであるように』と、書いてある。霊(ピュニュマ)が、もう一度生き返り、回復すれば、精神にも身体にも影響を受

け、健康になるということだ。しかし、霊がたちまち人間の中心から崩れ落ちたら、人間は無気力になり、死にざるおえなくなる。もう一度言うと、人間の霊は、何にしがみついて生きていくのかが、人間の生命の中で一番大切なことだ。

　韓国の長老教、キム牧師の話だ。キム牧師は幼いときから、母親にひどく叱られながら育ってきたが、ひとつ理解しがたいことがあった。それは、一緒に暮していた従兄弟に対しては、母親が一度も叱らず、良い服だけを着せ、食べさせていたことだった。その事実を悟ってみれば、おじが亡くなり、おばが私の母親に従兄弟を預け再婚したことだった。そんなにも良い服に、美味しい食事を食べさせ、育ててきた従兄弟が21歳になった年、自殺してしまったのである。しかし、自殺した理由を知った。それは、従兄弟が21歳になり、産みの親に会った時、自分の結婚生活に支障が起きると思い、おばは自分の息子に自分が産みの親だということを隠してほしいという言葉に衝撃を受け、人生を放棄したのだった。この青年は自分の産みの親が人生の中心であり、実体性だったのだが、その実体性が消え、生きていく意味がなくなり、死を選んだのだった。万が一、彼が神様を父としてつかえ、霊がよみがえり、神の子として生きるとしたら、自分の中心をキリストにつかえ、やりがえのある人生を送っていたであろう。わたしと同じように困難な人生を送っている若者たちをキリストに打ち勝つことができる神様の道具となったであろう。本当にもどかしいことだ。

　19世紀末、日本の政治干渉を受けるための帝国金弘集内閣は「衛生に有利で作業に便利だから」という理由で1895年11月15日、全国の

断髪令を下した。翌日の16日朝にかけて、政府各部の官僚と移動速度、そして軍人・巡検などの官員たちに優先的に単発を断行した。当時、儒教が霊的世界を支配していた、国民たちは、先祖祭祀をささげ、先祖から受け継いだ『身體髮膚は受之父母だから、不敢毀傷が孝之始也』と。つまり、『身体・髪の毛・色白は親から受け継いだものであって、あえて傷つけないことが効果の始まりである』と考えており、文字通り頭を伸ばし常套を開くことは、人倫の基本的な効果の象徴と考えていた。だから、国民は断髪令を生きている身体に加わる深刻な迫害に受け入れ、政府に対する反感は、頂点に達した。

　剃髪令がおりてから国民達は、悔しく、納得もいかず命を落とそうとした。梅泉野録を見れば，同時の儒林の巨頭 崔 益鉉は、『わたしの頭は切ることができたとしても、髪の毛は切ることはできない。』と、叱咤し短髪を断固として拒んだ。報恩縣監 李圭白の妻昌寧 成は、夫が職責上、短髪にしないということを悲観し、その日の夜、首を絞めて自殺した。彼女が残した遺書にはこう書いてあった。『三綱五倫は髪の毛と一緒に切断され、私の魂は輪講に沿って切断されるのである。』檻羊 鮮卑 鄭 純鐵に嫁い趙氏は、夫が、お祖父さんに食卓で短髪を許し求める話を聞いて 「短髪するお坊さんは夫と息子もいないと聞きました。」と言って抱いた子どもを投げつけ刀を出して自殺したと言った。

　このような気の毒なことがあるか! 神様が与えてくださった命よりも、もっと大切なものはどこにあるだろうか! 勿論、日本の経済的な侵略と明星皇后弑害事件で起こった主権簒奪に無念だった民たちは怒りも理解出来ないことではないが、天の神様が与えてくださった

命より尊いものがとこにあるのか!なぜ彼らは命を失われながら断髪令に反抗したのか? それは命より尊く考えることがあるからだ。人は自分自身が信じているものが壊れたら生きる理由がなくなるのだ。命は人間の中心にあるから生きる理由が崩れれば中心が崩れて命をなくすことになるのだ。

人は儒教の霊の世界に捕らえられて生きるならば、儒教の身体髪膚受之父母を破って強制断髪をされたら自殺してしまうのだ。もし、この人々が命の根元である神様に出会って霊的に生まれ変わった人になれば短髪されても死ぬことはなかったであろう。同様に人々の中心にお金マンモンに仕えて死んだ魂で生きていれば、彼からお金が消えれば自殺するのだ。世の中で生きる理由を明確にしなければならない。それが新生の出発点だ。

私が生きている理由は何ですか? 私は神様の形を持って神様の子として賛美しなから生きる目的(イザヤ43:21)を明確すれば世の中のどんな風波と試練が来ても自殺しないで堂々と生きられる。

人間は死に至る存在(Sein Zun Tode)だと実存主義の哲学者ハイデガーの定義です。すなわち、人間は一度生まれた以上死ぬべきものであり死と共に人生を終わりにするしかない。死は私たちがこの世を生きる間絶えず苦しめる。有島は 「愛は限りなく奪われる」という本でこのように書いた。

> 私は初めてこの世の中に何があったのか知らない。ただ、私が知っている疑うことのできない事実は、今わたしがここに生きているということだ。それもいつも押し寄せる死の条件と戦いながら一日一日の生活の不安と恐怖の中で送っているという現実だ。それはまる

で、太平洋に浮かんでいる腐った木の葉のようで、休む暇もなく押し寄せる死の波の前に立って苦しんでいる。どれだけ哀れで孤独な存在なのか？ こんな私に幸せがあったとしたら何であり、栄光があったとしたら何なのか！虚無で無意味なだけだ。

しかし、私たちは現在、都市化や産業化の過程に生きているため、死を実存的に体験し、生きているわけではない。死は、まさにこの時間に直面しなければならない現実的な問題ではなく、遠い将来のことように感じ、生きている。特に人生の初期の若者たちは死の問題よりも人生の問題の方がより切実な問題だ。人生の初期には、人生のやりがい・幸せ・結婚相手・成功などが大切だ。また、人生の最後にある高齢者の場合にも自分自身がもうすぐ死ぬんだとい事実を簡単に受け止める人は少ない。実際、人間に神がくださった祝福があり、それは死ぬ瞬間まで自分自身が死ぬということを知らないのが事実だ。したがって、死とは、自分とは関係のない遠い未来のことであり、いざ死が差し迫ったとき、それについて考えるとなると、普通の人は死を大したことのないことだと思っている。誰も現在の生活の中で、将来の死を悩んで考えてみる人がいないのだ。

今日、『新生の福音』について語ろうと思うが、一番最初に理解しなければならないことは、まさに死は未来に来る未来の出来事ではなく、今わたしたちが生きている現在の出来事なのだ。死は、未来的ではなく現在的だ。私たちがしばらくの間、考えてみると生と死が断絶されたのではなく、人生が死を含むことができる。今この瞬間1分1秒が過ぎれば過ぎるほど私たちの人生の年数と時間は減っていき、それはもうすぐ死に向かって進んでいるという意味だ。現在は一

度切りだ。一度切りため死は現実的に私たちに近づいている。その
ため使徒パウロは、『私はキリストの中で日々死ぬのだ。』と述べ、
イエス様も『自分の命を憎み、十字架をかつげ。』とお語りになられ
た。このような意味で生と死は二元的に分裂された現象ではない。
死は私たちの人生の中で1つの現実として存在しているのだ。すな
わち、時間が過ぎるということは私たちの人生が過ぎていると意味
だ。私たちの言葉で『死んだ』を『行った』と表現するということも、
このような脈絡だからだ。死の影と恐怖は常に私たちの後を追い、
我々はそれのため非現実的と孤独の前で不安に思う。

　死への道では、誰も私たちを救ってはくれない。親友や恋人、両
親も私たちを死の道から救ってはくれないのだ。死の道は誰もが一
人で歩いて行かなければならない孤独な道だ。しかし、このような
死への道で私たちは永遠に出会い、死の経験がどれだけ私たちの人
生に気高く、大切なことであることを気づかされる。

　ルターは「私たちはどんなときでも私たちの死を準備しなければ
ならない」と述べた。死は私たちの現在の生活の中で生活の虚無を感
じさせると同時に人生どのよう唯一回の高貴なことを気づかしてく
れるのだ。詩篇144:3-4を見ると、『主よ、人は何ものなので、あなた
はこれをかえりみ、人の子は何ものなので、これを御心に、とめな
れるのですか!人は息にひとしく、その日は過ぎゆく影にひとしいの
です。』とダビデは告白している。

新生の重要性

　空しい人生の中で死に向かって走っている私たちに、永遠の神は、私たちを見つけて来られ、罪と死の力で私たちを救ってくださり、再び生きる『新生』(born again)にしてくださる。ローマ人への手紙6:23に、「罪の支払う報酬は死である。しかし神の賜物は、わたしたちの主キリスト・イエスにおける永遠のいのちである。」と言われた。

　人間は絶対に絶望の状況の中で、自分が徹底的に罪人であることに気づく。罪の報いは死と、死ぬしかない原因を罪回し、自分を罪人だと告白することになる。このとき、罪人は永遠の神に出会い、イエス・キリストの悔い改めを通して、罪の赦しを受けて、永遠の命、救いを受けることになる。

　人間は孤独で積まれている存在である。孤独とは、この世で生きていく中で感じる孤独、つまり人間関係でなされる寂しさがあり、愛する男女がお互いに会うことができないときに感じるほどの孤独もあり、寂しくひっそりとした初冬や晩秋に感じる孤独がある。これらの孤独は、人間関係をよく、愛する恋人に会い、寂しい時に友人を訪ねれば解決される孤独である。これらの孤独は、お金と名誉、愛と地位、そして芸術と学問が解決してくれることができる程度のものである。

　しかし、人間は無限と会うとき、死と会うとき、永遠の神と会うときに感じる孤独は、この世の誰もが、何も解決してくれることができない。これらの孤独は、昔、仏が一生持つ孤独であり、孔子が「朝に道を知ることができれば夕方に死んでもいい。」とした孤独で

あり、使徒パウロが 「わたしは、なんというみじめな人間なのだろう。だれが、この死のからだから、わたしを救ってくれるだろうか!」と叫んだ実存の孤独であり、イザヤの 「わざわいなるかな、わたしは滅びるばかりだ」と告白した死への存在として孤独である。これは使徒パウロやイザヤのみ限定される孤独ではなく、すべての人間、今日この席に参加した私たちのすべてに襲っている孤独なのである。これは聖霊の直接的な感化を理解することができ、人間を宗教に帰依にする強力な動機と見ることができる。

　このような状況で、人間は二つに反応することが出来る。一つは、永遠の挑戦を回避して生活の日常に没頭したり、または極端に享楽や麻薬にはまって死を回避する場合がある。もう一つは、永遠の挑戦を避けず、むしろ、その挑戦に応戦している場合がある。ところが、その応戦に失敗してショーペンハウアーのように自殺している場合とそうではなく、永遠の神の永遠の命を受けて享受し、意味のある天国の生活を生きていく場合もある。

新生とは?

　新生とは、人間の罪過と罪と霊が死んでいる状態で聖霊により信仰によって生まれ変わることを言う。これをもう一度整理し、見てみよう。

　まず、新生は神が罪過と罪死んだ魂をキリストの十字架の贖いによって再びよみがえさせられることである。コロサイ人への手紙2:12-15で、キリストと共にわたしたちのいっさいの罪をゆるし、ふ

たたびよみがえさせられる。

あなたがたはバプテスマを受けて彼と共に葬られ、同時に、彼を死人の中からよみがえらせた神の力を信じる信仰によって、彼と共によみがえらせたのである。あなたがたは、先には罪の中にあり、かつ肉の割礼がないままで死んでいた者であるが、神は、あなたがたをキリストと共に生かし、わたしたちのいっさいの罪を赦して下さった。神は、わたしたちを責めて不利におとしいれる証書を、その規定もろともぬり消し、これを取り除いて、十字架につけてしまわれた。そして、もろもろの支配と権利との武装を解除し、キリストにあって凱旋し、彼らをその行列に加えて、さらしものとされたのである。(コロサイ人への手紙2:12-15)

　ヨハネによる福音書5:21,24-25節では、イエス様が願う者を生かして裁かれないように命を与えて下さった。

すなわち、父が死人を起して命をお与えになるように、子もまた、そのこころにかなう人々に命を与えるであろう。よくよくあなたがたに言っておく。わたしの言葉を聞いて、わたしをつかわされたかたを信じる者は、永遠の命を受け、またさばかれることがなく、死から命に移っているのである。よくよくあなたがたに言っておく。死んだ人たちが、神の子の声を聞く時が来る。今すでにきている。そして聞く人は生きるであろう。(ヨハネ による福音書5:21,24-25)

　死んだ魂がふたたびよみがえることは、まもなく新生が救いのはじまりだ。魂がよみ返ることは、イエス様が罪人のために十字架にかかってくださったからだ。十字架は死の象徴であるが死んだ魂が再び生き返ることはすぐに再生が救いの開始である。魂が生き返ることは、イエスが罪人のために負わ十字架の功労である。十字架

は、死の象徴であるが、その死の象徴が、私たちを生かしてくださる神の力になのだ。

> ユダヤ人はしるしを請い、ギリシヤ人は知恵を求める。しかしわたしたちは、十字架に　つけられたキリストを宣べ伝える。このキリストは、ユダヤ人にはつまずかせるもの、異邦人には愚かなものであるが、召された者自信にとっては、ユダヤ人にもギリシヤ人にも、神の力、神の知恵たるキリストなのである。あなたがたキリスト・イエスにあるのは、神によるのである。キリストは神に立てられて、わたしたちの知恵となり、義と聖とあがないとになられたのである。(コリント人への第一の手紙1:22-24,30)

　李　聖鳳牧師(1900-1965)は、韓国キリスト教界で有名な聖潔教会のリバイバリストだった。この方の影響を受けた伝道者は聖潔教会　文俊郷伝道師から李　聖鳳牧師の娘婿である韓国陶磁器の金・ドンス長老に至るまで、この方の影響を受けていない方がないほどだった。

　李　　聖鳳牧師は、1900年7月4日、平安南道で生まれた。彼の母親は、かつて祖母の強権に負けて心にもない結婚をし、夫婦中に愛がなく住んでおり、あまりにも貧困し、辛く貧しい生活を余儀なくされた。このような現実の苦難に耐えられなかった母はついに自殺を決心し、砒素を水に混ぜ2回飲んだが、不思議なことに死なずに生きてた。二度の自殺未遂が失敗に終わると、死ぬにも死なれず、人生の意欲を失い、暗澹な気持ちでかろうじて生きていたある日一筋の明るい光が照らした。幼い聖鳳が6歳になった年、ついにこの家庭に福音が入ってきたのだ。その後家族は平壌で40里離れたところに引っ越しをした後、平壌　船橋里선監理教会まで40里の道を歩いて礼

拝をささげた。日曜日になると聖鳳の母は鶏鳴く前に起きて夜明け朝食を作って家族を与え、40里の道を雪が降っても、雨が降っても、必ず教会に出席した。

幼い聖鳳は生まれつき優しく、素直だけではなかった。聖鳳が7歳の時に弟が生まれ、両親は弟をより可愛くした。弟がなかったときは、両親の愛を独り占めしたが、みな弟だけかわいいし、自分はやっかい者になり、聖鳳は弟を嫉妬して憎んだ。神様は聖鳳のこのような生まれながらの性質を除去するために、早くから、彼の母親を通して非常に厳しい家庭教育を受けさせたのだ。一度でも両親の命令を背くなら、ふくらはぎを叩かれるか、ねずみがうじゃうじゃしている倉の中で閉じ込められたりした。幼子聖鳳は、これらの体罰が怖くて両親の命令に従わなければならなかった。神はこのように従う訓練をするようにしたことが、後に優れた霊的指導者としての資質を備える基礎になったのである。

9歳や10歳の時だった。両親は日曜日なので礼拝堂へ行き、一人で留守番をしてある日、こっそり父のお金を盗もうと計画した後、胴巻きにくくってあるお金をほどいているのに、いきなり、隣の部屋にいた祖母が来られました。あまりにも驚いた聖鳳はどうしていいか分からず震えていた。もしバレたら、母親から厳しく罰を受けるため、とても怖かった。ところが、恐れ震えていたその瞬間に雷のようなに何もかも祈りを遂げると、すべてのことを叶えてくださるという聖書のみ言葉が浮かんだ。瞬間、反射的にサッとお金と胴巻きを胸に抱きしめ布団をかぶって祈り始めた。

『神様一度だけ赦してください。二度と盗みはしません...』と切実

に祈った。祖母はドアを開けて、子供が祈るの姿に感心したようだった。聖鳳は祖母また隣の部屋に行くまで、休まずぶつぶつ祈った。すると祖母は、あのように信仰がいいから、後で大きな大人になるだろうと褒め、隣の部屋に行かれた。祖母がすぐに隣の部屋に行くと聖鳳は、神様の言葉が誠だとし、感謝するやいなや、また、欲に引かれ胴巻きからお金をいくらか取り出し買い食いをした。

その後、成長するにつれて聖鳳は自分の欲望に従って生きる生活をして主を離れて罪を享受した。礼拝を無視し、説教の時間に居眠りし後ろに倒れると思いきや、女子学生を見物するために教会に行ったりしていた。復興会をするとき牧師先生によく見えように、恵みを受けたふりをし、唾を塗って涙を偽装し、献金するお金もないのに訳もなく手を入れて捧げたように装っている凶悪な人になっていった。

年を取り、青年になってからは、さらに悪になって行く一方で、生きるのが思い通りにいかず、経済的に厳しく、神様も否認し、天国・地獄・来世もないと言い、世の中を呪いました。

18歳を過ぎてからは、極度に堕落し、酒とタバコは基本で、花札、賭博に完全にはまってしまった。後には性格まで悪くなり、母が悔い改めて、イエス様によく信じなさいと言っても、からかって笑った。そのたびに、年取った母親は涙で神に訴えたりした。しかし、李 聖鳳は日に日により神様とはどんどん遠ざかっていた。

誰かが、祈りの子は滅びないと言った。子を想う母の切実な祈りは必ず答えてくださる神様ではないか。放蕩息子アウグスティヌスを聖人の例に入ったのは彼の母親モニカ、ムーディーの母ベッシホ

ルトン夫人のように息子のために熱心に祈る祈りの声を、神が聞いて青年李 聖鳳が悔い改めをするようになる。

　青年李 聖鳳が21歳になった年の6月24日であった。前日に果物を売って稼いだお金で、飲み屋で思う存分飲んで、夜遅く帰って来る途中で突然右太ももがドキッとし、ちくちくし始めた。全身に熱が上がり一歩も歩くことができなくなったのだ。一緒に遊んでいた友人が大変だと馬車に積んでほぼ死にかけていた彼を家に連れていった。治療のために、すべての薬を試したが、あらゆる薬が無効で、病院では、骨膜炎と診断を下したが、医師が足を切りおとさなければならないと言った。これから先、傷害者として残り人生を暮らさなければならないことを考えると気が思いやられた。お金を稼いどいて、年を取ってイエス様を信じようとしたが、六ヶ月間、平壌ギホル病院に入院しながら田畑のすべてを医療費に費やしてしまった。確かに人生が空しくなった。病床に横たわっている間苦痛の中で切り捨てなければならい足を見て、過去に自分が歩んできた道を振り返って涙を流した。話に聞いて死が近づいてみると恐怖が襲い掛かり怖かった。

　その時、頭の中で「お前はもう死んだ。どこ行くのか天国か? 地獄か?」を尋ね始めた。天国がなければ行かなくても構わないが、もし地獄があったとしたら大ごとだった。どのように永遠の罰を受けるのか考えただけでも恐ろしかった。死が近づくにつれ、かつての罪と過ちのために自分の人生が後悔だった。彼は恐怖と不安に震えがついに良心に訴えた。

　「これっぽっち生きてきて、死ぬ時こんなに罪をたくさん犯したと

は、ああ!私はこの罪によって永遠の滅びの淵に落ちてしまうんだな、ああ神よ、私を罪から救いください!」と号泣した。その後、母が入って来て李　聖鳳は母親の膝に伏せ涙で過ちを悔い改め、自分のためのとりなしの祈りを要請した。

　母は祈りながら、「悔い改めなさい。罪を犯した者が地獄に行くのではなく、悔い改めない人が地獄に行くのだ...神は今あなたの祈りと私の願いをすべて聞いてくださる。今あなたの生死をも主に任せなさい。」言われた。この言葉は、すぐに彼の心を感化させる聖霊の声になって、彼は完全に捕らえた。

　その日から李　聖鳳は新しい人になった。神様は彼の涙の祈りを聞いて下さってすべての恐怖と不安を退けてくださり、本当に平安を与えられた。世の中に生まれて初めて感じてみる平安だった。すぐに聖書から読み始めた。以前は、聖書を見てもまったく信じられず、楽しさもない話だけで読んでも意味がなかった。恋愛小説よりもだめな本として読まなかった聖書なのに、今は好きだったすべての雑誌小説を取っ払って、聖書を読み始めたら聖書の御言葉がお金よりも貴重で蜂蜜よりも甘く感じられた。また、その時からお酒とタバコをすべてやめた。悔い改めて、聖霊が臨んだら霊魂に喜びと感謝に満ちた。過去に犯した罪の恐怖は消え、今、彼の目の前には、主イェス様と天国の栄光だけが共にいた。ハレルヤ!「だれもがキリストにあるのならば、その人は新しく造られた者である。古いものは過ぎ去った、見よ、すべてが新しくなったのである。」(コリント人への第二の手紙5:17)。

第二に、新生は真理の御言葉と聖い霊である聖霊に人間の魂を再びよみがえらせ、神の国を見で、入るようにすることである。

ヨハネよる福音書3章を見れば、ユダヤ人の指導者サンヘドリン公会員であるニコデモが夜中にイエスを訪ねてきて、神が共におられなければ、標的を誰もやることができないと言い、イエス様が神様から遣わされたラビだと思った。

イエスを訪ねたニコデモは誰か？　彼は今日の国会議員と同じ地位を持つ当時サンヘドリン公議会公会員であり、ユダヤ人の指導者の一人で、世界で教育を受けて成功した人であった。ところが、彼が30歳くらいの時に何の教育も受けず出身もナザレ出身のイエス様のもとにきたのだ。

実際にニコデモは、自分と同じ有力な人が検証されていない若いイエスを訪ねて行くことに周りの目を意識して「夜中に」訪ねました。自分がユダヤ人の　「先生」であり指導者であったが、イエス様のしるしを見て、イエス様が神様から遣わされたラビ、すぐに　"先生"だと思ったのだ。ところが、イエスはニコデモに、神の国を見るには生まれ変わらなければならないと言われた。

> イエスは答えて言われた、「よくよくあなたたに言っておく。だれでも新しく生まれなければ、神の国を見ることはできない…だれでも、水と霊とから生れなければ、神の国　　にはいることはできない。(ヨハネによる福音書3:3,5)。

その時、ニコデモは人が老い、どのようにして母胎に二回入り出るのかと尋ねると、イエス様は新生とは、肉のことではなく霊の新

生であり、聖霊に可能であるとし、風が吹くことがわかるように新生もそうだと言われた。

イエス様はあなたによく来てニコデモの存在的な悩みを知っていたようだ。ニコデモは表面上教育を受け成功した政治指導者であったが、彼は永遠の命について無知であり、死の問題を解決できずあったのだ。自分が指導者であり先生だったが、人たちに死から命に導き与えるにおいて失敗したのだった。それで、イエス様は、人生の問題である、死から命に進む方法をニコデモに教えてくださったのだ。権力や世界の成功が人間を死から救え出せないのだ。

> 肉から生まれるものは肉であり、霊から、...それは彼(イエス)を信じる者が、すべて 永遠の命を得るためである。(ヨハネによる福音書3:6,15)

> しかし、神の御霊があなたがた内に宿っているのなら、あなたがたは肉におるのではなく、霊におるのである。もし、キリストの霊を持たない人がいるなら、その人はキリストのものではない。(ローマ人への手紙8:9)。

イエス様はニコデモに、水と御霊によって生まれ変わらなければならないと言われましたが、水とは何か? 水は洗礼のことを言ったりもするが、その意味は、神様の言葉を聞いて悔い改めて罪を洗い流すという意味で水の洗礼を受けるだろう。従って、水と罪人に悔い改めをもたらす神の言葉と解釈することができる。

エペソ人への手紙5章26節とペテロの第一の手紙1章23-25節、ヤコブの手紙1章18節を見れば、新生が神の言御葉で始まったものである

ことが分かる。そして、神の御言葉は、イエス・キリストの死と復活を信じる者に永遠の命を与えてくださるの福音である。

> キリストがそうなさったのは、水で洗うことより、言葉によって、教会をきよめて聖なるものとするためであり、(エペソ人への手紙5:26)

> あなたがたが新たに生まれたのは、朽ちる種からではなく、朽ちない種から、すなわち、神の変わることのない生ける御言によったのでる。「人はみな草のごとく、その栄華はみな草の花に似ている。草は枯れ、花は散る。しかし、主の言葉は、とこしえに残る」。これが、あなたがたに宣べ伝えられた御言葉である。(ペテロの第一の手紙1:23-25)

> 父は、わたしたちを、いわば被造物の初穂とするために、真理の言葉によって御旨のままに、生み出して下さったのでる。(ヤコブの手紙1:18)

　神様の御言葉を聞くとき、聖霊が働いて、この世の欲ではなく、神の国の栄光のために生まれ変わった。

　有名なロシアの作家トルストイは、元は貴族出身で、あらゆる富貴と映画を味わえば、生きてきたが、真の満足を得られなかった。彼の作品を通して、多くの人々に喝采を受けたが、罪の恐怖と不安な気持ちにどうしようもできなかった。

　そんなある日、ひっそりとした田舎の道を歩いていた途中、どこかの田舎の農夫に会ったのだが、その顔は普通とは違う平和が込められていることを発見した。彼は農夫に行って平和な生活の秘訣は何なのかと尋ねた。すると、その農夫は神を頼りにし生きているの

で、いつも私の心は嬉しいだけなのだと語った。その言葉を聞いた
トルストイは、その日から真剣に神を探し始めた。その後、最終的
に彼は神に会うことができ、過去の不安と恐怖は消えた。彼は神を
知ることが生きることだと告白したのだ。

　この世でいくら成功的な暮らしをしていたとしても、根本的に神
と私との関係が結ばれなければ、彼はまだ不安なのだ。その理由
は、創造主の神との関係が切断されると、この現実にはどんなもの
でも、誠の意味を発見することができないからである。したがっ
て、信仰の問題が解決されるまでは、人生のどんな問題も解決する
ことができないのである。

　トルストイは<私の会心>という文でこう言う。

　　5年前、私は本当に、イエス・キリストを私の主として受け入れ
　　た。すると私の生涯が　変わった。以前に欲望したことを欲望しな
　　いようになって、むしろ以前に求めなかった　ものを求めるように
　　なった。以前に良く見えていたことが良いように見えなくなり、大
　　したようなことではないことが、今は重要なものとして見えるよう
　　になった。私は、いわゆる幸運の虹を見つけ出そうと生きてきた
　　が、その虚しさを知ることになった。嘘で自分を飾ることや、肉の
　　欲を満たすことや、酒酔って気持ち良くすることがもはや幸せだと
　　見なすことができなくなった。

　彼はイエスに出会い、人生の新たな目的を持つようになり、その
目的に合った新しい人生を出発したのである。

　第三に、新生は誘惑の欲に応じて生きてきた死んだ魂が神的生命
に生まれ変わり、上からあらゆる良い賜物と完全な贈り物を受け

て、新しい人になるだろう。

　ヤコブの手紙1章を見れば、初代教会の信徒たちは欲に引かれて迷い、欲が考案した、つまり罪を生み、罪が熟すると死を生む状況に至った。だからヤコブ使徒は土地にある肉の欲に惑わされず、上からの光の父からあらゆる良い賜物と完全な贈り物を受け入れなさいとすすめた。なぜなら、聖徒たちは、神が自分の意志に沿って、真理の言葉で生んだ神の子たちであるためである。

> 欲がはらんで罪を生み、罪が熟して死を生み出す。愛する兄弟たちよ。思い違いをしてはい　けない。あらゆる良い贈り物、あらるゆ完全な賜物は、上から光の父から下って来る。父に　は、変化と回転の影とかいうものはない。(ヤコブの手紙1:15-17)

　エペソ人への手紙とコリント人への第一の手紙でパウロ使徒は過ちと罪で死んだ魂が霊的生命を受け、新生すると、義と真理と清さの新しい被造物、すなわち、新しい人が真理を論じている。

> 神の御旨によるキリスト・イエスの使徒パウロから、エペソにいる、キリスト・イエス　にあって忠実な聖徒たちへ。わたしたちの父なる神と主イエス・キリストから、恵みと　平安とが、あなたがたにあるように。ほむべきかな、わたしたちの主イエス・キリストの父なる神。神はキリストにあって、天上で霊のもろもろの祝福をもって、わたしたちを祝福し、みまえにきよく傷のない者となるようにと、天地の造られる前から、キリストにあってわたしたちを選び、わたしたちに、イエス・キリストによって神の子たる身分を授けるようにと、御旨のよしとするところに従い、愛のうちにあらかじめ定めて下さったのである。(エペソ人への手紙1:1-5)

> キリストに対する恐れの心をもって、互に仕え合うべきである。妻たる者よ。主に仕えるように自分の夫に仕えなさい。キリストが教

会のかしらであって、自らは、からだなる教会の救主であられるように、夫は妻のかしらである。そして教会がキリストに仕えるように、妻もすべてのことにおいて、夫に仕えるべきである。(エペソ人への手紙:5:21-24)

だれでもキリストにあるのならば、その人は新しく造られた者である。古いものは過ぎ去った、見よ、すべてが新しくなったのである。(コリント人への第二の手紙 5:17)

このように新生は、神の魂の救いの歴史として、キリストと私たちの罪と過ちを十字架に呉

キリストと共に神の霊である聖霊によって新しい生命に生まれ変わることで、その福音の言葉を信仰によって上からあらゆる良い賜物と完全な贈り物を受けて、神の子、すぐに新しい被造物である新しい人としての人生を生きていくだろう。

今日、私たちは霊的な生命、魂の救いの開始は、新生を聖書から探し、理解している。聖書では、肉の欲望に沿って生きていくのではなく、新しい神的生命の永遠の命を所有し、上から来る賜物と贈り物を受けて、新たに霊的な生活を生きて行くように言われている。

肉体的に見る時には、十字架で、イエス様が死に、ステパノもやはり石に打たれて殺された。十字架にかかって死ぬことと石で打たれて死ぬことは、人々が見たときに呪われた者である。しかし、霊的に見る時、ステパノは、イエス・キリストの霊にあった。初代教会の信徒たちも患難と迫害の中でも、信仰を捨てずに、イエス・キリストの霊で殉教することができた。しかし313年コンスタンチン大帝がキリスト教を国家宗教として公認しながら急速に堕落して中世の闇が押し寄せてきた。

韓国のキリスト教が迫害されたときには、神的生命に復活し復興した。今、韓国の教会が肉の欲望に応じて生きて行こうとする聖徒たちが増加して霊的な生命力を失い、堕落していっている。韓国の教会と信徒は肉の欲望によって死んでいく魂がキリストの十字架の功労により再度存続しなければならない。魂が死のうが生きようが何の関係もなく、すぐに目に見える肉の姿のみ差し迫っていないで、神的生命の尊さを実現しなければならない。私が肉体的に何をしようがやるまいが、そんなことは重要ではなく、私の魂が生きているのか死んでいるのかがより重要なものであることを最初にわからなければならない。

> しかし、神の御霊があなたがたの内に宿っているなら、あなたがたは肉にあるのではなく、霊にあるのである。もし、キリストの霊を持たない人がいるなら、その人はキリストのものではない。(ローマ人への手紙8:9)

　19世紀の復興運動家、チャールズフィニ(Charles Grandison Finney 1792.8.29.-1875.8.16)は、ニューヨーク州アダムスで弁護士生活をしていたやり方で、神の国民たちに説教することにより、ニューヨーク州北部で霊的な復興を起こした。彼の復興運動は、大都市で大きな成果を収め、1834年「ブロードウェイ天幕教会」を立て、オハイオ州オバーリンに神学校を立て牧会と教授の働きを同時にし、1851～66年オバーリン大学の総長になった。チャールズ・フィーニーは「人間の理性だけでは決して役に立つ福音の知識を得たことはなく、今後もないだろう」と言う。人間は聖霊を通じた神の照明が必要である。

聖霊によらなければ、だれも 「イエスは主である」と言うことができない。(コリント人への第一の手紙12:3)

わたしたちをつかわされた父が引きよせて下さらなければ、だれもわたしに来ることは できない。わたしは、その人々を終りの日によみがえらせるであろう。預言者の書に、『彼らは みな神に教えられるであろう』と書いてある。父から聞いて学んだ者は、みな わたしに来る のであろう。(ヨハネによる福音書6:44-45)

　フィニは弁護士時代、聖書を読みながら、神の愛と真理を悟りながら、自分自身の救いについて悩んでいた。聖書を読んで、人々が法律事務所に入ってくると、聖書を法律書の間に挟み、読んでないような行動をした。彼は暇な時、聖書を読み、祈りをしたが、心はいつももどかしかった。ある日の早朝、法律事務所に行く途中、突然彼の心に、「あなたは何を待っているのか？ 神様に心を捧げることを約束していなかったか？ あなたは何をしようとしているのですか？ あなたは自分自身の義を成し遂げようと努力しているのか？」瞬間、フィニは救いの真理が心の中に明るく明らかになったのだ。イエス・キリストの十字架の贖罪の働きは、すでに完全に行われた完全な働きとして、フィニがしなければならないことは、これから罪を断ち切り、キリストを受け入れることだけだった。救いの福音はまさにフィニがキリストの十字架の功労を福音に受け入れればいいのだ。フィニはこの真理を悟って、祈りながら、自分自身が自ら神様に歩みよらなかった罪を悔い改めて、聖霊の感動が押し寄せながら、新生を経験した。
　今日この時間に、自分の義を打ち出す罪を悔い改めて、聖霊の恵

みに自分をさらし出し魂がよみがえり、主がくださる平安を享受できるようにしよう。

新生の恵みをどうやって受けるのか?

　イエス・キリストの十字架の贖罪の働きは、すでに完全に行われた完全な働きとして、私たちがするべきことは、これからの罪を壊すことに決めて、キリストを心に受け入れることだけだ。

1) 救い主、主イエスを心に迎えることができなかった罪を悟って悔い改めなければならない。

> イエスは教えを宣べはじめて言われた、「＿＿＿、天国は近づいた」。
> (マタイによる福音書4:17)

> 「悔い改めなさい。そして、あなたがたひとりびとりが罪のゆるしを得るために、イエス・キリストの名によって、バプテスマを受けなさい。そうすれば、あなたがたは聖霊の賜物を受けるであろう。」
> (使徒行伝2:38)

2) 御言葉であるイエスを心に受け入れなければならない。

> ＿＿＿いれた者、すなわち、その名を信じた人々には、彼は神の子となる力を与えたので　ある。それらの人は、血すじによらず、ただ神によって生きれたのである。(ヨハネによる福音書1:12-13)

3) 私たちが信じているバーを口で告白しなければならない。

「＿＿＿＿はあなたの近くにある。あなたの＿＿＿＿のあり、＿＿＿＿にある」。この言葉とは、わたしたちが宣べ伝えている信仰の言葉である。すなわち、自分の＿＿＿＿で、イエスは主であると告白し、自分の心で、神が死人の中からよみがえらせたと信じるなら、あなたは救われる。なぜなら、人は＿＿＿＿に信じて義とされ、＿＿＿＿で告白して救われるからである。(ローマ人への手紙10:8-10)

＿＿＿＿語る者はだれも 「イエスはのろわれよ」とは言わないし、また、聖霊によらなければ、だれも 「イエスは主である」と言うことができない。(Ⅰコリ12:3)

わたしをつかわされた＿＿＿＿が引きよせて下さらなければ、だれもわたしに来ることはできない。わたしは、その人々を終りの日によみがえらせるであろう。預言者の書に、『彼らはみな神に教えられるであろう』と書いてある。父から聞いて学んだ者は、みなわたしに来るのである。(ヨハネによる福音書6:44-45)

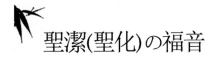

聖潔(聖化)の福音

ヤコブの手紙4章8節

8 神様に近づきなさい。そうすれば、神はあなたがたに近づいて下
さるであろう。罪人どもよ、手をきよめよ。二心の者どもよ、心を
清くせよ。

　新生は、キリストの霊(the Spirit of Christ)が私たちの中にあって、
私たちの魂を生まれ変わらしてクリスチャンの生き方として生きて
いくのである。それでは、私たちの中で働かれるキリストの霊によ
り、私たちの顔には、イエス様の優しさ(tenderness)が現われるか? キ
リストの霊により、私たちの行動にキリスト・イエスは、罪人たち
に見くださった善意(kindness)が現われるのか? そして、僕として弟子
たちの足を洗う行動は、へりくだり(humility)と十字架の犠牲
(sacrifice)が表表されているのか? キリストの要求に沿って、自分が愛
していた肉の欲望を捨ててキリストの呼びかけに応答して、(followed)
いるのか? この質問に真剣に 「はい」と答えることができる場合、そ
れは聖潔なクリスチャンの生き方を生きているのだ。

聖潔(聖化)とはなんなのか?

　聖潔は旧約の "コテイシィ きよい、あるいは神聖さを現しす, 神様のために人や物を区別させる意味がある。大祭司、幕屋、そし献げ物を区別、即ち聖別された。これが位置的聖潔と言います。

　新約では聖潔は、『ハギオス』として、きよい、神聖、そして純潔という意味で使われました。神様に完全に捧げられる状態、即ち関係的な聖潔(relational holiness)を意味します。

　それでは、聖潔教会の聖潔はなんなのか聖書を通して分かち合っていこう。

　まず、聖潔は教養や人格修養がよくされた道徳君子や社会指導層を評価する基準である、人間社会の道徳や倫理規範ではない。

　儒教圏社会的な韓国、中国、日本など北東アジアでは、人間の最高の模範を君子に理解した。君子は人の英知を備えた対人として、社会から尊敬される道徳と倫理の模範となる。この基準は、儒教の基準として、人間の性格を啓発し、社会と国家の指導者として道徳的な生活を人々に要求する。

　キリスト教が西欧から東アジアに流入されて、聖潔の福音を儒教式に解釈されて、イエス様を信じることが、社会の道徳君子になることを理解された。しかし、イエス様を信じることが、社会の道徳君子や倫理実践家がされているものと同一視してはならない。イエス様を信じることの最終的な目的は、聖潔な人間になるはずなのに、それは儒教の道徳君子になるのではなく、神様の聖なる聖潔を受けて、聖潔な神様の子となるだろう。

聖潔を誤解して、パリサイ人たちの律法主義や道徳主義に考える人が多い。聖潔は、用語自体が神聖できれいな意味があるので、罪人である人間が近接することは困難であり、誤解することがある。しかし、聖潔は罪人が神様の恵みで聖潔になるのであって、人間自らの努力で聖潔とされる道徳と倫理とは次元が違うのである。

　ユダヤ教の指導者であり、道徳君子であるパリサイ人たちは、表面上は敬虔ふりをしながら、内的には、欲の深い心がいっぱいだった。イエス様はパリサイ人たちを白く塗った墓と称しましたが、これは中には腐っている骨がぎっしりな墓だが、表面上は石灰で白く塗りをし、見栄えのいいようにすることを比喩で語られたものである。私たち人間は、いくら道徳や倫理で見せかけようとしても、人間の内部の変革と悔い改めなければ、真の聖潔がないのである。

　イエス様が「どの僕でも、ふたりの主人に兼ね仕えることはできない。一方を憎んで他方を愛し、あるいは、一方に親しんで他方をうとんじるからである。あなたがたは、神と富とに兼ね仕えることはできない。」と、言われた時に 「欲の深いパリサイ人たちが、すべてこれらの言葉を」聞いて、「イエスをあざ笑った。」(ルカによる福音書16:13-15)。パリサイ人たちは、表は聖潔のようだが、中身は貪欲に満ちた偽善者だった。パリサイ人たちが「あなたの弟子たちは、…彼らは食事の時に手を洗っていません。」と、批判する時に、イエス様は「聞いて悟るがよい。口にはいるは人を汚すことはない。…心の中から出てくる、悪い思い、すなわち、殺人、姦淫、不品行、盗み、偽証、誹りは、人を汚すのである。」と言われた。(マタイによる福音書15:2, 11, 19, 20)

したがって、聖潔は人間の努力で得られるパリサイ的律法的なものではなく、神の聖潔によって、罪人が、そのおかげで聖潔された恵みなのである。

> ...あなたがたの神、主なるわたしは、聖であるから、あなたがたも聖でなければならない。(レビ記19:2)

> ...欲情に従わず、むしろ、あなたがたを召して下さった聖なるかたにあらって、あなたがた自身もあらゆる行いにおいて聖なる者となりなさい。聖書に、「わたしが聖なる者であるから、あなたがたも聖なる者になるべきである」と書かれてあるからである。(ペテロの第 一の手紙1:14-16)

私がアメリカケンタッキー州の田舎の村で20年以上前牧会する際に、当時の教会に出席する方の中に韓国で米軍と出会い、結婚して移民したが、移民の生活の中に離婚し、難しく生きていく女性が多かった。これらまるで聖書ヨハネに出てくるサマリヤの女と一緒に結婚して離婚し、また結婚して離婚する過程を複数回繰り返して、父親が別の子供を2,3人一人で育てる女性だった。元夫からの生活費の保護を受けなければならが、そうもいかないときにはケンタッキー州の山奥に無許可のコンテナボックスで惨めに生きて行かなければならない女性もいた。このように困難な生活するのにも、この聖徒は子供たちと一緒に日曜日礼拝を受けに車で2時間運転して礼拝に出席した。そして子供たちを主の言葉に養育受けて、一日一日神様の恵みに寄りかかっ心を清めながら移民の生活を立てていた。
　このような聖徒たちに聖潔は必要なことなのだろうか?

聖潔と言ったら、経済的に余裕があり、倫理、道徳と教養がある人、儒教で道徳君子、士大夫は雨が降っても絶対士大夫は面子があるので決して走らず、全てのことについて格式と次序を問いただす法です。しかしイエス様はパリサイ人の律法主義と士大夫の道徳主義を叱りました。神様は私たちの心を見て、中心を見ながら、神様が清くなったように、　わたしたちも清くなれと言われた。これは私たちの困難な状況の中でも、神様の恵みの中で、心をきよめしろということだ。

　第二に、聖潔は両方の心を抱かない信仰の最高段階に目的が神様に栄光を帰す聖なる状態をいう。

> 神に近づきなさい。そうすれば、神はあなたがたに近づいて下さるであろう。罪人どもよ、手をきよめよ。二心の者どもよ、心を清くせよ。(ヤゴブの手紙4:8)

新生した信者は信仰の最高段階である聖書に至るまで二心を抱いて葛藤して生きることになる。ローマ人への手紙7章を見れば、新生以降の信者の葛藤を表す、すなわち、心には、神様の法を楽しく、線を果たすが、別の遅滞の中で一、他の法律が心の法と戦い、罪の法として導くということである。

> すなわち、わたしの欲している善はしないで、欲していない悪は、これを行っている。わた　しは、なんというみじめな人間なのだろう。だれが、この死のからだから、わたしを救って　くれるのだろうか。(ローマ人への手紙7:19,24)

このような状況は、旧約のイスラエルが出エジプトして紅海を渡り、荒野の生活をするが、荒野でカナンの地に至る前に水と食べ物の不足によって、神様を恨んでモーセを不信するようなものだ。イスラエルは荒野で神様を自由に仕えることができるが、不足している荒野の生活により不平と不満の中で、神様に逆らって生きてきたのだった。イスラエルは、神様を完全に仕えるために紅海を渡って約束の地カナンに入らなければならない。約束の地カナンは信仰の最終目的である聖潔を比喩したものである。

　もしくは、聖潔は死んだ後に行われることができるというが、聖潔はこの世界で行われる神様の恵みである。死んだ後に聖潔が叶うと思っている反面には、肉体を罪と思う中世の通念が位置している。私たちが罪を考える際に、それを物質に考えてはならない。罪は物や物質ではない。罪は神様との関係断絶がまさに罪人だ。最初の人間アダムが神様の禁令を破って罪を犯したことは、神様との関係をずらしたことを意味する。したがって、罪を洗って聖潔になるのは、神様との関係を回復することである。

　私たちは、体に対して聖書的理解をする必要がある。聖書に私たちの体は、中立的なもので、「ソマ」と表現している。ローマ人への手紙12章1節に 『あなたがたのからだ(ソマ)を、神に喜ばれる、生きたか、聖なる供え物としてささげなさい。それがあなたがたのなすべき霊的な礼拝である。』と言った。私たちの体は、神様が喜んで頂き生きている供え物である。

　ローマ人への手紙7章24節にパウロが告白した、『死のからだ』という表現を見ると、からだ(ソマ)が死亡したかのように誤解するが、

古代十字架型の意味を知っている、すなわち、その誤解が解ける。古代死刑制度で使用されたこの方法は、買った人の体に死んだ人の体、すぐに死の体である遺体を「鼻は鼻のまま、口は口のまま、腕と脚は正面に縛って」時間が経てば一緒に腐っていくように作り、結局死ぬように作る、やけに不謹慎な死刑執行方法である。パウロは私たちの体が聖潔するように望んでいたが、それは罪の体、すなわち罪の影響から脱して清め生きて行くことを望んでいたものである。これはまるで、今日の口蹄疫や鳥インフルエンザウイルスが蔓延する際に、そのウイルスを完全に退治して、健康な体になるように、私たちの霊的な信仰生活でも、神との関係を毀損させる罪を完全に悔い改めて、この世界で聖潔を維持することが非常に重要なものである。

　第三に、聖潔は上から与えられる天の知恵としての欲望に戦わず、神様の教会で一つになるようにされる。
　聖潔は人間の努力で得られる道徳や倫理ではなく、神様から即ち上からきよい霊である聖霊が来る天上の知恵です。

> …地につくもの、肉に属するもの、悪魔的なものである。ねたみと党派心とのあるところには、混乱とあらゆる忌むべき行為とがある。しかし上からの知恵は、第一に清く、次に平和、寛容、温順であり、あわれみと良い実とに満ち、かたより見ず、偽りがない。義の実は、平和を造り出す人たちによって、平和にうちにまかれるものである。(ヤゴブの手紙3:15-18)

聖霊が来られれば使徒行伝2章で言うように、バベルの塔で人間

の高慢と欲望に分裂された言語が統一される働きが起きる。

> 信仰深いユダヤ人たちがきて住んでいたが、…彼らの生れ故郷の国
> 語で、使徒たちが話してるのを、だれもかれも聞いてあっけに取ら
> れた。…わたしたちがそれぞれ、生れ故 郷の国語 を彼から聞かさ
> れるとは、いったい、どうしたことか。(使徒行伝2:5-8)

　聖霊に満たされた結果、方言で神様に祈るが、教会の中で分派を
作り、一つになれないことは、真の信仰生活の様子は聖潔ではな
い。聖霊に満たされたら、教会で平安を結ぶ糸で互いに容認し忍耐
して一つになるべきです。教会で、聖霊で一つになれなかった場
合、それは真の聖潔の姿ではなく、悪魔的なものである。

> できる限り謙虚で、かつ柔和であり、寛容を示し、愛をもって互に
> 忍びあい、平和のきずなで結ばれて、聖霊による一致を守り続ける
> よう努めなさい。からだは一つ、御霊も　一つである。あなたがた
> が召されたのは、一つの望みを目ざして召されたのと同様である。
> (エペソ人への手紙4:2-4)

　全州聖潔教会長老に奉職したと故ユンソング長老は、伝統的な儒
教家風の漢方医の家に生まれ、日本に留学して漢方医となり、祖国
が解放されると、帰国してセチャン漢方医院を設立し、医療活動を
行った。彼がキリスト教の信仰を持つようになった背景には、1940
年代末、当時近所の教会の日曜学校に通っていた幼い娘が両手を集
めて食事の祈りをするときに始まった。幼い娘が　「今日、私たちの
日用の糧をいただきありがとうございます」と食事の祈りをしたが、
その祈りを聞いた父は　「いつ神様が米を買ってご飯をしてくれたか」

と非難するよう言ってましたが、最終的にはそれが縁になって全州聖潔教会にいくことになって、イエス様を救い主として受け入れて新生の体験をすることになる。

　その後、神様中心の信仰生活をしていたユンソンギュ執事は自分が通う教会の建物が昔の日帝時代日本の人々が偶像を仕えシャンチョル寺という寺の建物であることを知って、「今まで新しい教会を建てないで寺で礼拝をささげてから、どうして神様の前に行けるのでしょうか?」と言って恐縮した心で教会を建てるとき自分が費用を負担するとして、新しい教会を建築した。神様はユンソング執事を通じて聖潔の恵みを与え、確信と大胆な信仰を与えたのである。そして、当時、主任イデジュン牧師から　「長老、良い仕事、大きな働きをして下さい!」と勧められたのユン長老は全北鎮安の林野と田んぼ26万坪を聖潔教神学校に貢献して文部省から財団設立許可を受けており、その後、学校の要請に聖潔大学初代理事長になった。

　ユンソング執事は長老になって、いつも聖霊に満たされて聖潔な生活を維持し、不本意ながら罪により過ちをおかしたときでも、牧師にその内容を詳細に告白し悔い改めの祈りでまとめた。そうしないと、自分自身が苦しくなり過ごすことができなかったという。そして軍需と市場出身の長老が教会でユンソング長老はいつも謙虚ことで模範を見せて教会の和合のために信仰人格的に模範を見せたとする。聖潔の恵みは、上からくる天の知恵としての欲望に戦わず、神様の教会を平和にすることである。

　第四に、聖潔は聖霊に満たされる結果として、聖潔な信者は、キ

リストの愛に満たされて奉仕と伝道することができる能力とすべてのことに感謝して詩と賛美と霊の歌で主に歌い、主の意味を見分けることができる能力を受けることになる。

> どうか父が、その栄光の富にしたがい、御霊により、力をもってあなたがたの内なる人を強くして下さるように、また、信仰によって、キリストがあなたがたの心のうちに住み、あなたがたが愛に根ざし愛を基として生活することにより、すべて聖徒と共に、その広さ、長さ、高さ、深さを理解することができ、また人知をはるかに越えたキリストの愛を知って、神に満ちているもののすべてをもって、あなたがたが満たされるように、と祈る。(エペソ人への手紙3:16-19)

> 賢い者のように歩き、…主の御旨がなんであるかを悟りなさい。酒に酔ってはいけない。それは、乱行のもとである。むしろ御霊に満たされて、詩とさんびと霊の歌とをもって語り合い、…そしてすべてのことにつき、いつも、わたしたちの主イエス・キリストの御名によって、父なる神に感謝し、キリストに対する恐れの心をもって、互に仕え合うべきである。(エペソ人への手紙4:15-21)

> 絶えず祈と願いをし、どんな時でも御霊によって祈り、そのために目をさましてうむこ　とがなく、…口を開くときに語るべき言葉を賜わり、大胆に福音の奥義を明らかに示しうるように、わたしのためにも祈ってほしい。(エペソ人への手紙6:18-19)

　釜山東光教会 故金 得賢長老は、1933年10歳の時に全国に広がったコレラによって、両親を同時に失って天涯孤独となった。そのときに、この方の姉が 「私たちが生きているのは、今からだ!真のお父さん、わたしたちの神様が生きておられるではないか!真のお父さん、神様の家に行こう」と幼子得賢を教会に導いた。姉が講壇の下で 「神

様!私たちの真のお父さんに感謝します。わたしたちの肉体の父と母を天国に連れて行って下さって感謝、本当に感謝ささげます。家で病気になったら薬代もかかるし、世話してくれる人もいないし　私達を哀れんで下さって天国に導きでくださりありがとうございます。イエスの名前でお祈りいたします。」と、祈った。

　幼いドゥクヒョンにも祈れと言ったら、ドゥクヒョンが次のように祈った。「神様は、私は祈り方を知りません。私の父と母を愛てください。姉の言うことをよく聞きます。イエスの御名によってお祈りいたします。アーメン。」このとき姉が抱き締めながら「そうやって、心の思いつくままにお祈りを捧げると、神様がすべて成し遂げてくださるんだよ。これから毎日神様に祈りを捧げよう。」と述べた。この後、信仰生活をしながら李　聖鳳牧師の指導で新生を体験して、1939年に中国安現洞教会で金洪淳牧師の司式で洗礼を受けた。

　6.25戦争中の北朝鮮軍の捕らわれ銃殺危機で九死一生で生き延びた、釜山に避難した聖潔教会で一生の間、神様に仕えた。特にリバイバル集会が開催されると、リバイバル講師を招いたが、そのきっかけは、1951年戦争中に聖潔教団の師匠である李命植牧師を接待してからであった。当時すべての避難者からは、誰も講師の接待を進み出る人がいなかった。その時、何もなかったか心から接待しよと考えて、食卓もないが、木箱の上に新聞紙を敷いてご飯と塩辛と醤油だけでもてなした。

　この後、主なる神はキム・ドゥクヒョン青年に祝福を与え始めた。栄風鉱業に就業して、鉱石のサンプルを採取するために麗水出張に行ったが、原理原則に従って仕事をしてみると、帰る船便を逃

した。しかし、残念ながらも、乗らなければならない船が座礁し289人の大惨事が起きるようになったが、この出来事により会社ではドゥクヒョン青年を正直な模範社員に認め、激励金500万ウォンを授与した。彼は全額を通っていた聖潔教会に土地を買って、献金した。

　神様はこのことを通して、ドゥクヒョン青年に尊い働きを祝福して下さった。学校もまともに通えず、中学校講義録で独学した彼を神様は聖潔に思い、韓国貿易振興釜山事務所水位に採用し、その後、誠実に忠実なギムドゥクヒョン執事を貿易振興釜山事務所長に昇格させた。その後、韓国化学試験検査所初代所長を歴任し貿易業通して全国の鉱山12個を運営した。長老になって、事業のためソウルに移住し、本教会の礼拝を守るため毎週高速パスを乗って、毎週礼拝を釜山の東光聖潔教会で礼拝し、翌日早天祈祷会後、ソウルに戻り、充実な長老になった。

これにより、聖潔の恵みは、どのように受けるだろうか?

　まず、イエス・キリストの犠牲の備え物によって私たちの罪が一回で赦され聖潔される。
　イエスキリストは、律法を完成させるため来られましたが、イエス様が一回で供え物として自ら捧げされることによって旧約の律法を完成させた。キリストの贖いの血潮は私達の罪を一回できよめられて、私達をきよめた。

　ここで、初めに、「あなたは、いけにえとささげ物と燔祭と罪祭と

(すなわち、律法に従ってささげられるもの)を望まれず、好まれも
しかった」とあり、次に、「見よ、わたしは御 旨を行うためにまい
りました」とある。すなわち、彼は、後のものを立てるために、初
めの　ものを廃止されたのである。この御旨に基きただ一度のイエ
ス・キリストのからだがささげられるとこによって、わたしたちは
きよめられたのである。(ヘブル人への手紙10:8-10)

第二に、聖霊によって私たちは神に完全に性別(consecration)し献身
(dedication)することになる。

聖霊は聖なる霊にイエスを信じる者に働きになり、心をこめて信
じる者を性別し、全く献身をさせる。アブラハムが100歳に得られた
愛する一人息子イサクを神様に捧げるように、本当に神を信じる聖
徒は聖霊の歴史に応じて心をこめて自分を聖なるに生きた供え物と
して神様にささげる聖潔の恵みを受けることになる。これらの聖潔
した聖徒を聖書は霊の人と言う.

生まれながらの人は、神の御霊の賜物を受けいれない。それは彼
には愚かなものだからである。また、御霊によって判断されるべき
であるから、彼はそれを理解することができない。あなたがたはま
だ、肉の人だからである。あなだがたの間に、ねたみや争いが　あ
るのは、あなたがたが肉の人であって、普通の人間のように歩い
ているためではないか。あなたがたは　神の宮であって、神の御霊
が自分のうちに宿っていることを知らないのか。(コリント人への
第一の手紙2:14,3:3,16)

第三に、日常的な私たちの生活の中で言葉と祈りに聖潔されていく。
聖潔に生きようとするが、断食と禁欲的に生きることを主張する
ことは、誤ったものである。聖潔は、日常生活の中で、神様を中心

に生きていくことだ。だから聖潔の恵みは、神様の御言葉と祈りの中で神様から来るものである。

> しかし、御霊は明らかに告げて言う。後の時になると、ある人々は、惑わす霊と悪霊の教と　に気をとられて、信仰から離れ去るであろう。それは、良心に焼き印をおされている偽り者　の偽善のしわざである。これらの偽り者どもは、結婚を禁じたり、食物を断つことを命じた　りする。しかし食物は、信仰があり真理を認める者が、感謝して受けるようにと、神の造ら　れたものである。神の造られたものは、みな良いものであって、感謝して受けるなら、何ひとつ捨てるべきものはない。それらは、神の言と祈とによって、きよめられるからである。(テモテへの第一の手紙4:1-5)

A. B. Simpsonは聖潔の恵みを受ける次のような祈りを提示する。

> 私自身は死んで、私自身の命は、従って葬られて見えません。イエス様は私を聖なる者　にさせ、私のすべてのものの中のすべてとなるのです。私はその方が最も良いと考　えることを、すべてするために、すべてのことを、その方のために、その方の手に従わせる。私は現在の生活と近づいてくる生活の中で、その方が私に一番必要なすべてのものが報　われると信じています。

　私たちが聖潔に生きるということは、ヨハネよる福音書10章10節の御言葉通りに命を得させ、豊かに得させるためである。私たちは、神様の約束の御言葉を信じて疑わない従順の生活を送らなければならない。神様が喜ばれることを行なって、常に聖書で、その方の音声を聞くことを講究し、誘惑と試験が集まってくるたびに、神様に近づき祈ることによって聖潔を維持しなければならない。

神癒の福音

ヤゴプの手紙5章15-16節

15　信仰による祈は、病んでいる人を救い、そして、主はその人を立ちあがらせて下さる。かつ、この人が罪を犯していたなら、それもゆるされる。16　だから、互に罪を告白し合い、また、いやされるようにお互いのために祈りなさい。義人の祈は、大いに力があり、効果のあるものである。

　癒しの福音は、聖潔教会で伝統的に強調する福音として、人間の病気の体を神様がいやし聖人の体を丈夫にする神秘的な恵みとして、キリストの贖いの恵みに属する。ところが、科学、医学が発達した現代社会で、神の癒しの福音がまるで迷信であるか、狂信的なものとして現代人に見える危険性を抱えており、現代の教会の牧師が聖書の示すとおり、「病気を治すために互いに祈る」(ヤゴプの手紙5:16)と言わずに過度の薬医学に依存する傾向が増えてきている。

　このような現実の源を見つけ、研究してみると、西欧のキリスト教の19世紀宣教の問題点とその脈を同じようにすることを見ることができる。19世紀西欧宣教は、西欧文明を植える伝道者として、キ

リスト教がその地域の文化や宗教の状況の中に深く定着しなかったという点であった。もちろん、西欧文明に代表される西欧式の教育システムや病院などの医療事業などは文明の勝利を体験していない第三世界の貧しい人々に神様の愛を伝えることができる優れた媒体となった。しかし、これらの教育、医療事業などは、キリスト教の土着化と一緒に行われていなかった欠点を抱えていた。つまり、これらの外的な社会事業は、常に、キリスト教の精神的なイエス・キリストの福音と接続され、その文化や宗教の状況に根を下ろさなければならなったがそうでできなかったのだ。

　たとえば、家族の中で病気になれば、先祖の神が怒って悪魔の仕業だと考えた。宣教師が運営する病院で西欧医学の方法でよくなる場合、過去に信じていた霊的な世界はすべて拒否されてしまった。この場合、病気を治癒するイエス・キリストへの信仰も強調されている必要があった。そして、学校で学ぶ西洋教育のために理性と合理性などの科学的な価値観が育成されたが、これに反して人間に霊性は次第に弱体化していった。つまり、キリスト教の宣教の結果、霊性は弱体化させて異性や合理的な思考を強化させる結果になったという点である。もちろん、異性や合理性が強化されることはいいことだが、これと共に神様を求める霊性も一緒に強化されている必要がありました。

　このように、キリストの福音は、それぞれの国の文化や宗教の中で科学的、技術的な文明を紹介して発展させることに寄与したが、人々の伝統的に持っていた霊性、すなわち、魂の信仰、悪霊と亡霊に対しての恐れ、絶対的な超越者の体験的な信仰などを弱体化させ

た。だからクリスチャンの中で極めて合理的かつ合理的な人々が生まれてきており、これらは霊的な世界を信じられない無宗教とは格別違うというわけではない。この人たちにキリスト教はまだ西洋の宗教として残り、キリスト教は教育、医療事業をする社会機関になってしまった。私たちは、聖書の示すとおり、神様の歴史により病気が治る神癒の福音を伝えなければならない。

まず、神癒の福音は、イエス・キリストの贖いの働きの一部である。

癒神は、イエス・キリストの十字架の苦難と死によって起こる拘束の歴史である。イザヤ書53章4-5節で、「彼[イエス・キリスト]はわれわれの病を負い、われわれの悲しみをになった。…彼[イエス・キリスト]はわれわれのとがめのために傷つけられ、われわれの不義のために砕かれたのだ。彼はみずから懲らしめをうけて、われわれに平安を与え、その打たれた傷によって、われわれはいやされたのだ。」と言われた。キリストが十字架の上で肉体すべての罪の代価を支払いして私達の肉体の癒しを完成されました。

第二に、神癒はイエス・キリストの十字架の贖いと復活を信じる者に表情に現れる神様の恵みである。イエス・キリストは、私たちの肉体をカルバリ十字架の上で拘束言われ、その復活の命が私たちの中でとどまり神様の恵みにより、信じる者に神癒の働きが起きる。マルコによる福音書16章17-18節に、「信じる者には、このようなしるしが伴う。すなわち、彼らはわたし[イエス]の名で悪霊を追い出し、新しい言葉を語り、へびをつかむであろう。また毒を飲んでも、決して害を受けない。病人に手をおけば、いやされる」。

第三に、神癒は聖霊の働きれることによって、行われる聖霊の働きである。ルカによる福音書4章18節に、「主の御霊がわたしに宿っている。貧しい人々に福音を宣べ伝えさせるために、わたしを聖別してくださったからである。」と、言われた。

　聖潔教会の師匠 霊岩 金應祚博士は自分が神癒の恵みを直接体験して6つの病気から癒しを受け、神癒の福音をまた強調している。彼は神癒について否定する人たちに経験と聖書に依存して、次のように反論している。

> 　また、ある人は奇跡[神癒]は不要であるという者がいるが、その理由は相違なく、奇跡[神癒]が最も必要な根本的な理由は、神様の啓示を証明しようとするのに、神様の啓示は、イエス・キリストによってすでに達成したため、奇跡[神癒]は、その時から不必要　になったのだ。しかし、今日も多くの奇跡[神癒]が現れており、神様も今日もいろいろな奇跡[神癒]で人を傾性させ、その存在を力強く証明しておられる。

　霊岩は17-19世紀合理主義、合理主義の脅威に対処するために、神を創造主に告白する改革神学的な背景とは距離がある。改革主義神学は、神様の直接的な人間の出来事に介入を主張していない。さらに、これらに神様の直接的な癒しの働きは望ましくない。なぜなら、癒しの働きは、イエス・キリストの地上の働きの期間の間に奇跡として示されたものである。彼らは人間の創造主受けた世界の統治責任を持って医学を通して病気を治療しなければならないと信じる。

　このような改革主義の思想は、個人の信心深さと祈りの上に立たない場合は、極端の不信仰なヒューマニストに進む危険性がある。

神様の御心をこの社会で実現すると言いながら、神様が無いよう
に行動しやすいということである。これらの極端を霊岩は懸念し、今
も働かれる神様の癒しの恵みを確信した。だから霊岩は、聖霊の内住
を通じたきよいと再臨の主を待ち望む敬虔な生活を通した癒しの力を
否定しておらず、これを通して宣教の主要な方法だと取った。

　四重の福音の第三の恵みである、癒し(神癒、Divine　Healing)に対
して、霊岩　金　應祚(キムウンジョ)牧師は、自分が神様の力で病気が
癒されたことを直接体験した。1920年以来、鉄原教会で牧会を始め
た1930年木浦に行くまで10年の間に70以上の教会を開拓、満州奉天
を中心とした満州宣教などにより霊岩は心身が疲れていた、療養の
ため木浦に行って１００日祈りを儒達山岩から毎日の祈りした。彼
は1930年9月10日、自分のすべての病気から、癒しの恵みを体験し
た。

　　その時の木浦は一年前に新しく開拓した薬屋教会の信者はわずか
　　10人である。一地方の責任者として活動していた私には気になら
　　なった。そして、その部屋に5人家族が背を丸くして寝た。飢饉が
　　ひどく列車に水を運ぶための一通にそのときのお金で15ゼンであ
　　る。受難、住宅難、病気など5つの災害の中に毎日過ごしました。
　　体はますます衰弱しての色々な病気になった。神経衰弱、消化不
　　良、神経痛、痔、肺炎など私を集中攻撃した。その時に私は考えて
　　を一日も早く死ぬことが祝福であり、一日生きることは呪いだと
　　思った。私は絶望状態に陥った。祈りが終わると体が疲れて眠りに
　　入る。夢うつつの中、私が座った岩が割れた。私が考えるときは、
　　深く感じた。下から洪水のような泉がくねくね回って上がってく
　　る。私が座ったところまであふれている。私が水の上にプカプカ浮
　　いたように見えた。そして瞬間、私の体が見えて体がガラス玉のよ
　　うに透明になった。気がついてみると幻想である。その時から、私

の心と体に大きな変化が生じる。心に喜び、愛、力、希望が湧いて上がる。そして、私の体は、ガラス玉のように晴れて飛ぶように軽かった。その時に私が言った主よ、ありがとうございます。私は生き返られました。起きたら心が熱くなる。走りながら歌う賛美は「のどが渇いた者たち、来なさい、ここに良い泉から流れる'(合同聖歌239章)私はこの賛美を何十回歌ったかわかりません。その時に、神様が私の喉が丈夫になっていくら説教しても声が変わらないのは、その時からです。山から降りてくると体が飛ぶようで足が地面につかない感じ。六つの病気はすべて癒された。その時から今日までの39年間、一度も病気に苦しまず健康に過ごした。私は明らかに知るのは、神が私の心と肉体を新たにしてくださったことを信じる。振り返って考えますと神様が私にこのような恵みを与えるため六つの病気を通して神様を求められるように摂理と計画に感謝する。

聖潔教会の李 聖鳳牧師の癒しの証である。

教会はさらに熱く成長して毎晩、聖徒家で家庭集会を開いた。その時ある信者の家の部屋を借りて関雲長祠堂を作って占いをする人が巫女は、7ヶ月間、全身麻痺になって苦しんでいった。庭の外に聞こえる李 聖鳳伝道師の説教を聞いて横になっていた部屋で涙を流しながら、イエス様を受け入れることに決めた。信じた偶像祠堂のすべてのものを燃やすことを決断した。近所の人が多集まった中で賛美を歌って、そのすべての偶像を燃やすとき、主の栄光が現れた。その巫女のために祈った。その翌日すっきり癒されて日曜日には教会に出席して礼拝をささげ完全新しい人となった。

このことがあった後、教会はリバイバルが起こった。李 聖鳳伝道師は水原教会の牧会の頃にいつも体が衰弱して、午後に熱が上がるなどの原因不明の病気に苦しんだが、ある日は、あまりにも熱が上がって精神が混迷した。その時、空中で突然声が聞こえた、「李 聖鳳伝道師は今生きられない。おそらくこの世を去るだろうという声

だった。その声を聞いた瞬間、「私は死んでどこに行くのか？　天国に行く準備は整えたのか?」と　考えた。神学校を終えて、主のために働くとしながらも、まだ徹底的に悔い改めをしていなかったことが思い出さ恐ろしかった。早く悔い改めなければならないという考えに妻を呼んで証人として立てながら、過去に言えなかった罪を紙に書きながら告白した。言葉を頼りにして、主の十字架の血潮の恵みだけを信じて全ての罪を思い起こして悔い改めの祈りをした。サタンは引き続き主がない空十字架を見せてくれて騙し、彼の悔い改めを妨害した。それでも、悔い改めを中断していなかった。このように、サタンの妨害を退けながらしばらく悔い改めの祈りをした。その時、天からの十字架が現れた。そこには、明らかに血を流しているイエス様がかかっていた。

　その光景を見て、あまりにも感激した李　聖鳳伝道師は、イエス様の十字架を握る以外には希望がなかった。主は悔い改める彼を天国に導いて透き通ったヨルダンの水と華や　かできらびやかな天聖を見せていただきながら、その魂を慰められた。そして突然どこ　からともなく賛美が聞こえた。その時、痛かった体が嘘のように完全に癒された。李聖鳳伝道師はこの時の体験を通して、さらに、主に頼るようになった。患難と苦痛の中でも望みを失わず、しばらく住んでいる世より神様がおられる永遠の天国を深く慕うようになった。

再臨の福音

ペテロの第二の手紙3章8-14節

8 愛する者たちよ。この一事を忘れてはならない。主にあっては、一日は千年のようである。9 ある人々がおそいと思っているように、主は約束の実行をおそくしておられるのではない。ただ、ひとりも滅びることがなく、すべての者が悔い改めに至ることを望み、あなたがたに対してながく忍耐しておられるのである。10 しかし、主の日は盗人のように襲って来る。その日には、天は大音響をたてて消え去り、天体は焼けてくずれ、地とその上に造り出されたものも、みな焼きつくされるであろう。11 このように、これらはみなくずれ落ちていくものであるから、神の日の到来を熱心に待ち望んでいるあなたがたは、12 極力、きよく信心深い行いをしていなければならない。その日には、天は燃えくずれ、天体は焼けうせてしまう。13 しかし、わたしたちは、神の約束に従って、義の住む新しい天と新しい地とを待ち望んでいる。14 愛する者たちよ。それだから、この日を待っているあなたがたは、しみもなくきずもなく、安らかな心で、神のみまえにでられるように励みなさい。

　2012年度にマヤのカレンダーに基づき 「2012年12月21日終末論」が全世界を混乱させた。天文学を研究していたマヤが2012年12月21日最後にマヤ暦を終えたからである。この事実を根拠に、人々はその日が地球滅亡の日だと不安を感じていた。地球終末を恐れている世

界は、地下バンカーに避難したり、キャンドルや緊急食糧を備蓄しておいたりし、ロシアとウクライナでは、「終末比緊急用品」の包みが飛ぶように売れた。中国では、終末を利用して金品詐取の詐欺行脚が盛んになって、避難所として知られているフランスの南西山間町ヴィがラクには10万人以上の人出が集まったりした。しかし、マヤのカレンダーによる終末予測は不発に終わった。

終末がどのように来るの意見は非常に多様である。終末の恐怖心は常に存在してきた、特に千年単位の世紀末には、その恐怖がさらにひどかった。西暦999年から1000年に移る際にそうしており、特に1999年から2000年に移るときY2Kという終末論に包まれ、世界は極度の不安に包まれていた。今、世界は、地球温暖化による様々な気象の変化や自然災害、世界的な経済危機、中東の石油覇権戦争などで混乱が加重されており、終末の時を迎えている。地球はいつか未知の惑星や彗星との衝突が避けられないものであり、巨大な太陽暴風説や太陽系の星の一列縦隊に起因する地球の 自転軸変化説 あるいは地球銀河ブラックホール消滅説などどれが合うとしても、一つの重要な点は、地球がいつかは滅亡するというものである。それでは、神様の御言葉聖書は、終末に対してどのように言っているか?

1. 再臨の福音は、私たちに創造された、世界のすべてのものに終わり、すぐに終わりがあることを知らせている。

    セツにもまた男の子が生れた。彼はその名を＿＿＿＿と名付けた。この時、人々は主の名を呼び始めた。(創世記4:26)

しかし、その時に起る患難の後、たちまち日は暗くなり、月はその光を放つことをやめ、星は空から落ち、天体は揺り動かされるであろう。(マタイによる福音書24:29)

しかし、主の日は盗人のように襲って来る。その日には、＿＿＿＿は大音響をたてて＿＿＿＿、＿＿＿＿は焼けてくずれ、地とその上に造り出されたものも、みな焼きつくされるであろう。(ペテロの第二の手紙3:10)

2. 再臨の福音は、すべての民族に天国の福音が伝えられ悔い改めできるようにする、世界宣教の必要性を私たちに教えてくれる。

　ペトロは、すべての民族が救いを得るまで、神様が一日を千年のように待っておら言われている。傷ついた葦を折ることなくほのぐらい灯心を消すことなく神様は罪人の一つでも滅ばせたくない、悪から振り返って救われることを望んでいる。したがって、聖徒たちは罪の赦しと救いの福音を全世界に述べ伝えなければならない。

愛する者たちよ。この一事を忘れてはならない。主にあっては、＿＿＿＿は＿＿＿＿のようである。ある人々がおそいと思っているように、主は約束の実行をおそくしておられるのではない。ただ、ひとりも滅びることがなく、すべての者が＿＿＿＿に至ることを望み、あなたがたに対してながく忍耐しておられるのである。(ペテロの第二の手紙3:8-9)

　イエス様は弟子たちが終末について尋ねると、終末の時と時期は、神様の権限なので、主の弟子たちは、それについての関心を持ったり心配しないようにした。時限終末論者の過ちがここにある。彼らは一日を千年で計算して創世記と黙示録を無理やり解いて

自ら滅亡に至った。天地創造の6日を6000年に計算して、7000年、千年王国に入る前の7年、大患難の期間を引いた1992年、喇叭の期間だったため、9月18日、主の再臨日付が決まったのだった。

　これは、単純な計算法として、神様の時間を強引に展開した誤った聖書の解釈である。詩篇90篇4節に「あなたの目の前には千年も過ぎ去ればきのうのごとく、夜の間のひと時。」なものであり、千年は一日だという表現は、神様が私たちをそのように愛しておられる表現である。結局、この日に主の再臨が行われなかったため、多くの人々が自殺する社会的混乱を招いた。私たちの聖徒たちは終末の時と時期を無理に取り出さず、むしろイエス様の御言葉どおり、ただ祈りに力を入れて聖霊に満たし、世界宣教の証人にならなければならない。

　　　その＿＿＿、その＿＿＿は、だれも知らない。天の御使たちも、また子も知らない、ただ父だけが知っておられる。(マタイによる福音書24:36)。彼らに言われた、「＿＿＿や ＿＿＿は、父がご自分の権威によって定めておられるのであって、あなたがたの知る限りではない。ただ、聖霊があなたがたにくだる時、あなたがたは力を受けて、…地のはてまで、わた　しの証人となるであろう。」(使徒行伝1:7-8)

　　　そしてこの御国の福音は、すべての民に対してあかしをするために、＿＿＿に＿＿＿られるであろう。そしてそれから最後が来るのである。(マタイによる福音書24:14)

3. 再臨の福音は、終末にイエス・キリストが来られ、聖徒たちの能力に保護される栄光ある最終の救いが備えられていることを教えてくれる。

私たち聖徒たちは終末を迎えながら、決して恐れたり不安に思う必要はない。終末の日は、神様の日であり、主の日だからこそ、信じない者には　災いだが、信じる者には栄光の祝福の日であり、賞与の日である。

> 実際、わたしたちの主イエスの＿＿＿＿＿にあたって、わたしたちの望みと喜びと誇の冠と　なるべき者は、あなたがたを外にして、だれであろうか。あなたがたこそ、実にわたしたちの＿＿＿＿＿であり、＿＿＿＿＿である。(テサロニケ人へ第一の手紙2:19-20)

> あなたがたは、終りの時に啓示せれるべき救にあずかるために、信仰により神の御力に＿＿＿＿＿いるのである。(ペテロの第一の手紙1:5)

> そのとき、王は＿＿＿＿＿にいる人々に言うであろう、『わたしの父に祝福された人たちよ、さあ、世の初めからあなたがたのために＿＿＿＿＿されている御国を受けつぎなさい。(マタイによる福音書25:34)

4. 再臨の福音は、聖徒たちにとって栄光で、その日のために目を覚まして準備するようにする。

ペトロは終末の日、すなわち、神様の日を迎えるために恐れ、心配するのではなく、悔い改めて聖よくなり、大胆にその日を平安の中で慕う心を持って待ち続けるように励ましています.

> 見よ、わたしは盗人のように来る。また、裸の恥を見られないように、＿＿＿＿＿をさまし＿＿＿を身に着けている者は、さいわいである。(ヨハネの黙示録16:15)

このように、これらはみなくずれ落ちていくものであるから、神の日の到来を熱心に待ち望んでいるあなたがたは、極力、＿＿＿＿、＿＿＿＿行いをしていなければならない。その日には、天は燃えくずれ、天体は焼けうせてしまう。(ペテロの第二の手紙3:11-12)

しかし、わたしたちは、神の約束に従って、義の住む新しい天と新しい地とを待ち望んでいる。愛する者たちよ。それだから、この日を待っているあなたがたは、しみもなく　きずもなく、＿＿＿＿で、神のみまえにでられるように励みなさい。(ペテロの第二の手紙3:13-14)

　1949年晋州で生まれた李タブケ(本名李長林、1947-)は、1967年監理教神学大学に入学したが、途中で学校を中退した。その後、命の言葉社で勤務しながら1975年3月某聖神学校2年生に編入して卒業した後、聖潔教系統の群小教団で牧師の按手を受けたことが分かった。アーネストアングルリー<歓喜>を翻訳して終末論と関連書籍を出版できる生命の言語社を出て、1989年4月19日タミ宣教会を組織して、本格的な布教活動に乗り出した。

　徐々に多くの人々が92年携挙説にはまることによってその波長と被害が深刻だった。1992年8月10日92年10月天に引き上げられことを信じた妻の問題に悲観していた31歳の夫が親の墓の前で劇薬を飲んで自殺した。夫が死ぬと妻は小学校に通う息子を連れて山祈祷院に入って集団生活をした。若い学生の中にはクラスでで1、2位を取っていた学生が92年10月携挙説にはまって成績が急激に落ち、家出するこ出来事もあった。家出、学業中断、職場放棄が非日常非再に起こった。

　最も深刻な問題は、92年10月携挙の根拠としている啓示の問題で

ある。特に注目するのは、天の秘密という直通啓示に言及である。終末論に関するこれまでの国内外の異端の共通の特徴は、聖書の適合性(Sufficiency of Scripture)を信じず啓示の連続を主張したという事実である。

2世紀、モンタノス派が、ページフジャイラの村に主が再臨すると数多くの出来事を惑わす、多くの異端が新しい啓示(New Revelation)すぐに偽りの啓示を託している人々を魅了してきた。偽りの啓示終末論に集中され、その中心には、その日のその時だった。過去2千年の間、その日のその時を算定しようとする努力が絶えずあった。

> …今も祈り多くの神様の種と聖徒たちに、92年10月28日24時に携挙がある啓示として幻想、夢に、声で色々な方法で知らせてくださいます。」

このように李長林は、その日のその時を知ることができると繰り返し主張した。果たして人間がその日とその時を知ることができますか? キリスト教二千年の歴史の中に再臨と携挙(rapture)を主張していた数多くの事例があったが、一度も受けていない。韓国でも初めてではなかった。1930年代から韓国教会の中にあった1950年代にも続いた。1960年代にのみ、4回、70年代に3回、80年代に2回、90年に入って1回、そして92年だけで5回もあったが、すべて外れた。さらに、92年10月携挙説は、最初から不確かなものは一つや二つではなかった。携挙の日程が互いに異なっていた。年9月28日、10月10日、10月28日異なった。

初代教会教父たちは、宗教改革者たち、19と20世紀の伝統神学者

たちは同じように、その日のその時を人間が知ることができないと断言する。マタイによる福音書24章36節を人間が知ることができると解釈する神学者は一人もいない。李相根は彼のマタイによる福音書の注解でこの事実を明らかにした。「再臨の時期のつもりは父の職務に属し、神の子はその日に再臨して裁かれるである。神の子の職務は神の子を信じてその日の救いを待望することである。そのため、本項の要旨は、信者たちがその時期を知ろうとしないでということである。」改革派福音の神学者ヘンリー・ディ・イーサンは「キリストの再臨の時期」に言及しながらこう言う。

> イエス様が「その日、その時は、だれも知らない。天にいる御使たちも、また子も知らない、ただ父だけが知っておられる。」と言われた。(マルコによる福音書13:32)また彼は、「時期や場合は、父がご自分の権威によって定めておられるのであって、あなたがたの知る限りではない。」と言われた。(使徒行伝1:7)

저자소개

노윤식

한국외국어대학교 독어과(학사)
성결대학교, 서울신학대학교 신학대학원(석사)
미국 Alliance Theological Seminay(석사)
미국 Asbury Theological Seminary(박사)

(전) 성결대학교 신학대학원장
(전) 한국복음주의선교신학회장
(전) 한국교회연합 선교위원장
(현) 세계성결교회 선교와 신학연구소 소장
(현) 주님앞에 제일교회 담임목사

번역

노수현

미국 Boston University (학사)
미국 The New School for Public Engagement대학원 (석사)

최서

하얼빈대 (학사)
성결교신대원 졸업

노혜리

한국외국어대학교 일어과

About the Author

Youn Sik Noh

Hankuk University of Foreign Studies (B.A.)
Sungkyul University (B.A. equ.)
Seoul Theological University, Alliance Theological Seminary (M.Div.)
Asbury Theological Seminary (Th.M. D.Miss.)

Former Dean of SungKyul University Graduate School of Theology
Former President of the Korea Evangelical Missiological Society
Former Chairperson of the Communion of Churches in Korea
Present Chief Director of the Missional and Theological Research Center for the
    Worldwide Holiness Churches
Present Senior Pastor of Coram Deo Jeil Sungkyul Church

Translation Work

Soo Hyun Noh

Boston University (B.S.)
The New School for Public Engagement (M.S.)

Seo Choi

Harbin Institute of Technology (B.S.)
Sungkyul Theological Seminary (M.Div. equ.)

Hye Ri Noh

Hankuk University of Foreign Studies

作者简介

卢允植

韩国外国语大学德国语(学士)
圣洁大学校, 首尔神学大学校神学大学院(硕士)
美国 Alliance Theological Seminay(硕士)
美国 Asbury Theological Seminary(博士)

曾任圣洁大学校神学大学院长
曾任韩国福音主义宣教神学会长
曾任韩国教会联合宣教委员长
现任世界圣洁教会宣教和神学研究所所长
现任在主面前第一教会主任牧师

翻译

卢秀贤

美国Boston大学 (学士)
美国The New School for Public Engagement大学院 (硕士)

崔瑞

黑龙教大学 (学士)
圣洁教神学院毕业

卢惠理

韩国外国语大学

作者簡介

盧允植

韓國外國語大學德國語(學士)
聖潔大學校, 首爾神學大學校神學大學院(碩士)
美國 Alliance Theological Seminay神學院(碩士)
美國 Asbury Theological Seminary神學院(博士)

曾任聖潔大學校神學大學院長
曾任韓國福音主義宣教神學會長
曾任韓國教會聯合宣教委員長
現任世界聖潔教會宣教和神學研究所所長
現任在主面前第一教會主任牧師

翻譯

盧秀賢

美國Boston大學 (學士)
美國The New School for Public Engagement大學院 (碩士)

崔瑞

黑龍教大學 (學士)
聖潔教神學院畢業

盧恵理

韓國外國語大學

作者簡介

盧允植・(ノ ユンシク)

韓国外国語大学ドイツ科(学士)
聖潔大学校、ソウル神学大学神学大学院(修士)
米国Alliance Theological Seminay(修士)
米国Asbury Theological Seminary(博士)

前 聖潔大学校神学大学院長
前 韓国福音主義宣教神学会長
前 韓国教会連合宣教委員長
現在 世界聖教会宣教と神学研究所所長
現在 主の前に第一教会担任牧師

翻訳

盧秀賢

米国Boston University (学士)
米国The New School for Public Engagement (修士)

崔瑞

ハルビン大学 (学士)
聖潔大学神学大学院卒業

盧恵理

韓国外国語大学

The
Fourfold Gospel

초판인쇄 2016년 9월 5일
초판발행 2016년 9월 5일

지은이 노윤식
옮긴이 노수현·최서·노혜리
펴낸이 채종준
펴낸곳 한국학술정보㈜
주소 경기도 파주시 회동길 230(문발동)
전화 031) 908-3181(대표)
팩스 031) 908-3189
홈페이지 http://ebook.kstudy.com
전자우편 출판사업부 publish@kstudy.com
등록 제일산-115호(2000. 6. 19)

ISBN 978-89-268-7618-3 03230